U1008992

2019最新版

思想政治理论课导论

王　飞◎编

安徽师范大学出版社
·芜湖·

图书在版编目(CIP)数据

思想政治理论课导论 / 王飞编. — 芜湖: 安徽师范大学出版社, 2018.8(2018.10 重印)
ISBN 978-7-5676-3731-3

Ⅰ. ①思… Ⅱ. ①王… Ⅲ. ①高等学校 - 思想政治教育 - 教学研究 - 中国
Ⅳ. ①G641

中国版本图书馆CIP数据核字(2018)第187632号

思想政治理论课导论 王 飞◎编

责任编辑: 胡志立
装帧设计: 张德宝
出版发行: 安徽师范大学出版社
芜湖市九华南路189号安徽师范大学花津校区
网 址: http://www.ahnupress.com/
发 行 部: 0553-3883578 5910327 5910310(传真)
印 刷: 江苏凤凰数码印务有限公司
版 次: 2018年8月第1版
印 次: 2018年10月第2次印刷
规 格: 700 mm × 1000 mm 1/16
印 张: 22
字 数: 367千字
书 号: ISBN 978-7-5676-3731-3
定 价: 59.80元

如发现印装质量问题,影响阅读,请与发行部联系调换。

自　序

撰写一本由本科生向研究生转换阶段阅读的思想政治理论课学习读本，一直是我的一个愿望。现行高校使用的马克思主义工程教材（简称马工程教材）自身的特色和优势非常明显。但限于高校教学现状、教学大纲和实际教学内容分布不均，教学效果差异化明显，因此学生在准备硕士研究生考试中，需要一本通用性的导论性质的解读著作。

本书严格依据中共中央马工程教材内容编写，忠实于教育部教材的精神和内容，贯彻习近平总书记全国高校思想政治工作会议的精神，帮助本科生在向研究生角色转换的过程中，更快地掌握马工程教材的精髓和实质内容。

本书可作为研究生入学考试的参考用书，它的内容严格依照教育考试中心编写的《思想政治理论考试大纲解析》撰写，也是我个人八年来教学经验的总结。八年以来，我辅导了数以万计的考生，实现了他们的研究生梦想。他们在考入理想学府以后，纷纷向我致谢，我感到受之有愧。唯以此书来帮助考生能够顺利考入心中的理想院校。

本书严格遵循2018年中央马工程教材修订精神，旨在使大学生更快地了解最新教材内容修订的部分，了解习近平新时代中国特色社会主义思想的核心内容，了解中国近现代史部分的内容，了解思想道德修养和法律基础的内容。今年是马克思诞辰200周年，改革开放40周年，希望这本书可以为思想政治理论课教学提供一些助益。目前，高校本科教学与硕士研究生考试之间如何衔接是一个值得研究的课题。我在辅导学生时（我本人也在高校任思政课教师）发现，课堂所学知识不能够满足硕士研究生考试的需求。这是我们的教学方式和手段出现了问题吗？应该不是。在本科期间不可能完全涉猎硕士研究生入学考试所要求的内容，这就对教师提出了更高的要求。因此，我建议教师可以将本书作为本科教学参考用书或者随堂练习书籍的一部分，以此夯实学生的马列主义基本理论，但要将理论化与大众化结合，要讲得生动形象讲得深刻，通俗易懂。

最后，向马工程编写的专家学者表示感谢，本书是建立在你们辛勤劳动成果的基础之上，是对马工程教材的解读和补充，没有你们，就没有本书的问世。同时，也要感谢这八年来我所带的学生，在教授你们的过程中所积累的教学经验，是这本书的精髓。内容不完善的部分，敬请读者批评指正。

2018年6月19日于沪

目　　录

第一编　马克思主义基本原理初论

导　　论 ……………………………………………………………3
第一章　唯物论和辩证法 ……………………………………………9
　第一节　唯物论 ……………………………………………………9
　第二节　(唯物)辩证法 …………………………………………16
第二章　认识论 ………………………………………………………25
　第一节　认识的本质与过程 ……………………………………25
　第二节　真理与价值 ……………………………………………30
　第三节　方法论 …………………………………………………35
第三章　历史唯物主义初论 …………………………………………39
　第一节　唯物史观的基本理论问题 ……………………………39
　第二节　社会历史发展的动力 …………………………………47
　第三节　群众史观 ………………………………………………52
第四章　马克思主义政治经济学初论 ………………………………55
　第一节　商品经济和价值规律 …………………………………55
　第二节　资本主义经济制度的本质 ……………………………58
　第三节　资本主义的发展及其趋势 ……………………………66
　第四节　正确认识当代资本主义的新变化 ……………………71
第五章　科学社会主义初论 …………………………………………74
　第一节　社会主义五百年的历史进程 …………………………74

第二节　科学社会主义一般原则 ……77
第三节　共产主义崇高理想及其最终实现 ……78

第二编　中国化的马克思主义初论

第六章　毛泽东思想及其历史地位 ……83
第一节　毛泽东思想的形成和发展 ……83
第二节　毛泽东思想的主要内容和活的灵魂 ……85
第三节　毛泽东思想的历史地位 ……88
第七章　新民主主义革命理论初论 ……89
第一节　新民主主义革命理论形成的依据 ……89
第二节　新民主主义革命的总路线和基本纲领 ……91
第三节　新民主主义革命的道路和基本经验 ……95
第八章　社会主义改造理论 ……99
第一节　从新民主主义到社会主义的转变 ……99
第二节　社会主义改造道路和历史经验 ……102
第三节　社会主义制度在中国的确立 ……105
第九章　社会主义建设道路初步探索的理论成果 ……107
第一节　初步探索的重要理论成果 ……107
第二节　初步探索的意义和经验教训 ……111
第十章　邓小平理论 ……113
第一节　邓小平理论的形成 ……113
第二节　邓小平理论的基本问题和主要内容 ……115
第三节　邓小平理论的历史地位 ……121
第十一章　“三个代表”重要思想 ……122
第一节　“三个代表”重要思想的形成 ……122
第二节　“三个代表”重要思想的核心观点和主要内容 ……123

第十二章　科学发展观 ……125
第一节　科学发展观的形成 ……125
第二节　科学发展观的主要内容 ……126
第十三章　习近平新时代中国特色社会主义思想及其历史地位 ……128
第一节　中国特色社会主义进入新时代 ……128
第二节　习近平新时代中国特色社会主义思想的主要内容 ……131
第三节　习近平新时代中国特色社会主义思想的历史地位 ……136
第十四章　中国特色社会主义总任务初论 ……138
第一节　实现中华民族伟大复兴的中国梦 ……138
第二节　建成社会主义现代化强国的战略安排 ……140
第十五章　“五位一体”总体布局 ……143
第一节　建设现代化经济体系 ……143
第二节　发展社会主义民主政治 ……147
第三节　推动社会主义文化繁荣兴盛 ……151
第四节　在发展中保障和改善民生 ……154
第五节　建设美丽中国 ……156
第十六章　“四个全面”战略布局 ……158
第一节　全面建成小康社会 ……158
第二节　全面深化改革 ……160
第三节　全面依法治国 ……162
第四节　全面从严治党 ……164
第十七章　习近平强军思想和中国特色大国外交 ……167
第一节　习近平强军思想 ……167
第二节　中国特色大国外交 ……169
第十八章　坚持和加强党的领导 ……174
第一节　实现中华民族伟大复兴关键在党 ……174
第二节　坚持党对一切工作的领导 ……176

第三编 中国近现代史纲要初论

导 言 ……181
第十九章 反侵略斗争和对国家出路的早期探索 ……187
第一节 资本–帝国主义对中国的侵略和反侵略斗争 ……187
第二节 反侵略战争的失败与民族意识的觉醒 ……189
第三节 对国家出路的早期探索 ……190
第二十章 开天辟地的大事变 ……201
第一节 新文化运动和五四运动 ……201
第二节 中国共产党的成立 ……203
第二十一章 中国革命新道路的探索 ……208
第一节 农村包围城市 武装夺取政权 ……208
第二节 错误中迎来复兴 ……211
第二十二章 中华民族的抗日战争 ……214
第一节 日本全面侵华和中国人民奋起反抗 ……214
第二节 中国共产党成为抗日战争的中流砥柱 ……218
第二十三章 为新中国而奋斗 ……228
第一节 国共内战的爆发 ……228
第二节 中国共产党与民主党派的合作 ……233
第二十四章 改革开放前四十年 ……238
第一节 从新民主主义向社会主义过渡的开始 ……241
第二节 社会主义建设在探索中曲折发展 ……247
第二十五章 中国特色社会主义的开创与接续发展 ……252
第一节 历史性的伟大转折 ……253
第二节 中国特色社会主义进入新时代 ……260

第四编　思想道德修养和法律基础导论

第二十六章　人生观和理想信念 ……277

第一节　人生观 ……277

第二节　人生意义 ……280

第三节　理想信念 ……282

第二十七章　中国精神和社会主义核心价值观 ……286

第一节　中国精神是兴国强国之魂 ……286

第二节　爱国主义及其时代要求 ……289

第三节　社会主义核心价值观 ……291

第二十八章　道德的基本理论 ……293

第一节　道德及其变化发展 ……293

第二节　吸收借鉴优秀道德成果 ……296

第三节　遵守公民道德准则 ……300

第二十九章　法律基础知识初论 ……308

第一节　社会主义法律的特征和运行 ……308

第二节　以宪法为核心的中国特色社会主义法律体系 ……312

第三节　法治体系和法治格局 ……320

第四节　法治道路 ……321

第五节　法治思维 ……323

第六节　依法行使权利与履行义务 ……327

附录：习近平总书记重要讲话（2018年） ……332

第一编

马克思主义基本原理初论

导　　论

在人类思想史上，就科学性和影响力而言，没有一种思想理论能达到马克思主义的高度，也没有一种学说能像马克思主义那样对世界产生如此广泛而深远的影响。

一、马克思主义的创立与发展

1.什么是马克思主义

马克思主义是由马克思和恩格斯创立并为后继者所不断发展的科学理论体系，是关于自然、社会和人类思维发展一般规律的学说（马克思主义哲学回答的主要内容），是关于社会主义必然代替资本主义、最终实现共产主义的学说（政治经济学和科学社会主义学说），是关于无产阶级解放、全人类解放和每个人自由而全面发展的学说，是指引人民创造美好生活的行动指南。

马克思主义是一个博大精深的理论体系。马克思主义哲学、马克思主义政治经济学和科学社会主义是其三个基本组成部分，它们有机统一并共同构成了马克思主义理论的主体内容。

马克思主义基本原理是对马克思主义立场、观点、方法的集中概括，是马克思主义在其形成、发展和运用过程中经过实践反复检验而确立起来的具有普遍真理性的理论。

马克思主义的基本立场，是马克思主义观察、分析和解决问题的根本立足点和出发点。马克思主义以无产阶级的解放和全人类的解放为己任，以人的自由全面发展为美好目标，以人民为中心，一切为了人民，一切依靠人民。

马克思主义的基本观点，是关于自然、社会和人类思维发展一般规律的科学认识，是对人类思想成果和社会实践经验的科学总结。

马克思主义的基本方法，是建立在辩证唯物主义和历史唯物主义世界观和方法论基础上，指导我们正确认识世界和改造世界的思想方法和工作方法，主要包括实事求是的方法、辩证分析的方法、社会基本矛盾和主要矛盾分析的方法、历史分析的方法、阶级分析的方法、群众路线的方法等。

2.马克思主义的创立

马克思主义产生于19世纪40年代，创始人是马克思和恩格斯。马克思主义的产生具有深刻的社会根源、阶级基础和思想渊源。

马克思、恩格斯生活的时代，资本主义生产方式在西欧已经有了相当的发展。资本主义生产方式一方面带来了社会化大生产的迅猛发展，另一方面又造成了深重的社会灾难。第一，社会两极分化，工人极端困苦；第二，周期性经济危机频繁爆发。

无产阶级在反抗资产阶级剥削和压迫的斗争中，逐步走向自觉，并迫切渴望科学的理论指导。19世纪30—40年代，法国、英国、德国接连爆发了无产阶级反对资本主义制度的斗争。1831年法国里昂工人举行了第一次起义，1834年举行第二次起义；1836年英国爆发了长达十余年、声势浩大的全国性的工人运动——宪章运动；1844年德国的西里西亚纺织工人举行起义。法国、英国、德国工人运动的兴起，标志着现代无产阶级作为独立的政治力量登上了历史舞台。

19世纪西欧三大先进思潮为马克思主义的创立提供了直接的理论来源。德国古典哲学、英国古典政治经济学、英法两国的空想社会主义，这三大思潮都是资本主义发展初期的先进思想家求索时代课题的尝试，他们提出了许多具有启发性的思想，比如德国古典哲学的辩证法思想，英国古典政治经济学对资本主义生产关系的分析和关于劳动创造价值的思想，空想社会主义者对资本主义社会的批判和对未来新社会的展望等。19世纪的三大科学发现，即细胞学说、能量守恒与转化定律、生物进化论，为马克思主义的产生提供了自然科学前提。从更广泛的意义上讲，马克思主义的思想来源不只这些，还有古希腊罗马哲学、文艺复兴运动的思想成果、法国复辟时期历史学家的进步思想等。

马克思和恩格斯发表在1844年2月《德法年鉴》上的论文表明，他们完成了从唯心主义向唯物主义、从革命民主主义向共产主义的转变，为创立马克思主义奠定了思想前提。

1844年,马克思和恩格斯合写了《德意志意识形态》,首次系统阐述了历史唯物主义的基本观点,实现了历史观上的伟大变革。马克思、恩格斯接受国际性工人组织"正义者同盟"的邀请,将其改组为"共产主义者同盟",并为其起草了世界上第一个无产阶级政党的党纲——《共产党宣言》。1848年2月,《共产党宣言》发表,标志着马克思主义的公开问世。

1871年3月,巴黎工人起义并成立巴黎公社,马克思代表第一国际写出了著名的《法兰西内战》,高度赞扬了巴黎工人的伟大创举,科学总结了巴黎公社的历史经验。该书与几年后他写的《哥达纲领批判》一起,进一步丰富了科学社会主义学说。1876—1878年,恩格斯写出了《反杜林论》,全面阐述了马克思主义理论体系。

3.马克思主义的发展

19世纪70年代到20世纪初,是西方科学技术取得重要成果的时期。科学技术的发展有力地推动了生产规模的扩大,使生产和资本日益集中,从而出现资本垄断的局面,资本主义从自由竞争阶段进入垄断阶段。

当时的俄国成为帝国主义各种矛盾的焦点与集合点,并因此成为帝国主义体系中最薄弱的环节,从而为无产阶级革命首先在俄国发生并取得胜利准备了有利的条件。

马克思、恩格斯依据自由资本主义阶段的世界经济政治发展状况,曾提出过社会主义革命将首先在几个主要的资本主义国家同时发生的设想。马克思、恩格斯逝世后,资本主义进入了垄断阶段。列宁深刻分析了19世纪末20世纪初世界历史条件的变化,认为资本主义发达国家已经发展到帝国主义阶段,出现了马克思、恩格斯生前不曾有的新变化、新特点,经济政治发展的不平衡已成为资本主义发展的绝对规律。由此,提出了社会主义革命可能在一国或数国首先发生并取得胜利的论断。1917年,十月社会主义革命的胜利,使社会主义从理想开始变为现实。十月革命胜利后,对于经济文化相对落后的国家如何向社会主义过渡和建设社会主义,列宁和布尔什维克党又作了有益的探索,创立了列宁主义。

列宁主义的初论应该掌握:一是政治经济文化发展不平衡的国家有可能率先走向社会主义道路。二是这种国家为什么能够提前走向社会主义。

这里需要注意的是，马克思讲到的是普遍性，而列宁更多的是从特殊性出发，那么，这种国家为什么能够提前取得胜利呢？有一个重要的因素在于国家内部各种矛盾比较突出，内部与外部、沿海与内陆、城市与农村等，这就便于无产阶级利用矛盾分析法，将主要矛盾突出，带领其他阶级组成统一战线，为革命胜利争取更多力量。继而，当这类国家进入社会主义以后，它们只是在上层建筑进入社会主义，而特殊性不能违背普遍性，经济基础决定上层建筑，社会主义战胜资本主义有一个经济基础的前提就是创造比资本主义更发达的生产力，此类国家就必须时刻要以经济建设为中心，以解放和发展生产力为中心，并最终实现共同富裕。三是党建问题。建设一个坚强的无产阶级政党是极其重要的。列宁提出了思想建党和组织建党的重要性。四是新经济政策。这可以说是列宁留给我们的宝贵遗产，即苏俄特色的社会主义市场经济的探索，利用资本主义，发展多种所有制经济，来建设社会主义，把社会主义看作是一个长期发展的过程。

十月革命一声炮响，给中国送来了马克思列宁主义。中国共产党从成立起，就把马克思列宁主义确立为指导思想，并在不断探索中把马克思主义基本原理同中国具体实际相结合。一是从中共一大开始，就牢牢坚持并探索马克思主义，但并未成功。二是真正意义上实现第一次中国化的成果，即毛泽东思想。中国共产党领导全国各族人民取得了革命、建设、改革的伟大胜利，产生了毛泽东思想、邓小平理论、“三个代表”重要思想、科学发展观、习近平新时代中国特色社会主义思想。

习近平新时代中国特色社会主义思想是马克思主义中国化最新理论成果，是党和人民实践经验和集体智慧的结晶，是中国特色社会主义理论体系的重要组成部分，是全党全国人民为实现中华民族伟大复兴而奋斗的行动指南。这一思想是21世纪的马克思主义、当代中国的马克思主义，为马克思主义的发展作出了时代性、原创性贡献。

二、马克思主义的鲜明特征

马克思主义具有鲜明的科学性、革命性、实践性、人民性和发展性，这些鲜明特征体现了马克思主义的本质和使命，也展现出马克思主义的理论形象。

科学性。对科学性的理解，首先，要做到一切从实际出发，从客观规律出发，从人类社会实践出发。其次，做到真正的彻底的唯物主义，是经得起实践检验的，并以实践作为检验的标准。再次，坚持发展的过程性，这一唯物辩证法“伟大的基本的思想”。

革命性。马克思主义的革命性，集中表现为它的彻底的批判精神和鲜明的无产阶级立场。对革命的理解，不能局限于简单的阶级斗争理论。革命不是彻底的否定，而是彻底的批判，即创造性转化、创新性发展，革命体现了过程性思维，坚持了发展的观点，革命也包括社会革命和自我革命。

实践性。马克思主义是从实践中来，到实践中去，在实践中接受检验，并随实践而不断发展的学说。这一理论的产生，是现实的工人起义失败呼唤出来的，这一理论的根本目的，不是就理论研究理论，不是书斋里自我陶醉、自我满足，而是为现实的阶级服务，这个阶级就是广大无产阶级。“哲学家们只是用不同的方式解释世界，而问题在于改变世界。”实践观点是马克思主义首要的和基本的观点。

人民性。人民至上是马克思主义的政治立场。人民是马克思主义及其政党一切政策的根本出发点和落脚点，之所以如此，是因为人民群众是历史的创造者，是实践的主体。需要指出的是，马克思主义的人民性是以阶级性为深刻基础的，是无产阶级先进性的体现。

发展性。马克思主义是不断发展的学说，具有与时俱进的理论品质。所谓“马克思主义过时论”是错误的，与时俱进是马克思主义保持蓬勃生命力的重要因素，马克思主义是绝对性与相对性的统一，马克思主义既有创立者，也有继承者，习近平新时代中国特色社会主义成果是21世纪马克思主义的集中体现，马克思主义活的灵魂——具体问题具体分析，依然是我们从事一切事业的根本方法论原则之一。马克思主义理论体系是开放的，它不断吸取人类最新的文明成果来充实和发展自己。

三、马克思主义的当代价值

马克思主义是观察当代世界变化的认识工具，是指引当代中国发展的行动指南，是指引当代中国发展的精神旗帜。马克思主义是推动当代中国发展的精神动力，党的十九大强调了“不忘初心、牢记使命”的意义，指出：

"中国共产党人的初心和使命，就是为中国人民谋幸福，为中华民族谋复兴。这个初心和使命是激励中国共产党人不断前进的根本动力。马克思主义是引领当代中国实践的行动指南。马克思主义是引领人类社会进步的科学真理。马克思主义所揭示的人类社会发展规律，所揭示的社会主义代替资本主义的历史趋势，依然存在并发生作用，马克思主义仍然是当今时代的真理。

马克思主义致力探寻人类社会的奥秘，揭示人类历史的规律，指明人类前进的方向，它的基本结论和方法中所蕴含的历史洞见和历史智慧，所展现的真理魅力和真理光芒，对于人类走向未来具有重要的启示和引领价值。

第一章　唯物论和辩证法

“世界是什么”“世界从哪里来”“世界与人是什么关系”等问题，其实就是世界观问题，对这些问题的解答，决定性地影响着人们的人生观和价值观。马克思主义的科学世界观揭示了世界的本质及发展规律，为我们提供了认识世界和改造世界的科学方法论，为我们确立科学的人生观和价值观奠定了坚实的基础。

第一节　唯物论

恩格斯总结和概括了哲学发展特别是近代哲学发展的历史事实，第一次明确指出：“全部哲学，特别是近代哲学的重大的基本问题，是思维和存在的关系问题。”存在和思维的关系问题包括两个方面的内容：其一，存在和思维究竟谁是世界的本原，即物质和精神何者是第一性、何者是第二性的问题。对这一问题的不同回答，构成了划分唯物主义和唯心主义的标准。其二，存在和思维有没有同一性，即思维能否正确认识存在的问题。对这一问题的不同回答，构成了划分可知论和不可知论的标准。

一、物质观

世界是物质的世界，对物质的正确理解是我们认识和把握世界本质和规律的前提。一切唯物主义哲学都是从这一前提出发，把物质范畴作为自己的理论基石。从古到今，唯物主义对物质概念的理解，经历了从朴素到科学、从片面到比较全面的过程。

古代朴素唯物主义用某一种物质作为本原来解释世界，具有合理性和进步性。但是，把物质等同于具体的物质形态，又具有明显的局限性。近代形而上学唯物主义以近代科学为基础，把物质等同于物质的微观结构层次——原子，虽然使唯物主义对物质概念的理解建立在自然科学发现的基础上，却不能正确理解哲学的物质概念与自然科学的物质概念之间共性与个性的关系，因而经不起自然科学进一步发展的检验，也经不起唯心主义的进攻。

马克思批判了旧唯物主义对物质世界的直观、消极的理解，强调要从能动的实践出发去把握客观世界的意义。恩格斯总结了19世纪哲学和自然科学的发展成果，对物质概念作了初步概括，物、物质无非是各种物的总和，而这个概念就是从这一总和中抽象出来的。

20世纪初，列宁对物质概念作了全面的科学的界定："物质是标志客观实在的哲学范畴，这种客观实在是人通过感觉感知的，它不依赖于我们的感觉而存在，为我们的感觉所复写、摄影、反映。"列宁的这一界定继承和汲取了以往唯物主义理解物质存在和物质概念的合理内容，实现了物质定义的科学化。

马克思主义的物质范畴从客观存在着的物质世界中抽象出了万事万物的共同特性——客观实在性。所谓物质，就是不依赖于人类的意识而存在，并能为人类的意识所反映的客观存在；所谓物质范畴，就是标志客观实在的哲学范畴。

马克思主义的物质范畴理论坚持了唯物主义一元论，同唯心主义一元论和二元论划清了界限；坚持了能动的反映论和可知论，批判了不可知论；体现了唯物论和辩证法的统一，克服了形而上学唯物主义的缺陷；体现了唯物主义自然观与唯物主义历史观的统一，为彻底的唯物主义奠定了理论基础。

二、运动观

物质的根本属性是运动。运动为物质的存在方式和物质的固有属性。物质和运动是不可分割的，运动是物质的运动，物质是运动着的物质，离开物质的运动和离开运动的物质都是不可想象的。

物质世界的运动是绝对的，而物质在运动过程中又有某种相对的静止。相对静止是物质运动在一定条件下的稳定状态，包括空间的相对位置暂时不变和事物的根本性质暂时不变两种状态。静止是衡量运动的尺度，是过去运动的结果和未来运动的开始。

运动的绝对性体现了物质运动的变动性、无条件性，静止的相对性体现了物质运动的稳定性、有条件性。运动和静止相互依赖、相互渗透、相互包含，“动中有静、静中有动”。无条件的绝对运动和有条件的相对静止构成了对立统一的关系。

三、时空观

时间和空间是物质运动的存在形式。时间是指物质运动的持续性、顺序性，特点是一维性。时间也具有相对性，体现为自然界客观运动的物体在实验室条件下，时间变化比外界相对较慢，但这并不会改变一维性，相对性是以一维性为前提的。空间是指物质运动的广延性、伸张性，特点是三维性。

物质运动总是在一定的时间和空间中进行的，没有离开物质运动的“纯粹”时间和空间，也没有离开时间和空间的物质运动。物质运动与时间和空间的不可分割，证明了时间和空间的客观性。具体物质形态的时空是有限的，而整个物质世界的时空是无限的。

物质、运动、时间、空间具有内在的统一性，它要求我们想问题、办事情都要以具体的时间、地点和条件为转移。

四、实践观

人类的产生使自然界的运动变化发生了新的飞跃，并通过人的实践形成了自然界与人类社会的区别。马克思从实践出发去揭示社会的本质，指出“全部社会生活在本质上是实践的”，从而阐明了社会与自然的区别与联系。

从实践出发理解社会生活的本质，要把握以下两个大的方面：一方面，实践是使物质世界分化为自然界与人类社会的历史前提，又是使自然界与人类社会统一起来的现实基础。自然界与人类社会都具有客观实在性，它们相互联系、相互作用。自然界是人类社会形成的自然基础，人类社会的存在和发展又反过来影响并不断改变着自然界。另一方面，实践是人类社会的基础，是理解和解释一切社会现象的钥匙。社会生活的实践性主要体现在：实践是社会关系形成的基础；实践形成了社会生活的基本领域，即社会的物质生活、政治生活和精神生活领域；实践构成了社会发展的动力，改造社会的实践推动着社会历史的变迁和进步。

实践是人类生存和发展的最基本的活动，是人类社会生活的本质，是人的认识产生和发展的基础，也是真理与价值统一的基础。马克思主义实践观深刻揭示了实践在自然演化与社会发展中的作用，揭示了实践的本质、结构和表现形式。

在西方哲学史上，一些思想家对实践也有不少论述，如康德把实践看成是理性自主的道德活动；黑格尔把实践理解为主观改造客观对象的创造性的精神活动，尽管他触摸到了生产劳动的意义，认为劳动陶冶事物，但最终还是把实践限定在抽象的精神活动范围之内；费尔巴哈把实践与物质性的活动联系起来，但他所理解的实践又仅仅限于日常生活活动，并将实践等同于生物适应环境的活动。

马克思在《关于费尔巴哈的提纲》这个集中阐述科学实践观的重要文献中，阐明了实践是感性的、对象性的物质活动，提出全部社会生活在本质上是实践的，并指出实践是人类能动地改造世界的社会性的物质活动，具有直接现实性、自觉能动性和社会历史性三个基本特征。

第一，实践具有直接现实性。这是实践区别于认识的根本标志。首先，构成实践活动的诸要素都是可感知的客观实在；其次，实践的水平、广度、深度和发展过程，都受着客观的制约和支配；最后，实践能够把人脑中观念的存在变为现实的存在，给人们提供现实的成果。

第二，实践具有自觉能动性。与动物本能的、被动的适应性活动不同，人的实践活动是一种有意识、有目的的活动。虽然蜜蜂建造蜂房使人间许多建筑师感到惭愧，但是它在本质上还是一种本能活动。相反，即使是最蹩脚的建筑师也比最灵巧的蜜蜂高明，因为他在实践前已经在自己的头脑中把它建成了。

第三，实践具有社会历史性。即社会性、历史性、具体性、条件性和限制性，受到实践主体和客体的双重制约，主体认识能力和实践能力的大小，客体提供的条件性以及展示的现象性，发展的过程性等，都体现了社会历史性。

实践的主体、客体和中介是实践活动的三项基本要素。

第一,实践主体。实践主体是指具有一定的主体能力、从事现实社会实践活动的人。其中,知识性因素是首要的能力,既包括对理论知识的掌握,也包括对经验知识的掌握;非知识性因素主要指情感和意志因素。实践主体有个体主体、群体主体和人类主体三种基本形态。

第二,实践客体。实践客体是指实践活动所指向的对象。从是否为实践所创造的角度看,可划分为天然客体和人工客体;从自然界与人类社会两个领域相区分的角度看,可划分为自然客体和社会客体;从物质性和精神性相区分的角度看,可划分为物质性客体和精神性客体;等等。

第三,实践中介。实践中介是指各种形式的工具、手段以及运用、操作这些工具、手段的程序和方法。实践的中介系统可分为两个子系统:一是作为人的肢体延长、感官延伸、体能放大的物质性工具系统;二是语言符号工具系统。

实践的主体和客体相互作用的关系,包括实践关系、认识关系和价值关系,其中实践关系是最根本的关系。主要表现为主体客体化与客体主体化的双向运动。主体客体化,是人通过实践使自己的本质力量作用于客体,使其按照主体的需要发生结构和功能上的变化,形成了世界上本来不存在的对象物。客体主体化,是客体从客观对象的存在形式转化为主体生命结构的因素或主体本质力量的因素,客体失去客体性的形式,变成主体的一部分。例如,主体把物质工具如电脑、汽车等作为自己身体器官的延长包括在主体的活动之中,把作为精神性客体的精神产品、先进理念和思想转化为主体意识的一部分,都属于客体主体化的表现。

随着人与世界关系的发展,特别是随着社会分工的进步,人类实践的具体形式日益多样化。从内容上看,实践可分为三种基本类型:一是物质生产实践。物质生产实践是人类最基本的实践活动,它解决人与自然的矛盾,满足人们物质生活资料和生产劳动资料的需要。二是社会政治实践。社会政治实践是形成各种社会关系的实践活动,表现为人们之间的社会交往和政治活动。三是科学文化实践。科学文化实践是创造精神文化产品的实践活动,它有各种不同的形式,其中重要的形式有科学、艺术、教育等。

现代信息技术的发展使得当代社会开始产生一种新的实践形式，即虚拟实践。虚拟实践是伴随信息化和网络化发展而产生的，其实质是主体和客体之间通过数字化中介系统在虚拟空间进行的双向对象化的活动，主要活跃于网络世界，具有交互性、开放性、间接性等特点。

辩证唯物主义认为，在实践和认识之间，实践是认识的基础，实践在认识活动中起着决定性的作用。"实践的观点是辩证唯物论的认识论之第一的和基本的观点。"

实践在认识活动中的决定作用表现在以下四个方面：第一，实践是认识的来源。一个人的知识，不外直接经验和间接经验两部分。就知识的本源来说，任何知识都不能离开直接经验。但是，这并不意味着事事都必须去直接经验，"吾生也有涯，而知也无涯"，一个人的多数知识还是来自间接经验，是从书本和传授中得来的。然而，"在我为间接经验者，在人则仍为直接经验"。从根本上说，实践是认识的源头活水。第二，实践是认识发展的动力。党的十八大以来国内外形势深刻变化和我国各项事业快速发展催生了习近平新时代中国特色社会主义思想。人们正是在实践的推动下，不断打破认识上的旧框框，突破头脑中的旧思想，引起认识上的新飞跃，从而不断有所发现、有所前进。第三，实践是认识的目的。第四，实践是检验认识真理性的唯一标准。

五、意识观

意识是人脑的机能和属性，是客观世界的主观映象。从意识起源来看，意识是自然界长期发展的产物，它的形成和发展经历了三个阶段，即由一切物质所具有的反应特性到低等生物的刺激感应性，再到高等动物的感觉和心理，最终发展为人类的意识。

意识不仅是自然界长期发展的产物，而且是社会历史发展的产物。社会实践，特别是劳动，在意识的产生和发展中起着决定性的作用。一方面，劳动为意识的产生和发展提供了客观需要和可能；另一方面，在人们的劳动和交往中形成的语言促进了意识的发展。从意识本质来看，意识是人脑这样一种特殊物质的机能和属性，是客观世界的主观映像。因此，意识在内容上是客观的，在形式上是主观的，是客观内容和主观形式的统一，意识是物质的产物，但又不是物质本身。马克思指出："观念的东西不外是移入人的头脑并在人的头脑中改造过的物质的东西而已。"

物质决定意识，意识对物质具有反作用，这种反作用就是意识的能动作用。意识的能动作用主要表现在：第一，意识活动具有目的性和计划性。第二，意识活动具有创造性。第三，意识具有指导实践改造客观世界的作用。第四，意识具有调控人的行为和生理活动的作用。

正确认识和把握物质与意识的辩证关系，还需要处理好主观能动性和客观规律性的关系。一方面，尊重客观规律是正确发挥主观能动性的前提。另一方面，只有充分发挥主观能动性，才能正确认识和利用客观规律。

正确发挥人的主观能动性，有以下三个方面的前提和条件：第一，从实际出发是正确发挥人的主观能动性的前提。第二，实践是正确发挥人的主观能动性的基本途径。第三，正确发挥人的主观能动性，还需要依赖一定的物质条件和物质手段。

在社会历史领域，主观能动性与客观规律性的辩证关系具体表现为社会历史趋向与主体选择的关系。社会历史趋向指的是社会历史规律的客观性和必然性，主体选择指的是历史主体在社会发展中的能动性和选择性。选择的方向、目标和方式是否正确，只能由实践来检验。

坚持和发展中国特色社会主义道路，体现了社会历史趋向与主体选择的辩证统一。发展道路要与社会生产力水平相适应，不能脱离基本国情，这是社会历史趋向；发展道路不能违背人民群众的利益和愿望，不能脱离各国的政治条件和历史文化传统，这是主体选择。

实践证明：中国特色社会主义道路是我国实现社会主义现代化、创造人民美好生活、实现中华民族伟大复兴的必由之路。中国特色社会主义道路是符合社会历史趋向的正确的主体选择。

六、世界的物质统一性

世界的物质统一性，首先体现在意识统一于物质。从意识的起源上看，意识是物质世界长期发展的产物，是物质世界中的一种特殊存在；从意识的本质上看，意识是人脑这种特殊的物质器官的机能，是客观存在的主观映像；从意识的作用上看，意识能动性的发挥必须以尊重物质世界的客观规律为前提。

世界的物质统一性还体现在人类社会也统一于物质。马克思主义以前的旧唯物主义在自然观上是唯物主义的,但在社会历史领域中,旧唯物主义不理解人的实践活动本身是一种客观存在,不理解物质生产实践在社会生活中的地位和作用,而是把历史过程看成是人的主观意志的产物,因而得出社会意识决定社会存在的错误结论,成了不彻底的"半截子"唯物主义。马克思主义将唯物主义真正贯彻到社会历史领域,认为物质资料生产方式是人类社会存在和发展的基础,实践性是社会生活的本质。

人类社会的物质性主要表现在:第一,人类社会是物质世界的组成部分。第二,人类获取生活资料的活动是物质性的活动。人类获取物质生活资料的实践活动虽然有意识作指导,但仍然是以物质力量改造物质力量的活动。第三,人类社会存在和发展的基础是物质资料的生产方式。这也是习近平总书记生态文明、美丽中国思想的重要哲学依据。

一切从实际出发,是世界的物质统一性原理在现实生活中和实际工作中的生动体现。特别是在推进新时代中国特色社会主义事业的过程中,我们要从我国社会主义初级阶段的最大国情出发,既看到我国仍处于并将长期处于社会主义初级阶段的基本国情没有变,也要看到我国社会的主要矛盾发生了变化,已经转化为人民日益增长的美好生活需要和不平衡不充分的发展之间的矛盾,从而使社会主义初级阶段的长过程中又呈现出更加具体的阶段性特征。

第二节 (唯物)辩证法

一、联系和发展的观点是唯物辩证法的总观点和总特征

联系是指事物内部各要素之间和事物之间相互影响、相互制约、相互作用的关系。联系具有一系列特点:

首先,联系具有客观性。坚持联系的客观性,就是在联系的观点上坚持了唯物论。

其次,联系具有普遍性。联系的普遍性有三层含义。其一,任何事物内

部的不同部分和要素之间都是相互联系的，也就是说，任何事物都具有内在的结构性。这要求我们既要树立整体观、全局观和大局观，学会统筹兼顾，协调发展，树立战略思维和战略眼光，又要重视局部利益，制定合适的区域发展战略，发挥区域优势，内外海陆联动。其二，任何事物都不能孤立存在，都同其他事物处于一定的联系之中。当今的世界是开放的世界，中国的发展离不开世界。这是我国实行对外开放的重要哲学依据。同时，也是国与国之间建立外交关系，经济全球化的重要哲学依据。其三，整个世界是相互联系的统一整体，因此我们需要树立全球视野和全球思维，这也是习近平总书记提出人类命运共同体、利益共同体，人与自然生命共同体、共商共建共享等思想的重要哲学原理。

再次，联系具有多样性。

最后，联系具有条件性。条件对事物发展和人的活动具有支持或制约作用，条件是可以改变的，改变和创造条件不是任意的，必须尊重事物发展的客观规律。

发展是前进的、上升的运动，发展的实质是新事物的产生和旧事物的灭亡。新事物是指合乎历史前进方向、具有远大前途的东西。新事物是不可战胜的，这是因为：第一，新事物适应已经变化了的环境和条件。第二，新事物既否定了旧事物中消极腐朽的东西，又保留了旧事物中合理的、适应新条件的因素，并添加了旧事物所不能容纳的新内容。这也正是新事物在本质上优越于旧事物、具有强大生命力的原因所在。在社会历史领域，新事物是社会上先进的、富有创造力的人们创造性活动的产物，它从根本上符合人民群众的利益和要求，能够得到人民群众的拥护，因而必然战胜旧事物。

恩格斯指出，“世界不是既成事物的集合体，而是过程的集合体”。事物发展的过程，从形式上看，是事物在时间上的持续性和空间上的广延性的交替；从内容上看，是事物在运动形式、形态、结构、功能和关系上的更新。

人类社会的发展也是一个过程。从我国的现实看，我们正处于并将长期处于社会主义初级阶段，但是在社会主义初级阶段的长过程中，我们也在不断向前迈进。

联系和发展是通过一系列基本环节得以实现的。内容与形式、本质与现象、原因与结果、必然与偶然、现实与可能构成了联系和发展的基本环节。

内容与形式是从构成要素和表现方式上反映事物的一对基本范畴。一方面,内容是事物存在的基础,对形式具有决定作用。另一方面,形式对内容具有反作用。对内容的发展起积极的推动作用或者消极的阻碍作用。形式对内容的反作用表明,形式具有相对独立性。

内容与形式的矛盾贯穿于事物发展过程的始终,从最初的基本适合到基本不适合,随着矛盾的解决,再到新的基本适合。

本质与现象是揭示事物内在联系和外在表现的一对范畴。本质是事物的根本性质,是构成事物的诸要素之间的内在联系。现象是事物的外部联系和表面特征,是事物本质的外在表现。现象可以区分为真象和假象,假象与错觉不是一回事。

本质与现象是相互区别的。本质是一般的、普遍的,现象是个别的、具体的;本质是相对稳定的,现象是多变易逝的;本质深藏于事物的内部,只有通过理性思维才能把握,而现象则是表面、外显的,可以直接为人的感官所感知。

本质与现象又是相互依存的。本质决定现象;现象表现本质,现象的存在和变化归根到底依赖于本质。科学的任务就在于准确辨别真象和假象,透过现象把握本质,进而通过去粗取精、去伪存真、由此及彼、由表及里,不断深化对事物的认识技术手段和理论分析。

原因与结果是揭示事物引起和被引起关系的一对范畴。在事物的普遍联系中,引起某种现象的现象就是原因,被某种现象所引起的现象就是结果。

原因与结果是相互区别的。在一个具体的因果联系中,原因就是原因,结果就是结果,原因在前,结果在后,二者不能混淆和颠倒。原因与结果是相互依存和相互转化的。

必然与偶然是揭示事物产生、发展和衰亡过程中的不同趋势的一对范畴。必然是指事物联系与发展中确定不移的趋势,在一定条件下具有不可避免性。偶然是指事物联系与发展中不确定的趋势。

必然与偶然相互依存、相互转化。必然性通过大量的偶然性开辟道路,同时,偶然性的背后体现着必然性。在我们的认识和实践中,必须重视事物发展的必然规律和发展趋势,也要充分估计到各种偶然因素的作用,善于敏锐地识别和把握机遇，在实践中达到预期的目标。

现实与可能是反映事物的过去、现在和将来关系的一对范畴。现实是指相互联系着的实际存在的事物的综合。可能是指包含在事物中、预示事物发展前途的种种趋势，是潜在的尚未实现的东西。可能性源于现实性，包括可能和不可能，现实的可能和抽象的可能，好的可能和坏的可能。

现实与可能相互区别。可能不等于现实，现实已经不是可能。现实是当下的客观存在，标志着事物的当前状况；可能是事物潜在的趋势，标志着事物的发展方向。如理想和现实的关系，理想源于现实，并高于现实，但不能脱离现实，因此，我们既要"仰望星空"，又要"脚踏实地"。

现实与可能相互转化。一方面，现实蕴藏着未来的发展方向，会不断产生出新的可能；另一方面，可能包含着发展成为现实的因素和根据，一旦主客观条件成熟，可能就会转化为现实。发展就是现实与可能相互转化的过程。

二、对立统一规律

唯物辩证法的基本规律主要有：对立统一规律、量变质变规律、否定之否定规律。

对立统一规律是事物发展的根本规律，是唯物辩证法的实质和核心。对立统一规律揭示了事物普遍联系的根本内容和变化发展的内在动力，从根本上回答了事物为什么会发展的问题；对立统一规律是贯穿量变质变规律、否定之否定规律以及唯物辩证法基本范畴的中心线索，也是理解这些规律和范畴的"钥匙"；对立统一规律提供了人们认识世界和改造世界的根本方法——矛盾分析方法。

矛盾是反映事物内部和事物之间对立统一关系的哲学范畴。对立和统一分别体现了矛盾的两种基本属性。矛盾的对立属性又称斗争性，矛盾的统一属性又称同一性。

矛盾的同一性是指矛盾双方相互依存、相互贯通的性质和趋势，有两个方面的含义：一是矛盾着的对立面相互依存，互为存在的前提，并共处于一个统一体中；二是矛盾着的对立面相互贯通，在一定条件下可以相互转化。矛盾的斗争性是矛盾着的对立面相互排斥、相互分离的性质和趋势。对于多种多样的斗争形式，可以分为对抗性矛盾和非对抗性矛盾两种基本形式。

矛盾的同一性和斗争性相互联结、相辅相成。没有斗争性就没有同一性，没有同一性也没有斗争性，斗争性寓于同一性之中，同一性通过斗争性来体现。矛盾的同一性是有条件的、相对的，矛盾的斗争性是无条件的、绝对的。

矛盾的同一性和斗争性在事物发展中具有重要作用。矛盾的同一性在事物发展中的作用表现在：第一，同一性是事物存在和发展的前提，在矛盾双方中，一方的发展以另一方的发展为条件，发展是在矛盾统一体中的发展。第二，同一性使矛盾双方相互吸取有利于自身的因素，在相互作用中各自得到发展。第三，同一性规定着事物转化的可能和发展的趋势。

在事物发展过程中，矛盾的同一性和斗争性相互结合，共同发生作用，但在不同条件下，二者所处的地位会有所不同。在一定的条件下，矛盾的斗争性可能处于主要方面，而在另外的条件下，矛盾的同一性又可能处于主要方面。构建社会主义和谐社会就是在发展的基础上正确处理各种矛盾的过程和结果。

矛盾的普遍性是指矛盾存在于一切事物中，存在于一切事物发展过程的始终，矛盾无处不在，矛盾无时不有。矛盾的特殊性是指各个具体事物的矛盾、每一个矛盾的各个方面在发展的不同阶段上各有其特点。第一，不同事物的矛盾不同，不同国家的矛盾不同，所以决定了各国人民根据本国国情选择本国道路的权利；第二，同一事物矛盾不同时期表现形式不一样。如1840—1949年，中国社会的主要矛盾表现为帝国主义和中华民族，封建主义和人民大众的矛盾。1949—1956年，中国社会的主要矛盾表现为无产阶级和资产阶级的矛盾。1956—2017年，中国社会的主要矛盾表现为人民群众日益增长的物质文化需要和落后的社会生产之间的矛盾。又如大革命时期，革命的主要对象为北洋军阀；土地革命战争时期，革命的主要对象为国民党新军阀，抗日战争时期，革命的主要对象为日本帝国主义；解放战争时期，革命的主要对象为美帝国主义支持下的国民党统治集团；1949—1952年，主要矛盾特殊表现为中国人民同国民党残余势力及美帝国主义之间的矛盾；1953—1956年，主要矛盾表现为无产阶级和资产阶级的矛盾。第三，矛盾的地位之间也具有特殊性。主要矛盾是矛盾体系中处于支配地位、对事物发展起决定作用的矛盾，次要矛盾是矛盾体系中处于从属地位、对事物的发展起次要作用的矛盾。不仅如此，在每一对矛盾中，有一方处于支配地位，起着主导作用，这是矛盾的主要方面，处于被支配一方的则是矛盾的次要方面。事物的性质是由主要矛盾的主要方面所规定的。抗战期间，民族矛盾大于阶级矛盾，中国共产党的抗日民族统一战线正是这一哲学原理的科学运用。近代中国社会，谁能够认识到帝国主义与中华民族的矛盾大于封建主义与人民大众的矛盾，就能够认清中国的国情，提出科学合理的革命方案。

把主要矛盾和次要矛盾、矛盾的主要方面和次要方面的辩证关系运用到实际工作中，就是要坚持"两点论"和"重点论"的统一，抓关键，看主流。

矛盾的普遍性和特殊性是辩证统一的关系。矛盾的普遍性即矛盾的共性，矛盾的特殊性即矛盾的个性。矛盾的共性是无条件的、绝对的，矛盾的个性是有条件的、相对的。任何现实存在的事物的矛盾都是共性和个性的有机统一，共性寓于个性之中，没有离开个性的共性，也没有离开共性的个性。

矛盾的共性和个性、绝对和相对的道理，是关于事物矛盾问题的精髓，是正确理解矛盾学说的关键，不懂得它，就不能真正掌握唯物辩证法。矛盾的普遍性和特殊性辩证关系的原理是马克思主义普遍真理同各国具体实际相结合的哲学基础。

三、量变质变规律

事物的矛盾运动表现为量变与质变及其相互转化。量变和质变是事物变化的两种基本状态和形式。

质是一事物区别于其他事物的内在规定性，量是事物的规模、程度、速度等可以用数量关系表示的规定性。度是保持事物质的稳定性的数量界限，即事物的限度、幅度和范围，度的两端叫关节点或临界点，超出度的范围，此物就转化为他物。度这一哲学范畴启示我们，在认识和处理问题时要掌握适度原则。

量变是事物数量的增减和组成要素排列次序的变动，体现了事物发展渐进过程的连续性。质变是事物性质的根本变化，是事物由一种质态向另一种质态的飞跃，体现了事物发展渐进过程和连续性的中断。

量变和质变的辩证关系是：第一，量变是质变的必要准备。第二，质变是量变的必然结果。第三，量变和质变是相互渗透的。一方面，在总的量变过程中有阶段性和局部性的部分质变；另一方面，在质变过程中也有旧质在量上的收缩和新质在量上的扩张。

量变和质变是相互依存、相互贯通的，量变引起质变，在新质的基础上，事物又开始新的量变，如此交替循环，构成了事物的发展过程。量变质变规律体现了事物发展的渐进性和飞跃性的统一。

四、否定之否定规律

质变意味着新事物的产生与旧事物的灭亡，表明新事物对旧事物的否定。

辩证否定观的基本内容是：第一，否定是事物的自我否定，是事物内部矛盾运动的结果。第二，否定是事物发展的环节，是旧事物向新事物的转变，是从旧质到新质的飞跃。只有经过否定，旧事物才能向新事物转变。第三，否定是新旧事物联系的环节，新事物孕育产生于旧事物，新旧事物是通过否定环节联系起来的。第四，辩证否定的实质是“扬弃”，即新事物对旧事物既批判又继承，既克服其消极因素又保留其积极因素。这一原理成为我国进行改革的重要哲学依据，改革是社会主义的自我完善和发展，改革的重点是体制改革，改革的根本目的是为了生产力和社会主义的发展。

事物的辩证发展过程经过肯定—否定—否定之否定三个阶段，否定之否定阶段仿佛是向原来出发点的“回复”，但这是在更高阶段的“回复”。事物的发展呈现出周期性，不同周期的交替使事物的发展呈现出波浪式前进或螺旋式上升的总趋势。否定之否定规律揭示了事物发展的前进性与曲折性的统一。

恩格斯指出：“马克思的整个世界观不是教义，而是方法。它提供的不是现成的教条，而是进一步研究的出发点和供这种研究使用的方法。”唯物辩证法是客观辩证法与主观辩证法的统一。客观辩证法是指客观事物或客观存在的辩证法，即客观事物以相互作用、相互联系的形式呈现出的各种物质形态的辩证运动和发展规律。主观辩证法是指人类认识和思维运动的辩证法，即以概念作为思维细胞的辩证思维运动和发展规律。主观辩证法是客观辩证法在人的思维中的反映，客观辩证法与主观辩证法在本质上是统一的。辩证思维方法是人们正确进行理性思维的方法，主要有归纳与演绎、分析与综合、抽象与具体、逻辑与历史相统一等。

唯物辩证法按其本质来说，具有批判的、革命的精神。恩格斯指出，在辩证哲学面前，不存在任何最终的东西、绝对的东西、神圣的东西；它指出所有一切事物的暂时性；在它面前，除了生成和灭亡的不断过程、无止境地由低级上升到高级的不断过程，什么都不存在。

矛盾分析方法包含广泛而深刻的内容。例如，把握矛盾普遍性与特殊性相统一的方法，"两点论"与"重点论"相结合的方法，在对立中把握同一与在同一中把握对立的方法，批判与继承相统一的方法等。运用唯物辩证法的矛盾分析方法研究问题和解决问题，就要求我们不断强化问题意识，坚持具体问题具体分析，善于认识和化解矛盾。

学习和掌握唯物辩证法的科学思维方法，要求我们在实践中不断增强思维能力，特别是不断增强辩证思维能力、历史思维能力、战略思维能力、底线思维能力和创新思维能力。

辩证思维能力是唯物辩证法在思维中的运用，是指从事物相互联系、相互作用的关系出发，分析矛盾、抓住关键、找准重点、洞察事物发展规律的能力。辩证思维能力具体表现为：从对立统一中把握事物及其发展过程，具体问题具体分析，善于抓住事物主要矛盾和矛盾的主要方面。培养辩证思维能力，能够使人更加全面准确地认识和把握事物，真正做到透过现象看本质。

历史思维能力是辩证思维与历史眼光的结合，是马克思主义科学历史观的具体表现和实践运用，是以史为鉴、知古鉴今，善于运用历史眼光认识发展规律、把握前进方向、指导现实工作的能力。

战略思维能力强调思维的整体性、全局性、长期性，是高瞻远瞩、统揽全局、善于把握事物发展总体趋势和方向的能力。战略思维能力之所以重要，是因为它是一种充分发挥人的主观能动性、积极性和创造性的思维活动，事关社会发展的远程选择与宏观谋划，旨在谋求长远生存与整体利益。

底线思维是我们在认识世界和改造世界的过程中，根据我们的需要和客观的条件，划清并坚守底线，尽力化解风险，避免最坏结果，同时争取实现最大期望值的一种积极的思维。底线思维能力体现了我们对事物量变引起质变的“度”的深刻认识和自觉把握，也体现了对矛盾分析方法的自觉运用。

创新思维能力是对常规思维的突破，就是破除迷信，超越过时的陈规，善于因时制宜、知难而进、开拓创新的能力。

第二章　认识论

人类对于客观世界的追问，是为了处理人与世界的关系。人与世界的关系是多方面的，从人如何面对世界的角度来说，主要包括两个方面：一是认识世界，二是改造世界。因而，自古以来人们也一直在追问：人能否认识世界，怎样认识世界？人能否改造世界，怎样改造世界？从哲学上讲，这就是认识、实践及其相互关系问题，就是马克思主义实践观、认识论和价值论要解决的问题。

第一节　认识的本质与过程

认识的本质是主体在实践基础上对客体的能动反映，这是辩证唯物主义认识论对认识本质的科学回答。人的认识过程是一个在实践基础上不断深化的发展过程，既表现为实践基础上由感性认识到理性认识，再从理性认识到实践的具体认识过程；又表现为从实践到认识，再从认识到实践的循环往复和无限发展的总过程。

在认识的本质问题上，存在着两条根本对立的认识路线：一条是坚持从物到感觉和思想的唯物主义认识路线，另一条是坚持从思想和感觉到物的唯心主义认识路线。

唯物主义认识路线坚持反映论的立场，认为认识是主体对客体的反映，人的一切知识都是从后天接触实际中得来的。我国古代唯物主义哲学家荀况就明确指出，没有什么“生而知之”，而是“求之而后得”，认为人的知识和才能都是后天学习积累而成的，而“非天性也”。

唯心主义认识路线否认认识是人脑对客观世界的反映，认为认识先于物质，先于人的实践经验。其中，主观唯心主义认为人的认识是主观自生的，是生而知之的。客观唯心主义认为人的认识是上帝的启示或某种客观精神的产物。古希腊哲学家柏拉图认为存在一个独立于现实世界之外的“理念世界”，人的知识就来源于对其中“理念”的认识和回忆，故而提出了“认识即回忆”的观点。各派唯心主义哲学对此的说法和表现形式虽然有所不同，但都否认认识的客观来源，否认认识是人脑对客观世界的反映，本质上是唯心主义先验论，使认识成了无源之水、无本之木。

旧唯物主义认识论的基本特点是以感性直观为基础，把人的认识看成是消极地、被动地反映和接受外界对象，类似于照镜子那样的反射活动，所以又称为直观的、消极被动的反映论。这种认识论的缺陷，一是离开实践考察认识问题，因而不了解实践对认识的决定作用。它把认识的主体只是看作生物学意义上的人，把认识的客体只是看作人们静观的对象，把主客体之间的关系只是看作反映和被反映的关系，而不是改造和被改造的关系，所以认识就只能是消极直观的反映。二是不了解认识的辩证本性，离开辩证法来考察认识问题，因而把复杂的认识过程简单化了，把活生生的认识运动凝固化了，把多方面的认识要素片面化了。最根本的是它看不到主观和客观之间的矛盾及其相互作用，没有把认识看作一个不断发展的过程，认为认识是一次性完成的。这种直观的、消极被动的反映论是不科学的。

辩证唯物主义认识论是建立在实践基础上的能动的反映论。它继承了旧唯物主义的合理前提，即认识是主体对客体的反映，同时又克服其离开实践、离开辩证法考察认识问题的缺陷，坚持以科学的社会实践为特征的实践观，即实践是人类能动地改造世界的社会性的物质活动。这是马克思主义认识论即辩证唯物主义认识论与唯心主义认识论和形而上学唯物主义认识论的根本区别。

辩证唯物主义认识论具有两个突出的特点：一是把实践的观点引入认识论。辩证唯物主义认识论把实践的观点作为整个认识论的基础，以实践的观点阐述人的认识活动及其规律。二是把辩证法应用于反映论考察认识的发展过程。

辩证唯物主义认识论认为，认识的本质是主体在实践基础上对客体的能动反映。这种能动反映不但具有反映客体内容的反映性特征，而且具有实践所要求的主体能动的、创造性的特征。一方面，认识的反映特性是人类认识的基本规定性。另一方面，认识的能动反映具有创造性。总之，能动反映的创造性对于人的认识的形成、发展和运用尤为重要。

人们认识一定事物的过程，是一个从实践到认识，再从认识到实践的过程。认识的过程首先是从实践到认识的过程。这个过程主要表现为在实践基础上认识活动由感性认识能动地飞跃到理性认识，也就是“从生动的直观到抽象的思维”，这是认识运动的第一次飞跃。

感性认识是人们在实践基础上，由感觉器官直接感受到的关于事物的现象、事物的外部联系、事物的各个方面的认识。它包括感觉、知觉和表象三种形式。总体说来，感性认识是认识的初级阶段，作为“生动的直观”，直接性是感性认识的突出特点。感性认识没有深入到对事物本质的认识，所以感性认识具有不深刻的局限性，必须进一步上升到理性认识。

理性认识是指人们借助抽象思维，在概括整理大量感性材料的基础上，达到关于事物的本质、全体、内部联系和事物自身规律性的认识。理性认识包括概念、判断、推理三种形式。从概念到判断再到推理，是理性认识由低级到高级的发展。理性认识是认识的高级阶段，具有抽象性和间接性的特点。它以反映事物的本质为内容，因而是深刻的。

感性认识和理性认识的性质虽然不同，但二者的关系是辩证统一的。第一，感性认识有待于发展和深化为理性认识。认识有待于深化，认识的感性阶段有待于发展到理性阶段——这就是认识论的辩证法。第二，理性认识依赖于感性认识。感性认识是认识过程的起点，是达到理性认识的必经阶段，没有感性认识，就没有理性认识。认识开始于经验，这就是认识论的唯物论。第三，感性认识和理性认识相互渗透、相互包含。这表现为二者没有绝对分明的界限，一方面，感性中有理性，人的感觉是渗透着理性的感觉；另一方面，理性中有感性。感觉到了的东西，我们不能立刻理解它，只有理解了的东西才更深刻地感觉它。因此，感性认识和理性认识相互作用要求我们要学会实现认识主客体之间的相互转化，学会站在对方的角度思考问题，学会换位思考。

如果割裂二者的辩证统一关系，要么走向唯理论，即否认感性认识而片面夸大理性认识的作用，在实际工作中犯教条主义的错误；要么走向经验论，即否认理性认识而片面夸大感性认识的作用，导致实践中的经验主义。

从感性认识上升到理性认识，必须具备两个基本条件：第一，投身实践，深入调查，获取十分丰富和合乎实际的感性材料，这是实现由感性认识上升到理性认识的基础。第二，必须将丰富的感性材料加以去粗取精、去伪存真、由此及彼、由表及里的改造制作。

认识活动是一个复杂的运动过程，表现为无论在感性认识中还是在理性认识中，都有理性因素和非理性因素的作用。非理性因素主要是指认识主体的情感和意志。从广义上看，非理性因素还包括认识能力中具有不自觉、非逻辑性等特点的认识形式，如联想、想象、猜测、直觉、顿悟、灵感等。人的认识过程是理性因素和非理性因素协同作用的结果。非理性因素对于人的认识能力和认识活动具有激活、驱动和控制作用。

从认识到实践，是认识过程的第二个阶段，即由精神到物质的阶段，由思想到存在的阶段。这是认识过程的第二次能动的飞跃。

从认识到实践的飞跃，是更为重要的飞跃，意义更加重大，其必要性和重要性在于以下两方面：

第一，认识世界的目的是为了改造世界。马克思主义的哲学认为十分重要的问题，不在于懂得了客观世界的规律性，因而能够解释世界，而在于这种对于客观规律性的认识去能动地改造世界。在马克思主义看来，理论是重要的，理论是行动的指南，没有革命的理论就没有革命的运动，没有正确的理论就没有正确的行动。理论的终极意义在于能够指导行动。理性认识回到实践的过程，既是理论指导实践的过程，又是理论实现自身的过程。

第二，认识的真理性只有在实践中才能得到检验和发展。如果没有这个阶段，对事物的认识就还没有完成。

实现由认识向实践的飞跃，需要经过一定的中介环节，包括确定实践目的，即为了什么而实践；形成实践理念，即实践的理想蓝图是什么；制定实践方案，即把实践理念具体化的计划、措施和手段；进行中间实验，即先在小范围内进行试点，取得经验后再逐步推广，以及运用科学的实践方法等。除此之外，从认识到实践的最后一个环节，是对人民群众进行组织和宣传，让理论为群众所掌握，并转化为改造世界的物质力量。只有这样，理论才能真正发挥指导作用，并随着实践的发展而发展。

实践与认识的辩证运动，是一个由感性认识到理性认识，又由理性认识到实践的飞跃，是实践、认识、再实践、再认识，循环往复以至无穷的辩证发展过程。

从实践到认识，再从认识到实践，实现了人们认识具体事物的辩证运动过程。经历了两次飞跃，实践与认识的运动就算完成了吗？回答是既完成了，又没有完成。说它“完成了”，是针对具体事物的认识而言的。

然而，人们在实践中得来的思想、理论、计划和方案毫无改变地实现的情况很少。一是因为事物是复杂和多变的，即使是对于个别的、具体的事物的认识，也要经历多次反复。二是从事变革现实的人不但受着科学技术条件的限制，而且受着客观过程的发展及其表现程度的限制，客观过程的方面及本质尚未充分暴露。许多时候，经过多次失败，不断纠错，才能实现主客观的统一，在实践中得到预想的结果。

说它“又没有完成”，是针对实践和认识运动过程的向前推移、向前发展而言的。人们的实践是向前推移、向前发展的，人们的认识运动也应跟着推移和发展。客观现实世界的变化运动永远不会完结，人们在实践中对于真理的认识也就永远没有完结。

一个正确的认识，往往需要经过由物质到精神，由精神到物质，即由实践到认识，由认识到实践这样多次的反复，才能够完成。这就是认识辩证运动发展的基本过程，也是认识运动的总规律，表明认识是一个反复循环和无限发展的过程。这个过程既是认识在实践基础上沿着科学性方向不断深化发展的过程，也是实践在认识的指导下沿着合理性方向不断深入推进的过程。这个过程既不是封闭式的循环，也不是直线式的发展，往往充满了曲折以至反复，因而是一个波浪式前进和螺旋式上升的过程。

在实践和认识的辩证运动中，主观必须统一于客观，认识必须统一于实践。这种统一是认识和实践的矛盾在发展中的统一，是具体的历史的统一。我们的结论是主观和客观、理论和实践、知和行的具体的历史的统一，反对一切离开具体历史的“左”的或右的错误思想。

第二节 真理与价值

真理是不是客观的,这是真理观中的首要问题。对于这个问题,一切唯物主义都作了肯定回答,一切唯心主义都作了否定回答。

在哲学史上,休谟认为真理是“观念与主体感觉相符合”,贝克莱断言“真理存在于观念之中”,康德认为“真理是思维与它的先验形式相一致”,这些是主观唯心主义的真理观。柏拉图认为“真理是某种超验的、永恒的‘理念’”,黑格尔说“真理是‘绝对理念’的自我显现”,这些是客观唯心主义的真理观。他们对真理本质的理解都是不科学的。马克思主义继承并发展了唯物主义认识路线和人类认识的优秀成果,从认识和实践统一的高度上科学地揭示了真理的本质。

马克思主义认为,真理是标志主观与客观相符合的哲学范畴,是对客观事物及其规律的正确反映。

真理的客观性指真理的内容是对客观事物及其规律的正确反映,真理中包含着不依赖于人和人的意识的客观内容,检验真理的标准是客观的。客观性是真理的本质属性。

真理的客观性决定了真理的一元性。真理的一元性是指在同一条件下对于特定的认识客体的真理性认识只有一个,而不可能有多个。

真理是一个过程。就真理的发展过程以及人们对它的认识和掌握程度来说,真理既具有绝对性,又具有相对性,它们是同一客观真理的两种属性,这是真理问题上的辩证法。

真理的绝对性是指真理主客观统一的确定性和发展的无限性。它有两个方面的含义:一是指任何真理都标志着主观与客观之间的符合,都包含着不依赖于人和人的意识的客观内容,都同谬误有原则的界限。这一点是绝对的、无条件的。在这个意义上,承认了真理的客观性也就是承认了真理的绝对性。二是人类认识按其本性来说,能够正确认识无限发展着的物质世界,认识每前进一步,都是对无限发展着的物质世界的接近,这一点也是绝对的、无条件的。在这个意义上,承认了世界的可知性,承认人能够获得关于无限发展着的物质世界的正确认识,也就是承认了真理的绝对性。

真理的相对性是指人们在一定条件下对客观事物及其本质和发展规律的正确认识总是有限度的、不完善的。它具有两个方面的含义:一是认识有待扩展,二是认识有待深化。

真理的绝对性和相对性是辩证统一的,二者既相互依存又相互包含。真理的绝对性寓于真理的相对性之中。真理的相对性包含并表现着真理的绝对性。真理永远处在由相对向绝对的转化和发展中,是从真理的相对性走向绝对性、接近绝对性的过程。任何真理性的认识都是由真理的相对性向绝对性转化过程中的一个环节,这是真理发展的规律。

割裂真理的绝对性与相对性的辩证关系,就会走向形而上学的真理观,即绝对主义和相对主义。绝对主义又称独断论,片面夸大真理的绝对性,否认真理的相对性,认为真理是永恒不变的,把人类认识之旅中的"里程碑"当成了"终点站"。实际工作中的教条主义、思想僵化,把马克思主义当作一成不变的公式,到处生搬硬套,就是绝对主义的表现。

与此相反,相对主义则片面夸大真理的相对性,否认真理的绝对性,从而导致错误做法,即借口真理是发展的而否认真理内容的客观性,认为原来的真理已经不是真理了而将它丢弃或推翻。这就把真理的相对性歪曲成了主观随意性,由此走向主观真理论,陷入不可知论和诡辩论。否定马克思主义的基本原理,散布马克思主义"过时论"是相对主义的表现。

马克思主义作为客观真理,是绝对性和相对性的统一。它正确反映了人类社会的发展规律,因而具有绝对性。但是,马克思主义经典作家并没有穷尽真理,仍需要随着社会实践的发展而发展,因而又具有相对性。与时俱进是马克思主义保持蓬勃生命力的关键所在,习近平新时代中国特色社会主义思想是马克思主义中国化的最新成果,是21世纪的马克思主义,体现了马克思主义活的灵魂,具体问题具体分析。

所谓谬误,是同客观事物及其发展规律相违背的认识,是对客观事物及其发展规律的歪曲反映。勇于坚持真理、修正错误,是马克思主义的一条基本原则。

第一,真理与谬误相互对立。在确定的对象和范围内,真理与谬误的对立是绝对的,与对象相符合的认识就是真理,与对象不相符合的认识就是谬误。第二,真理与谬误的对立又是相对的,它们在一定条件下能够相互转化。首先，真理在一定条件下会转化为谬误。一方面，任何真理，如果把它加以夸大，把它运用到实际适用的范围之外，便可以弄到荒谬绝伦的地步，而且在这种情形下，甚至必然会变成荒谬绝伦的东西。如重视理论与犯教条主义错误，注重实践与犯经验主义错误，自力更生与搞自我封闭，开放引进与搞崇洋媚外等，跨越关节点或度的范围和界限，真理就会转化为谬误。另一方面，真理又是全面的。把全面的真理性认识组成的科学体系中的某个原理孤立地抽取出来，切断同其他原理的联系，也会使其丧失自己的真理性而变为谬误。这种做法割裂了某个原理与其他原理之间的相互联系、相互制约。其次，谬误在一定条件下能够向真理转化。任何人都有可能犯错误，但吃一堑、长一智，勇于正视错误、反省错误、修正错误，终能取得对客观事物及其规律的正确认识，从而让错误逆转为正确，谬误转化为真理。

真理和谬误的对立统一关系表明，真理总是同谬误相比较而存在、相斗争而发展的。毛泽东指出，正确的东西总是在同错误的东西作斗争的过程中发展起来的。真的、善的、美的东西总是在同假的、恶的、丑的东西相比较而存在，相斗争而发展的。当某一种错误的东西被人类普遍地抛弃，某一种真理被人类普遍地接受的时候，更加新的真理又在同新的错误意见作斗争。这种斗争永远不会完结。这是真理发展的规律，当然也是马克思主义发展的规律。

关于真理标准的观点有：以圣人或权威的意见为标准，如“以孔子的是非为是非”；以自己的观念、意见为标准，如王阳明把所谓“良知”作为“自家标准”；以多数人的意见和感觉为标准，如贝克莱的“集体的知觉”就是“实在性的证据”；以概念是否清楚明白为标准，如笛卡儿、斯宾诺莎等；以“有用”或“效果”为标准，如实用主义的“有用即真理”。以上观点都属于主观真理标准论，它们的共同点就是在主观范围内绕圈子，把主观的东西当作真理的标准，用认识检验认识，从而无法划清真理与谬误的根本界限。

旧唯物主义哲学承认真理的客观性，在什么是检验真理标准的问题上作过一些有益的探讨，例如旧唯物主义哲学的代表费尔巴哈主张，理论所不能解决的那些疑难，实践会解决。但是，由于旧唯物主义的反映论是消极的、直观的反映论，不能对实践作出科学的解释，也没有给实践以应有的地位，因而也没有科学地解决检验真理标准的问题。

辩证唯物主义认识论真正科学地解决了真理标准问题。马克思在《关于费尔巴哈的提纲》中指出："人的思维是否具有客观的真理性，这不是一个理论的问题，而是一个实践的问题。人应该在实践中证明自己思维的真理性，即自己思维的现实性和力量，自己思维的此岸性。"毛泽东进一步强调："判定认识或理论之是否真理，不是依主观上觉得如何而定，而是依客观上社会实践的结果如何而定。真理的标准只能是社会的实践。"也就是说，只有实践才是检验真理的唯一标准，此外再也没有别的标准。

实践之所以能够作为检验真理的唯一标准，是由真理的本性和实践的特点决定的。

第一，从真理的本性看，真理是人们对客观事物及其发展规律的正确反映，它的本性在于主观和客观相符合。只有那种能够把主观认识与客观事物联系和沟通起来，并把二者加以比较和对照的东西，才能充当检验真理的标准。具有这种特性的东西，只能是作为主客观联系的桥梁、纽带或"交错点"的社会实践。

第二，从实践的特点看，实践是人们改造世界的客观的物质性活动，具有直接现实性的特点。实践的直接现实性的品格，是实践能够成为检验真理唯一标准的主要根据。

在实践检验真理的过程中，逻辑证明可以起到重要的补充作用。所谓逻辑证明，是指运用已知的正确概念和判断，通过一定的推理，从理论上确定另一个判断的正确性的逻辑方法。逻辑证明是探索真理、论证真理的方式，是正确思维和表达的必要条件，也是建立科学理论体系的重要途径。但是，逻辑证明只能回答前提与结论的关系是不是符合逻辑的问题，而不能回答结论是不是符合客观实际的问题。已被逻辑证明了的东西，还必须经过实践的检验，并最终服从实践检验的结果。所以，逻辑证明也不能取代实践作为检验真理的标准。

坚持实践是检验真理的唯一标准，还必须正确地理解实践标准的确定性与不确定性，准确把握实践检验真理的辩证发展过程。实践标准的确定性即绝对性，是指实践作为检验真理标准的唯一性、归根到底性、最终性。实践标准的不确定性即相对性，是指实践作为检验真理标准的条件性。实践对真理的检验不可能一次完成，实践检验真理是一个永无止境的发展过程。必须把人的全部实践作为真理的标准。防止和反对否认真理标准问题的唯心主义、怀疑主义和相对主义，又要看到实践标准的不确定性，防止和反对教条主义和独断论错误。

作为哲学范畴，价值是指在实践基础上形成的主体和客体之间的意义关系，是客体对个人、群体乃至整个社会的生活和活动所具有的积极意义。如政权组织形式能否体现人民意志并受到人民支持，信仰或信念能否给人精神支撑和精神引导，艺术作品能否给人美的享受等，都是主体和客体之间价值关系的表现形式。

在价值的本质问题上，存在着客观主义价值论和主观主义价值论的对立。客观主义价值论认为价值是客体本身所固有的，而与主体无关。主观主义价值论认为价值就是主体的欲望、情感和兴趣，而与客体无关。这两种观点都只看到了矛盾的一面，而忽略了另一面，因而都是片面的。

实际上，价值体现的是主体和客体之间的一种特定关系，表现为人与满足其某种需要的客体之间的意义关系。

价值具有主体性、客观性、多维性和社会历史性四个基本特性，它们是价值本质的表现。

价值评价是主体对客体的价值以及价值大小所作的评判或判断，因而也被称作价值判断。价值评价主要有以下三个基本特点：

第一，评价以主客体的价值关系为认识对象。第二，评价结果与评价主体直接相关。第三，评价结果的正确与否依赖于对客体状况和主体需要的认识。例如，中国特色社会主义进入新时代，我国社会主要矛盾已经转化为人民日益增长的美好生活需要和不平衡不充分的发展之间的矛盾，这一矛盾的确定不是拍脑袋拍出来的，而是在正确认识客体状况和主体需要基础上作出的正确论断。

问题的关键是评价标准归根到底是主体的需要，价值评价要以真理为根据，要与社会历史发展的客观规律相一致，要以人民群众的需要和利益为根本，这是价值评价的根本特征，也是应当遵循的基本原则。因此，对于任何主体而言，价值评价的根本标准只有与人民的需要和利益相一致才是正确的。习近平明确指出，“全党同志要把人民放在心中最高位置，坚持全心全意为人民服务的根本宗旨，实现好、维护好、发展好最广大人民根本利益，把人民拥护不拥护、赞成不赞成、高兴不高兴、答应不答应作为衡量一切工作得失的根本标准”。

对民族与国家来说，最持久、最深层的力量是全社会共同认可的核心价值观，因为它承载着一个民族、一个国家的精神追求，体现着一个社会评判是非曲直的价值标准。社会主义核心价值观回答了在我国应该建设什么样的国家、建设什么样的社会、培育什么样的公民等重大问题。社会主义核心价值观是当代中国精神的集中体现，凝结着全体人民共同的价值追求。在培养担当民族复兴大任的时代新人，进行国民教育、精神文明创建、精神文化产品创作生产传播等方面具有强大的引领作用。

人们的实践活动总是受着真理尺度和价值尺度的制约。任何实践活动都是在这两种尺度共同制约下进行的，任何成功的实践都是真理尺度和价值尺度的统一，是合规律性和合目的性的统一。我国科学家屠呦呦的“抗疟神药”青蒿素获得诺贝尔生理学或医学奖，她采用科学的实验方法探寻疟疾的新疗法，符合真理尺度；其目的是为了拯救成千上万疟疾患者的生命，符合价值尺度。

真理与价值或真理尺度与价值尺度是紧密联系、不可分割的辩证统一关系。一方面，价值尺度必须以真理为前提。脱离了真理尺度，价值尺度就偏离了合理的、正确的轨道。另一方面，人类自身需要的内在尺度，推动着人们不断发现新的真理。科学发明、技术创新、经典思想理论的形成，都是人类为了实现更美好的生活而进行的社会实践。脱离了价值尺度，真理就缺失了主体意义。新时代中国特色社会主义的伟大实践，充分体现了真理尺度与价值尺度的辩证统一。

第三节 方法论

认识世界和改造世界是人类创造历史的两种基本活动。认识活动的任务不仅在于解释世界，更重要的在于为改造世界提供理论指导，实现主观与客观、认识与实践的统一。

认识世界的目的是为了改造世界，而改造世界又包括改造客观世界和改造主观世界。

改造主观世界既包括提高人的认识能力，也包括丰富人的情感世界和提升人的意志品质，而核心是改造世界观，即观察和处理问题的立场、观点、方法。马克思主义关于在改造客观世界的同时改造主观世界的观点具有重要意义。首先，有助于我们提高认识世界的能力。其次，有助于我们提高自身的思想修养和精神境界。最后，有助于我们在改造外部世界的同时，把目光转向自身，高度重视并努力实现人自身的改造。马克思在《关于费尔巴哈的提纲》中也谈到了“环境的改变和人的活动或自我改变的一致”问题。在人与世界的关系中，随着社会的发展，人自身的改造或人的自我改造就更加重要。不论是个人、团体还是政党，要自觉地实现自我改造，就需要以勇于自我革命的精神打造和锤炼自己，提高自我净化、自我完善、自我革新、自我提高的能力。

马克思主义认识论揭示了人类认识的本质和发展的一般规律，为人类正确认识世界和改造世界指明了科学的道路，它是中国共产党思想路线的理论基础。

一切从实际出发是马克思主义认识论的根本要求。一切从实际出发，就是要把客观存在的事物作为观察和处理问题的根本出发点，这是马克思主义认识论的根本要求和具体体现。从实际出发，就是要从变化发展着的客观实际出发，从特定的社会历史条件出发，按照客观世界的本来面目认识世界而不附加任何外来的主观成分。马克思、恩格斯认为：“共产党人的理论原理，决不是以这个或那个世界改革家所发明或发现的思想、原则为根据。这些原理不过是现存的阶级斗争、我们眼前的历史运动的真实关系的一般表述。”

我们对未来非资本主义社会区别于现代社会的特征的看法，是从历史事实和发展过程中得出的确切结论；不结合这些事实和过程去加以阐明，就没有任何理论价值和实际价值。马克思主义是以事实，而不是以可能性为依据的。在社会现象领域，没有哪种方法比胡乱抽出一些个别事实和玩弄实例更普遍、更站不住脚的了。挑选任何例子是毫不费劲的，但这没有任何意义，或者有纯粹消极的意义，因为问题完全在于每一个别情况都有其具体的历史环境。如果从事实的整体上、从它们的联系中去掌握事实，那么，事实不仅是“顽强的东西”，而且是绝对确凿的证据。如果不是从整体上、不是从联系中去掌握事实，如果事实是零碎的和随意挑出来的，那么它们就只能是一种儿戏，或者连儿戏也不如。科学社会主义就是从事实出发得出的科学结论，并且要求结合新的具体事实进行阐发和运用。

实事求是是中国共产党思想路线的核心。其基本内涵是：一切从实际出发，理论联系实际，实事求是，在实践中检验和发展真理。这条思想路线是中国共产党对马克思主义理论发展作出的重大贡献，其核心是实事求是。毛泽东指出："'实事'就是客观存在着的一切事物，'是'就是客观事物的内部联系，即规律性，'求'就是我们去研究。"这一论断深刻揭示了实事求是的科学内涵，鲜明地体现了辩证唯物主义的能动反映论与机械唯物主义的直观反映论的根本区别。

当代中国，一切从实际出发，就是一切要从中国特色社会主义进入了新时代这个我国发展新的历史方位出发。我国社会主要矛盾已经转化为人民日益增长的美好生活需要和不平衡不充分的发展之间的矛盾，但我国仍处于并将长期处于社会主义初级阶段的基本国情没有变，我国是世界最大的发展中国家的国际地位没有变。

解放思想，就是使思想和实际相符合，使主观和客观相符合，就是实事求是。只有解放思想，才能冲破教条主义和经验主义的禁锢，才能纠正僵化的形而上学的思维方式，正确认识和把握客观事物的内在联系、本质和规律，也才能制定正确的政策，作出正确的决策。实事求是是中国共产党人的根本思想方法、工作方法和领导方法，是党领导人民推动中国革命、建设、改革事业不断取得胜利的重要法宝。

人类认识世界和改造世界的过程，是一个包含着创新的发展过程。创新就是破除与客观事物进程不相符合的旧观念、旧理论、旧模式、旧做法，在继承历史发展成果的基础上，发现和运用事物的新联系、新属性、新规律，更有效地进行认识世界和改造世界的活动。创新是社会发展的不竭动力。人类的创新活动包含着知识创新、制度创新、科技创新、文化创新等各方面创新。归结起来，主要是理论创新和实践创新两个基本方面，它们集中体现了人类在认识世界和改造世界中的创新活动。

实践创新为理论创新提供不竭的动力源泉。在理论创新与实践创新的相互关系中，实践创新具有基础性的意义。理论创新应建立在实践创新的基础之上。理论创新始于问题，因为问题是时代的声音，是实践过程中不断涌现的新矛盾。“问题倒逼”是不断进行理论创新的助推器。当代中国正经历着我国历史上最为广泛而深刻的社会变革,也正在进行人类历史上最为宏大而独特的实践创新。党的十八大以来国内外形势深刻变化和我国各项事业快速发展催生了习近平新时代中国特色社会主义思想,它回答了实践和时代提出的新课题,即在新的时代条件下坚持和发展什么样的中国特色社会主义、怎样坚持和发展中国特色社会主义这一重大理论和实践问题。实践证明,只有清醒认识世情、国情、党情的变与不变,认真研究解决重大而紧迫的问题,才能真正把握住历史脉络、找到发展规律,推动理论创新。

理论创新为实践创新提供科学的行动指南。理论创新不仅要以实践创新为基础,还要发挥科学的指导作用“反哺”实践。理论必须同实践相统一,理论一旦脱离了实践,就会成为僵化的教条,失去活力和生命力。理论对规律的揭示越深刻,对社会发展和变革的引领作用就越显著。

理论创新是社会发展和变革的先导。理论的生命力在于创新。创新是理论发展的永恒主题,也是社会发展、实践深化、历史前进对理论的必然要求。

理论创新与实践创新的良性互动,指理论创新与实践创新之间存在良好的、积极的相互作用和相互影响,或者说二者之间形成相互激发、共同促进的因果关系。正确把握二者的创新关系,在尊重规律的基础上发挥人的主观能动性,是使互动过程呈现良性运动状态的基础保障,也是顺利实现马克思主义理论创新发展的关键。

中国特色社会主义是一个不断创新发展的过程,其中包含着理论创新与实践创新及其相互关系。其理论和实践的逻辑是:新时代提出新课题,新课题催生新理论,新理论引领新实践。习近平新时代中国特色社会主义思想源于实践又指导实践,是中国特色社会主义理论创新与实践创新良性互动的智慧结晶,为新时代坚持和发展中国特色社会主义、推进党和国家事业提供了基本遵循和行动指南。

第三章　历史唯物主义初论

马克思和恩格斯创立的历史唯物主义实现了社会历史观的伟大变革，为我们正确认识人类社会历史及其发展趋势，准确把握社会发展的动力因素，准确把握人民群众和杰出人物在历史中的作用，提供了科学的理论指导。

第一节　唯物史观的基本理论问题

社会存在与社会意识的关系问题，是社会历史观的基本问题。正确认识这一问题是解决其他社会历史观问题的基础和前提。

在马克思主义产生之前，唯心史观一直占据统治地位。其主要缺陷是：至多考察了人的活动的思想动机，而没有进一步考究思想动机背后的物质动因和经济根源，因而从社会意识决定社会存在的前提出发，把社会历史看成精神发展史，根本不懂得社会历史的客观规律，根本不懂得人民群众在社会历史发展中的决定作用。

马克思发现了人类社会发展的规律，科学地解决了社会存在与社会意识的关系问题，创立了唯物史观。马克思明确指出，不是人们的意识决定人们的存在，相反，是人们的社会存在决定人们的意识。唯物史观的基本思想，是我们考察人类社会历史及其发展规律的基本理论依据。

社会存在也称社会物质生活条件，是社会生活的物质方面，主要包括自然地理环境、人口因素和物质生产方式。

自然地理环境的优势对劳动生产率的提高产生积极或消极的影响并对社会发展起促进或延缓的作用。坚持人与自然和谐共生，建设生态文明，是中华民族永续发展的千年大计。我们要从自己做起，像爱护眼睛一样爱护生态环境，形成绿色、低碳、环保的生活方式，创造良好生产生活环境，建设美丽中国。物质生产方式，即马克思所说的“物质生活的生产方式”，它是生产力和生产关系的统一体。物质生产方式是社会存在和发展的基础及决定力量。

社会意识是社会生活的精神方面，是社会存在的反映。社会意识具有复杂的结构，可以从不同角度对其进行划分。根据不同的主体，社会意识分为个体意识和群体意识。根据不同的层次，社会意识分为社会心理和社会意识形式。社会心理是低层次的社会意识，是自发的、不系统的、不定型的社会意识，表现为人们的感知、情绪、情感、心态、习俗等，以感性认识为主；社会意识形式是高层次的社会意识，是自觉的、系统的、定型的社会意识，包括政治法律思想、道德、艺术、宗教、哲学、科学等，以理性认识为主。社会意识形式以社会心理为基础，并对社会心理起指导和影响作用。

在社会意识形式中，又存在意识形态和非意识形态之分，其中意识形态是指反映社会的经济关系、阶级关系的社会意识，主要包括政治法律思想、道德、艺术、宗教、哲学等。自然科学和语言学、形式逻辑等一部分社会科学不具有社会经济形态和政治制度的性质，不反映特定社会集团的利益和要求，不服务于特定经济政治制度和特定阶级，因而属于非意识形态。

政治法律思想是随着阶级和国家的出现而产生的，是最直接、最集中地反映经济基础的意识形态，在意识形态中居于核心地位，起主导作用。道德是调整人们之间以及个人与社会之间关系的行为规范的总和，是依靠社会舆论以及人们的信念、习惯、传统和教育来起作用的精神力量。道德是一定生产方式的产物，是对经济基础比较直接的反映。道德具有历史性、继承性，一个国家或民族的传统美德在现实生活中具有重要影响和意义。

宗教是支配人们日常生活的外部力量在人们头脑中的虚幻的反映。宗教本质上是一种“颠倒的世界观”，是由对神灵的信仰和崇拜来支配人的思想行为的一种意识形式。从历史和现实看，宗教将会长期存在并发挥作用；宗教与一定社会的经济、政治、文化问题交织在一起，对社会发展和稳定产生重大影响，我们必须积极引导宗教与社会主义社会相适应；宗教常常与现实的国际斗争和冲突相交织，是国际关系和世界政治中的一个重要因素，我们必须高度警惕和抵制境外敌对势力利用宗教进行渗透。要努力进行马克思主义宗教观教育，进行辩证唯物主义和历史唯物主义科学世界观教育，提高全民族的思想道德素质和科学文化素质。

哲学具有思辨的特点，与其他社会意识形式不同，它是一种以更为间接和抽象的方式反映社会存在的意识形式。

社会存在和社会意识是辩证统一的。社会存在决定社会意识，社会意识是社会存在的反映，并反作用于社会存在。

社会存在是社会意识内容的客观来源，社会意识是社会物质生活过程及其条件的主观反映。社会意识产生的基础是人类的社会实践，实践的能动性决定了社会意识反映社会存在的能动性。所以，社会意识根源于社会存在，是对以实践为基础的不断变化发展的现实世界的反映。

社会意识是人们进行社会物质交往的产物。不是意识决定生活，而是生活决定意识。随着社会存在的发展，社会意识也相应地或早或迟地发生变化和发展。社会意识是具体的、历史的。社会意识既依赖于社会存在，又有其相对独立性。社会意识的相对独立性，是指社会意识在根本上受到社会存在决定的同时，还具有自己特有的发展形式和规律。主要表现在：

一是社会意识与社会存在发展的不完全同步性和不平衡性。社会经济发展水平较高的国家或地区，其社会意识的发展水平未必都是最高的；某些经济水平相对落后的国家或地区，其社会意识的某些方面却可以领先于经济发达的国家或地区。二是社会意识内部各种形式之间的相互影响及各自具有的历史继承性。三是社会意识对社会存在能动的反作用。先进的社会意识反映了社会发展的趋势和要求，对社会发展起着积极的促进作用；落后的社会意识不符合社会发展的趋势和要求，对社会发展起着消极的阻碍作用。

社会意识的能动作用是通过指导人们的实践活动实现的。思想本身并不能实现，要实现思想就要付诸实践，而社会实践的主体是人民群众。因此，一种社会意识发挥作用的程度及范围大小、时间长短同它实际掌握群众的深度和广度密切联系在一起。

唯物史观对历史观基本问题的科学回答，宣告了唯心史观的彻底破产。依据这一原理，马克思主义从社会生活的各种领域中划分出经济领域，从一切社会关系中划分出生产关系，并把它当作决定其余一切关系的基本的、原始的关系，进而将一切社会关系归结于生产关系，将生产关系归结于生产力发展的高度，从而将社会形态的发展看作自然历史过程，破天荒地破解了“历史之谜”，揭示了人类社会发展的规律。把握这两个“划分”、两个“归结”的思想，对于认识社会历史具有重要意义。

文化是一个国家、一个民族的灵魂。文化兴则国运兴，文化强则民族强。文化对社会发展的重要作用主要表现在：其一，文化为社会发展提供思想保证。中国特色社会主义文化积淀着中华民族最深层的精神追求，代表着中华民族独特的精神标识，是中国人民胜利前行的强大精神力量。其二，文化为社会发展提供精神动力。中国特色社会主义文化是凝聚和激励全国各族人民的重要力量。红船精神、井冈山精神、长征精神、延安精神、大庆精神、焦裕禄精神、“两弹一星”精神、航天精神等，就在中国革命、建设、改革过程中发挥了巨大的精神动力作用。其三，文化为社会发展提供凝聚力量。其四，文化为社会发展提供智力支持。哲学社会科学是文化的重要组成部分，其发展水平反映了一个民族的思维能力、精神品格、文明素质，体现了一个国家的综合国力和国际竞争力。哲学社会科学的发展水平和繁荣程度，是一个民族综合素质和国家文化软实力的重要体现和突出标志。

生产力与生产关系矛盾运动的规律，是人类社会发展的基本规律。人类第一个历史活动就是生产满足这些需要的物质资料，生产力是人类社会生活和全部历史的基础。

生产力是人类在生产实践中形成的改造和影响自然以使其适合社会需要的物质力量。生产力具有客观现实性和社会历史性。生产力的水平表现为生产发展的现实程度；生产力的性质取决于生产的物质技术性质，主要是劳动资料的性质；生产力的状况是这两者的统一，表现为生产力的运行状态或发展态势；生产力的发展要求与生产力上述三方面的规定性紧密联系在一起，是指现实的生产力不断获得解放和发展的基本要求。

生产力具有复杂的系统结构，其基本要素包括：劳动资料、劳动对象和劳动者。劳动资料也称劳动手段，它是人们在劳动过程中所运用的物质资料或物质条件，其中最重要的是生产工具，生产工具是区分社会经济时代的客观依据。劳动者是生产力中最活跃的因素，人才资源是第一资源。科学技术是生产力中的重要因素，科学技术是先进生产力的集中体现和主要标志,是第一生产力。

生产关系是人们在物质生产过程中形成的不以人的意志为转移的经济关系。生产关系包括生产资料所有制关系、生产中人与人的关系和产品分配关系。在生产关系中,生产资料所有制关系是最基本的,它是人们进行物质资料生产的前提,生产、分配、交换和消费关系在很大程度上是由这种前提决定的,所以是最基本的、具有决定意义的方面。它是区分不同生产方式、判定社会经济结构性质的客观依据。

生产关系作为生产中人与人之间的关系,不是物,“可是这些关系总是同物结合着,并且作为物出现”。例如,资本的直接表现形态是商品生产中物的要素,但其实质是一种生产关系。分析生产关系必须透过“物”看到“物”后面的人与人的关系。

历史上在社会中占统治地位的生产关系,依据生产资料所有制关系的性质区分为两种基本类型。一种是以生产资料公有制为基础的生产关系,其根本特征是:生产资料为劳动者共同占有,人们在生产过程中处于平等地位,产品分配上不存在剥削。另一种是以生产资料私有制为基础的生产关系,其根本特征是:生产资料归少数非劳动者占有,劳动者占有很少或根本没有生产资料,并在生产中处于被支配地位,这种人与人的关系往往包含剥削关系。当然,个体劳动者的私有制中没有剥削关系。

在人类历史发展的现阶段,这两种基本类型的生产关系是并存的,随着生产力的进一步发展,以生产资料公有制为基础的生产关系必将取代以生产资料私有制为基础的生产关系。

生产力与生产关系的相互关系是:生产力决定生产关系,而生产关系又反作用于生产力。

第一,生产力决定生产关系。其一,生产力状况决定生产关系的性质。马克思说:“手推磨产生的是封建主的社会,蒸汽磨产生的是工业资本家的社会。”其二,生产力的发展决定生产关系的变化。当生产关系不能适应生产力发展的要求时,人们就要变革旧的生产关系,建立新的生产关系,以适应生产力的发展。

第二,生产关系对生产力具有能动的反作用。主要表现为两种情形:当生产关系适合生产力发展的客观要求时,对生产力的发展起推动作用;当生产关系不适合生产力发展的客观要求时，就会阻碍生产力的发展。生产关系对生产力反作用的实际过程和情形是十分复杂的。新的生产关系总体上基本适合生产力发展，但并不排除它的某些环节或方面不适合生产力状况而阻碍其发展；旧的生产关系总体上基本不适合生产力发展，但也不排除它的某些环节或方面的调整和改变，能够暂时地、局部地对生产力发展有一定的促进作用。生产关系落后于生产力固然会阻碍其发展；而由于人为的原因使某种生产关系"超越"生产力水平，这种"拔高"了的生产关系也会阻碍生产力的发展。

生产力与生产关系矛盾运动规律的原理在人类思想史上彻底否定了以"道德说教"作为评判历史功过是非的思想体系，第一次科学地确立了生产力发展是"社会进步的最高标准"，并且把生产力和生产关系矛盾运动的规律作为判断时代变革的客观依据。生产力与生产关系矛盾运动规律是马克思主义政党制定路线、方针和政策的重要依据。

马克思把社会比喻为一座大厦，并把社会关系区分为经济基础和上层建筑两部分。经济基础与上层建筑矛盾运动的规律，是人类社会发展的另一个基本规律。

经济基础是指由社会一定发展阶段的生产力所决定的生产关系的总和。经济基础与经济体制具有内在联系，经济体制的选择是否得当，对于基本经济制度即生产关系的自我完善和生产力的发展往往起着极为重要的作用。

上层建筑是建立在一定经济基础之上的意识形态以及与之相应的制度、组织和设施。自原始社会解体以来，上层建筑由意识形态以及政治法律制度及设施和政治组织两部分构成。

意识形态又称为观念上层建筑，包括政治法律思想、道德、艺术、宗教、哲学等思想观点。政治法律制度及设施和政治组织又称为政治上层建筑，包括国家政治制度、立法司法制度和行政制度，以及国家政权机构、政党、军队、警察、法庭、监狱等政治组织形态和设施。

观念上层建筑和政治上层建筑的关系：政治上层建筑是在一定意识形态指导下建立起来的，是统治阶级意志的体现；政治上层建筑一旦形成，就成为一种现实的力量，影响并制约着人们的思想理论观点。

在整个上层建筑中,政治上层建筑居主导地位,国家政权是核心。国家不是从来就有的,而是社会发展到一定历史阶段的产物。

马克思主义依据国家的性质和政权的组织形式,相应地将国家分为国体和政体两个方面。国体是指社会各阶级在国家中的地位,表明国家政权掌握在哪个阶级手里,哪个阶级是统治阶级。政体是指统治阶级实现其阶级统治的具体组织形式,也就是政权构成形式,表明统治阶级采取什么样的形式去组织自己的政权。一般来说,国体决定政体,政体服从于国体;政体为国体服务,并对保证国家的性质起重要作用。

经济基础与上层建筑是辩证统一的。经济基础决定上层建筑,上层建筑反作用于经济基础,二者相互影响、相互作用。

经济基础与上层建筑的相互作用构成二者的矛盾运动。这种矛盾运动在实际运行中是极为复杂的。其一,在同一性质的经济基础与上层建筑的关系中,上层建筑的不完善部分、没有反映经济基础要求的部分都会同经济基础发生矛盾。其二,在不同性质的经济基础与上层建筑的关系中,矛盾更为复杂,主要表现在:占统治地位的经济基础同旧上层建筑的残余、未来上层建筑的萌芽之间的矛盾,新旧上层建筑之间、新旧经济基础之间的矛盾等。其三,当一种社会形态处于上升发展阶段时,上层建筑对于经济基础一般是适应的;当一种社会形态处于没落时期时,上层建筑同经济基础变革的客观要求是不适应的,其矛盾则变为对抗性的、全局性的矛盾。

马克思、恩格斯揭示的生产力与生产关系矛盾运动的规律和经济基础与上层建筑矛盾运动的规律,是人类社会发展的一般规律。这些规律决定了社会形态的更替和历史发展的基本趋势。

社会形态是关于社会运动的具体形式、发展阶段和不同质态的范畴,是同生产力发展一定阶段相适应的经济基础与上层建筑的统一体。社会形态包括社会的经济形态、政治形态和意识形态,是三者历史的、具体的统一。其中,经济基础是“骨骼系统”,上层建筑是“血肉系统”。

依据生产关系的不同性质,社会历史可划分为五种社会形态:原始社会、奴隶社会、封建社会、资本主义社会和共产主义社会(其第一阶段是社会主义社会)。这五种社会形态的依次更替,是社会历史运动的一般过程和一般规律,表现了社会形态更替的统一性。

但是就某一国家或民族的社会发展的历程而言，情况就不一样了。有些国家在发展中经历了几种社会形态依次更替的典型过程，也有些国家在发展中超越了一个甚至几个社会形态而跨越式地向前发展。世界历史发展的一般规律，不仅丝毫不排斥个别发展阶段在发展的形式或顺序上表现出特殊性，反而是以此为前提的。这是对社会形态更替统一性与多样性辩证关系符合历史实际的概括。

社会形态更替的统一性与多样性，根源于社会发展的客观必然性与人们的历史选择性相统一的过程。社会形态更替的客观必然性主要是指社会形态依次更替的过程和规律是客观的，其发展的基本趋势是确定不移的。社会形态更替归根结底是社会基本矛盾运动的结果，其中，生产力的发展具有最终的决定意义。

但是，如同其他社会规律一样，社会形态更替的规律也是人们自己的社会行动的规律。规律的客观性并不否定人们历史活动的能动性，并不排斥人们在遵循社会发展规律的基础上，对于某种社会形态的历史选择性。人们的历史选择性包含三层意思：

第一，社会发展的客观必然性造成了一定历史阶段社会发展的基本趋势，为人们的历史选择提供了基础、范围和可能性空间。例如，中国新民主主义革命胜利后，中国人民选择了社会主义道路，就是由具有建立公有制为主体的生产关系的基本生产力条件、当时苏联社会主义的存在和影响以及资本主义道路走不通等原因决定的。第二，社会形态更替的过程也是一个主观能动性与客观规律性相统一的过程。第三，人们的历史选择性归根结底是人民群众的选择性。

而选择的原因包括：一是本民族的利益，如近代中国社会的两大主题，民族独立和人民解放，国家富强和人民幸福。谁能够解决这个问题，就选择谁。历史证明，只有中国共产党，只有社会主义，只有马克思主义，只有中国特色社会主义，只有改革开放，才能救中国，才能发展中国；二是取决于交往，如俄国十月革命一声炮响，给中国人送来了马列主义；三是取决于对历史必然性和本国国情的把握。1922年中国共产党二大，第一次科学地认清了中国国情，提出了反帝反封建的最低纲领，为后来人民选择中国共产党奠定了基础。

此外，社会形态的更替还表现为历史的前进性与曲折性、顺序性与跨越性的统一。

第二节　社会历史发展的动力

推动社会历史发展的动力是多方面的。唯心史观把社会历史发展的动力归结为人们的思想动机或精神力量，而未能揭示社会历史发展的真正奥秘。唯物史观超越了唯心史观，它没有停留在“精神动力”的层面上认识社会历史，而是透过历史的表象，进一步探寻并发现了社会历史深处“动力的动力”：物质生产方式是社会发展的基础，在此基础上形成的生产力和生产关系的矛盾、经济基础和上层建筑的矛盾是社会发展的基本矛盾和根本动力。

生产力是社会基本矛盾运动中最基本的动力因素，是人类社会发展和进步的最终决定力量。生产力是社会进步的根本内容，是衡量社会进步的根本尺度。在生产力和生产关系、经济基础和上层建筑这一社会基本矛盾的运动中，生产力和生产关系的矛盾是更为基本的矛盾，它决定经济基础和上层建筑的矛盾的产生和发展。如前所述，当旧的生产关系成为生产力发展的桎梏时，生产力就必然要求改变或变革生产关系，而一旦生产关系或经济基础状况发生了变化，就会同原有的上层建筑发生矛盾，并要求改变旧的上层建筑。“一历史冲突都根源于生产力和交往形式之间的矛盾。”

社会基本矛盾分析方法要求我们全面认识和分析生产力和生产关系、经济基础和上层建筑的矛盾运动。只有把生产力和生产关系的矛盾作为一个整体来观察，才能全面把握整个社会的基本面貌和发展方向。坚持和发展中国特色社会主义，必须不断调整生产关系以适应社会生产力发展，不断完善上层建筑以适应经济基础发展。当前我国正在全面深化改革，这是由我国社会基本矛盾运动决定的。

毛泽东曾经分析过半殖民地半封建的旧中国社会主要矛盾变化发展的三种情形：其一，当帝国主义发动对中国的侵略战争威胁到我们民族的生存时，中华民族与帝国主义的民族矛盾成为主要矛盾；其二，当帝国主义不是用战争而是用“比较温和”的方式对中国进行压迫时，国内阶级矛盾就又重新转而成为主要矛盾；其三，当国内革命形势的发展从根本上威胁到帝国主义及国内反动势力的统治时，二者就会完全公开站在一起，与人民大众为敌，共同成为主要矛盾的一方面。他还指出，西安事变前中国社会的主要矛盾是阶级矛盾，表现在国共两党之间；西安事变之后民族矛盾上升为主要矛盾，表现在中日两国之间。这既表明了社会主要矛盾和非主要矛盾在一定条件下可以相互转化，又表明了社会主要矛盾的变化导致社会发展的阶段性特点。

正确认识和把握社会主要矛盾，是无产阶级政党正确判断形势和确立工作重心的客观依据。

社会主要矛盾及其转化的原理，对于指导中国特色社会主义实践具有重要意义。我们党对社会主义建设规律的探索，与对我国社会主要矛盾的认识有着密切的联系。只有正确把握社会主要矛盾，社会主义建设事业就会顺利发展，否则就容易导致挫折。1956年党的八大指出，我国完成了社会主义改造，社会主要矛盾已经是人民对于建立先进的工业国的要求同落后的农业国的现实之间的矛盾，已经是人民对于经济文化迅速发展的需要同当前经济文化不能满足人民需要的状况之间的矛盾，从而需要大力发展社会生产力。但后来由于“左”的思想干扰，在相当长时期内偏离了党的八大关于社会主要矛盾的正确判断，把无产阶级和资产阶级之间的斗争当作社会主义社会的主要矛盾，造成了严重后果。随着十一届三中全会党和国家把工作中心转移到了经济建设上，我们党对八大时的提法作了凝练，提出“在社会主义改造基本完成以后，我国所要解决的主要矛盾，是人民日益增长的物质文化需要同落后的社会生产之间的矛盾”并由此提出社会主义初级阶段理论，成为推进新时期党和国家工作的基本依据。我国改革开放和社会主义现代化建设之所以取得如此巨大的成就，是与我们党准确把握和正确处理我国社会的主要矛盾分不开的。

党的十八大以来，中国特色社会主义进入了新时代。在新的历史条件下，科学把握社会主要矛盾变化，对全面推动新时代党和国家事业发展、实现中华民族伟大复兴，具有重大的现实意义。我们党在牢牢把握社会主义初级阶段基本国情的基础上，准确把握我国社会主要矛盾的变化，作出了新的重大判断。党的十九大指出，中国特色社会主义进入新时代，我国社会主要矛盾已经从人民日益增长的物质文化需要同落后的社会生产之间的矛盾，转化为人民日益增长的美好生活需要和不平衡不充分的发展之间的矛盾。

这种转化的客观依据，一方面是人民美好生活需要日益广泛，不仅对物质文化生活提出了更高要求，而且在民主、法治、公平、正义、安全、环境等方面的要求日益增长；另一方面我国社会生产力水平总体上显著提高，社会生产能力在很多方面进入世界前列，更加突出的问题是发展不平衡不充分，这已经成为满足人民日益增长的美好生活需要的主要制约因素。

新的主要矛盾的形成和出现，是中国特色社会主义进入新时代的重要标志和依据。因此，我们在继续推进我国经济社会发展的基础上，着力解决好发展不平衡不充分问题，大力提升发展质量和效益，以更好满足人民对美好生活的需要，更好推动人的全面发展、社会全面进步。

阶级是一个经济范畴，也是一个历史范畴。阶级斗争是社会基本矛盾在阶级社会中的表现，是阶级社会发展的直接动力。阶级斗争对阶级社会发展的推动作用突出地表现在社会形态的更替中。当社会基本矛盾尖锐化时，即当旧的生产关系不适应生产力的发展，变成生产力发展的桎梏时，维护旧的生产关系的反动阶级，必然同代表生产力发展要求的先进阶级形成尖锐的对抗。这时，只有通过先进阶级反对反动阶级的革命斗争，推翻反动阶级的统治，才能建立新的社会形态，以解放和发展生产力，推动社会前进。阶级斗争的作用还表现在同一社会形态的量变过程中。被剥削阶级反对剥削阶级的斗争不同程度地打击了剥削阶级的统治，迫使反动统治阶级作出某些让步，不得不调整某些经济关系和政策，使社会矛盾得到一定程度的缓和，从而或多或少地推动生产力的发展和社会的进步。

坚持阶级分析方法，就是运用马克思主义的阶级和阶级斗争观点去观察和认识阶级社会的社会历史现象。阶级分析方法为我们透过复杂的阶级社会现象，认识阶级社会的本质和规律，提供了科学的指导。正如列宁所说：“马克思主义提供了一条指导性的线索，使我们能在这种看来扑朔迷离、一团混乱的状态中发现规律性。这条线索就是阶级斗争的理论。”阶级分析方法要求全面、动态地分析阶级状况，分析各阶级的经济地位、政治立场和意识形态，准确把握各阶级之间的关系和阶级力量的对比及其变化，把握社会运动和社会生活的脉搏。这是马克思主义政党制定正确路线、方针、政策和策略的重要依据。在认识和处理阶级矛盾时，要严格区分阶级矛盾和非阶级矛盾、对抗阶级之间的矛盾和非对抗阶级之间的矛盾，以及敌我矛盾和人民内部矛盾。

对我国社会主义现阶段的阶级斗争，需要用马克思主义的阶级分析方法，作出符合实际情况的科学判断。由于国内外因素的影响，阶级斗争还将在一定范围内长期存在，在某种条件下还有可能激化，但它已经不是社会的主要矛盾。在社会主义初级阶段，既要注意区分不同性质的社会矛盾，正确处理人民内部矛盾，注意保持安定团结，防止把阶级斗争扩大化；又要对阶级斗争保持警惕，不能掉以轻心、麻痹大意，防止和纠正阶级斗争熄灭论。必须坚定不移地坚持中国共产党的基本理论、基本路线、基本方略，正确认识和处理阶级斗争问题。

社会革命根源于社会基本矛盾的尖锐化。生产力的发展和旧的生产关系、经济基础的发展和旧的上层建筑之间出现矛盾冲突，是社会革命爆发的根本原因。当生产力发展到一定程度、一定阶段，旧的生产关系就由原先推动生产力发展的形式变成阻碍生产力发展的桎梏，这时，就要改变原有的生产关系；而经济基础的变革，又必然导致上层建筑的变革。社会革命是在一定形势和条件下发生的。它的爆发既要具备一定的客观条件，如经济条件和政治条件，又要具备一定的主观条件，如革命阶级的觉悟程度、组织程度和群众的发动程度等。

社会基本矛盾运动的结果，不仅表现为通过革命实现一种新的社会制度取代旧的社会制度，而且表现为通过改革实现社会制度的自我调整和完善。改革是同一种社会形态发展过程中的量变和部分质变，是推动社会发展的又一重要动力。我国自20世纪70年代末以来进行的改革，是社会主义制度的自我完善和发展。当前，我国已经进入了全面深化改革的历史新阶段。

改革在社会历史发展中的重要作用集中表现在：它在一定程度上解决社会基本矛盾、促进生产力发展、推动社会进步的有效途径和手段。如果说社会革命适用于解决现存的社会基本制度问题，把生产力从已不能容纳它的旧的生产关系中解放出来，那么，改革则适用于解决现存的社会体制存在的问题，在不改变社会基本制度的前提下，对生产关系和上层建筑的某些方面和环节进行变革，从而促进生产力发展和社会进步。

从历史上看，改革有范围和程度上的不同。有的是局部性的、浅层次的改革，有的则是全局性的、深层次的改革。由于后者对社会的生产关系和上层建筑有深层的触动和调整，因而能对社会生活产生广泛而深远的影响，甚至会影响到一定社会的发展方向。对于这样的改革，人们有时也会在一定意义上称其为“革命”或“社会革命”。这种概念的用法，不是从社会形态更替的本来含义上讲的，而是就这种改革的深刻性和对社会的深远影响而言的。

社会主义社会也是一个需要改革并经常进行改革的社会，社会主义社会的改革也有范围和程度上的不同。中国的社会主义改革是一场广泛深刻的伟大变革，从性质上看，它是社会主义制度的自我完善和自我发展，但从其广泛性和深刻性而言，从对我国社会生活的深远影响而言，则可以说是一场伟大的革命。

习近平将党领导人民奋斗的全部历程统称为一场伟大的社会革命。他指出，“中国特色社会主义不是从天上掉下来的，而是在改革开放40年的伟大实践中得来的，是在中华人民共和国成立近70年的持续探索中得来的，是在我们党领导人民进行伟大社会革命97年的实践中得来的”。中国共产党97年的历史，就是一部党领导人民进行伟大社会革命的历史。新时代中国特色社会主义是我们党领导人民进行伟大社会革命的成果，也是我们党领导人民进行伟大社会革命的继续，是一场具有许多新的历史特点的伟大社会革命，必须一以贯之进行下去。

科学技术作为先进生产力的重要标志，对于推动社会发展有着非常重要的作用。科学技术是推动经济和社会发展的强大杠杆。每一次科技革命，都不同程度地引起了生产方式、生活方式和思维方式的深刻变化和社会的巨大进步。

科学技术能够通过促进经济和社会发展造福于人类，科学技术的作用既受到一定客观条件如社会制度、利益关系的影响，也受到一定主观条件如人们的观念和认识水平的影响。

科学技术的发展标志着人类改造自然能力的增强，意味着人们能够创造出更多的物质财富，对社会发展有巨大的推动作用。但是，科学技术在运用于社会时所遇到的问题也越来越突出。

第三节　群众史观

谁是历史的创造者？怎样看待人民群众和个人的历史作用？这是在社会认识史上长期困扰人们的难题。唯物史观第一次科学地回答了这些问题。

唯物史观与唯心史观的对立，在历史创造者问题上表现为群众史观与英雄史观的对立。马克思主义哲学产生以前，占统治地位的历史观是英雄史观。这种历史观从社会意识决定社会存在的基本前提出发，否认物质资料的生产方式是社会发展的决定力量，抹杀人民群众的历史作用，宣扬少数英雄人物创造历史。

唯物史观在考察谁是历史的创造者时坚持了如下原则：

首先，唯物史观立足于现实的人及其本质来把握历史的创造者。唯物史观认为，人不是抽象的而是现实的，现实的人及其活动是社会历史存在和发展的前提。所谓现实的人，是基于自身需要和社会需要而从事一定实践活动、处于一定社会关系中、具有能动性的人。只有把人看作现实的人，才能正确把握人的本质，把握人与社会历史的关系。马克思指出，“人的本质不是单个人所固有的抽象物，在其现实性上，它是一切社会关系的总和”。这就告诉我们，人的本质属性是社会属性，而不是自然属性；人的本质属性表现在各种社会关系中；人的本质是变化、发展的，而不是永恒不变的。这一观点强调了个人与社会的统一。

其次，唯物史观立足于整体的社会历史过程来探究谁是历史的创造者。就每一个人而言，他在一定意义上“创造”了自己的“历史”，即通过自己的人生谱写了自身个体的“历史”，但这并不能与创造社会历史画等号。社会历史就其整体而言，是一定的群体（集体、阶级，民族乃至全人类）的认识活动和实践活动及其产物的演进过程，是以一定的物质生产方式为基础的社会形成和演进过程。

再次，唯物史观从社会历史发展的必然性入手来考察和说明谁是历史的创造者。顺应历史发展趋势、符合历史发展必然性的历史主体是创造历史的决定力量。

最后，唯物史观从人与历史关系的不同层次上考察谁是历史的创造者。它不是对历史表象的经验描述，而是对历史本质的逻辑把握。人与历史的关系具有人类与历史、群体与历史、个体与历史三层关系。正是在这个意义上，马克思主义经典作家提出了“人们自己创造自己的历史”的观点，并借此同神创造历史、观念创造历史和超人创造历史等唯心史观划清界限。但是，唯物史观并没有停留在一般地承认“人”创造历史这一点上，而是更深入地考察群体与个体的历史作用，区分了创造历史过程中的决定力量与非决定力量、主导力量与非主导力量，从而科学地解决了谁是历史创造者的问题。

人民群众是社会历史的主体，是历史的创造者。这是马克思主义最基本的观点之一。人民群众是一个历史范畴。从质上看，人民群众是指一切对社会历史发展起推动作用的人；从量上看，人民群众是指社会人口中的绝大多数。在不同的历史时期，人民群众有着不同的内容，包含着不同的阶级、阶层和集团，但其中最稳定的主体部分始终是从事物质资料生产的劳动群众。在当代中国，凡是拥护、参加和推动中国特色社会主义事业的人都属于人民群众的范畴。

在社会历史发展过程中，人民群众起着决定性的作用。人民群众是社会物质财富和精神财富的创造者，是社会变革的决定力量。人民群众创造历史的活动受到一定社会历史条件的制约。

中国特色社会主义是中国人民开创和推进的伟大事业。以习近平同志为核心的党中央提出坚持以人民为中心的思想，创造性运用和发展了唯物史观关于人民群众创造历史的基本原理。坚持以人民为中心的思想，鲜明地体现了马克思主义政党的政治立场和执政理念，体现了共产党人的价值取向和工作导向。坚持以人民为中心的思想，站在时代和历史的高度，总结和概括了人民群众在中国特色社会主义实践中的伟大创造作用和主体地位，充分反映和顺应了人民群众的根本利益诉求，深刻阐明了中国共产党作为执政党的历史使命，进一步明确了实现人民对美好生活向往的奋斗目标。

唯物史观关于人民群众是历史创造者的原理，要求我们坚持马克思主义群众观点，贯彻党的群众路线。马克思主义群众观点的主要内容包括：坚信人民群众自己解放自己的观点，全心全意为人民服务的观点，一切向人民群众负责的观点，虚心向群众学习的观点。群众路线是我们党的生命线和根本工作路线，也是我们党的优良传统。群众路线是群众观点的具体应用，即一切为了群众，一切依靠群众，从群众中来，到群众中去。群众路线的实质，就在于充分相信群众，坚决依靠群众，密切联系群众，全心全意为人民群众服务。

群众路线包括两个重要方面：一是领导和群众相结合，二是一般号召和个别指导相结合。“从群众中来，到群众中去”的过程，也就是领导和群众相结合的过程。以人民拥护不拥护，赞成不赞成，高兴不高兴，答应不答应作为制定各项改革政策的出发点和落脚点，群众路线是我们党的生命线和根本工作路线。

唯物史观从人民群众创造历史这一基本前提出发，既明确了人民群众是历史的创造者，也不否认个人在历史上的作用。历史人物对历史发展有深刻影响，甚至有时能够决定个别历史事件的结局，从而导致历史发生这样或那样的重大变化。杰出人物是历史人物中对推动历史发展作出重要贡献或起重要作用的人。

任何历史人物的出现都体现了必然性与偶然性的统一。历史人物的作用性质取决于他们的思想、行为是否符合社会发展规律，是否符合人民群众的意愿。根据历史人物所具有的历史特征和阶级特点，唯物史观主张，评价历史人物时应该坚持历史分析方法和阶级分析方法。

不能把历史顺境中的成功简单归功于个人，也不能把历史逆境中的挫折简单归咎于个人。不能用今天的时代条件、发展水平、认识水平去衡量和要求前人，不能苛求前人干出只有后人才能干出的业绩来。不能因为他们伟大就把他们像神那样顶礼膜拜，不容许提出并纠正他们的失误和错误；也不能因为他们有失误和错误就全盘否定，抹杀他们的历史功绩，陷入虚无主义的泥潭。

第四章　马克思主义政治经济学初论

马克思主义不仅揭示了人类社会发展的一般规律，而且揭示了资本主义社会发展的特殊规律。特别是马克思的劳动价值论和剩余价值论，科学揭示了资本主义生产方式的本质和资本主义剥削的秘密，为我们透视资本主义政治和文化的本质、把握资本主义的历史命运奠定了坚实的基础。

第一节　商品经济和价值规律

商品经济是以交换为目的而进行生产的经济形式，它是一定社会历史条件的产物。商品经济得以产生的社会历史条件有两个：一是存在社会分工，二是生产资料和劳动产品属于不同的所有者。

商品是用来交换、能满足人的某种需要的劳动产品，具有使用价值和价值两个因素或两种属性，是使用价值和价值的矛盾统一体。使用价值是指商品能满足人的某种需要的有用性，反映的是人与自然之间的物质关系，是商品的自然属性。马克思指出："不论财富的社会的形式如何，使用价值总是构成财富的物质的内容。"商品的使用价值不是用来满足生产者自身需要的，而是通过交换用来满足别人的、社会的需要的。使用价值是交换价值的物质承担者。

交换价值首先表现为一种使用价值同另一种使用价值相交换的量的关系或比例。决定商品交换的比例的不是商品的使用价值，而是价值。

价值是凝结在商品中的无差别的一般人类劳动，即人的脑力和体力的耗费。价值是商品所特有的社会属性。价值是交换价值的基础，交换价值是价值的表现形式。商品的价值是劳动创造的，其实质是凝结在商品中的无差别的一般人类劳动，商品交换实际上是商品生产者之间相互交换劳动的关系,商品的价值在本质上体现了生产者之间一定的社会关系。

商品的使用价值和价值之间是对立统一的关系。其对立性表现在:商品的使用价值和价值是相互排斥的,二者不可兼得。要获得商品的价值,就必须放弃商品的使用价值;要得到商品的使用价值,就不能得到商品的价值。商品生产者生产商品并不是为了取得使用价值,而是为了取得价值,只是为了取得价值,才关心使用价值。商品生产者只有将商品的使用价值让渡给商品购买者,才能取得价值。其统一性表现在:作为商品,必须同时具有使用价值和价值两个因素。使用价值是价值的物质承担者,价值寓于使用价值之中。一种物品如果没有使用价值,就是无用之物,即使人们为它付出了大量的劳动,也没有价值。一种物品尽管具有使用价值,但如果不是劳动产品,也没有价值。

商品是劳动产品,生产商品的劳动可区分为具体劳动和抽象劳动。具体劳动是指生产一定使用价值的具体形式的劳动。抽象劳动是指撇开一切具体形式的、无差别的一般人类劳动,即人的脑力和体力的耗费。生产商品的具体劳动创造商品的使用价值,抽象劳动形成商品的价值。具体劳动和抽象劳动是同一劳动的两种规定。任何一种劳动,一方面是特殊的具体劳动,另一方面又是一般的抽象劳动,这就是劳动的二重性。正是劳动的二重性决定了商品的二因素。

具体劳动和抽象劳动也是对立统一的关系。一方面,具体劳动和抽象劳动不是各自独立存在的两种劳动或两次劳动,它们在时间上和空间上是统一的,是商品生产者的同一劳动过程不可分割的两个方面;另一方面,具体劳动与抽象劳动又分别反映劳动的不同属性,具体劳动所反映的是人与自然的关系,是劳动的自然属性,而抽象劳动所反映的是商品生产者的社会关系,是劳动的社会属性。

决定商品价值量的不是生产商品的个别劳动时间,而只能是社会必要劳动时间。社会必要劳动时间是在现有的社会正常的生产条件下,在社会平均的劳动熟练程度和劳动强度下制造某种使用价值所需要的劳动时间。这里的社会平均的劳动熟练程度和劳动强度是指劳动力的正常性质,即劳动力在它被使用的专业中,必须具有在该专业占统治地位的平均的熟练程度、技巧和速度。这种劳动力必须以通常的平均的紧张程度,以社会上通常的强度来耗费。商品的价值量与生产商品所耗费的劳动时间成正比,与劳动生产率成反比。

商品的交换是以货币为媒介的。货币是在长期交换过程中形成的固定充当一般等价物的商品。从历史上看,商品价值形式的发展经历了四个阶段,即简单的或偶然的价值形式、总和的或扩大的价值形式、一般价值形式以及货币形式。货币具有五种基本的职能,即价值尺度、流通手段、贮藏手段、支付手段和世界货币。随着货币的产生,整个商品世界分化为两极:一极是各种各样的具体商品,分别代表不同的使用价值;另一极是货币,只代表商品的价值。但是,货币的出现并没有也不可能解决商品经济的基本矛盾,即私人劳动和社会劳动的矛盾,反而使矛盾更加扩大和加深了。所以,马克思把商品转换成货币称为"商品的惊险的跳跃","这个跳跃如果不成功,摔坏的不是商品,但一定是商品占有者"。

价值规律是商品生产和商品交换的基本规律。这一规律的主要内容和客观要求是:商品的价值量由生产商品的社会必要劳动时间决定,商品交换以价值量为基础,按照等价交换的原则进行。在商品经济中,价值规律的表现形式是商品的价格围绕商品的价值自发波动。

价值规律是在市场配置资源的过程中体现它的客观要求和作用的。价值规律的作用表现在:一是自发地调节生产资料和劳动力在社会各生产部门之间的分配比例,二是自发地刺激社会生产力的发展,三是自发地调节社会收入的分配。

价值规律在对经济活动进行自发调节时,会导致社会资源浪费、阻碍技术的进步和收入两极分化等消极的后果。

在以私有制为基础的商品经济中,商品生产者的劳动具有两重性,既是具有社会性质的社会劳动,又是具有私人性质的私人劳动。私人劳动和社会劳动的矛盾构成私有制商品经济的基本矛盾,这一矛盾贯穿商品经济发展过程的始终,决定着商品经济的各种内在矛盾及其发展趋势。

马克思劳动价值论扬弃了英国古典政治经济学的观点,为剩余价值论的创立奠定了基础。马克思在继承英国古典政治经济学劳动创造价值的理论的同时,创立了劳动二重性理论,第一次确定了什么样的劳动形成价值、为什么形成价值以及怎样形成价值,阐明了具体劳动和抽象劳动在商品价值形成中的不同作用,从而为揭示剩余价值的真正来源、创立剩余价值理论奠定了基础。

此外,马克思的资本有机构成理论、资本积累理论、社会资本再生产理论等政治经济学的一系列重要理论的创立,也都同劳动二重性理论有关。因此,劳动二重性理论成为"理解政治经济学的枢纽"。

马克思劳动价值论揭示了私有制条件下商品经济的基本矛盾,为从物与物的关系背后揭示人与人的关系提供了理论依据。马克思劳动价值论揭示了商品经济的一般规律,对理解社会主义市场经济具有指导意义。

第二节　资本主义经济制度的本质

资本主义萌芽于14世纪末15世纪初地中海沿岸的一些城市。资本主义产生的途径有两个:一是从小商品经济分化出来,二是从商人和高利贷者转化而来。

资本原始积累主要是通过两个途径进行的:一是用暴力手段剥夺农民的土地,二是用暴力手段掠夺货币财富。

认识资本主义经济制度的本质必须从理解劳动力成为商品入手。劳动力成为商品,要具备两个基本条件:一是劳动者是自由人,能够把自己的劳动力当作自己的商品来支配;二是劳动者没有别的商品可以出卖,自由得一无所有,没有任何实现自己的劳动力所必需的物质条件。劳动力成为商品的两个条件并不是自古以来就有的,而是在封建社会后期发生的资本原始积累过程中逐渐形成的。劳动力成为商品,标志着简单商品生产发展到资本主义商品生产的新阶段。在这一阶段,资本家与工人的关系,形式上是"自由""平等"的买卖关系,而实质上是资本家支配和剥削工人的雇佣劳动关系。马克思说:"罗马的奴隶是由锁链,雇佣工人则由看不见的线系在自己的所有者手里。"

劳动力是特殊的商品,它的价值和使用价值具有不同于普通商品的特点。它包括三个部分:其一,维持劳动者本人生存所必需的生活资料的价值;其二,维持劳动者家属的生存所必需的生活资料的价值;其三,劳动者接受教育和训练所支出的费用。由于劳动力价值的构成包含历史和道德的因素，在不同的国家或在同一国家的不同历史时期，劳动者所必需的生活资料的数量和构成是有区别的，所以劳动力价值的最低界限是由生活上不可缺少的生活资料的价值决定的。一旦劳动力价值降低到这个界限以下，劳动力就只能在萎缩的状态下维持。

劳动力商品在使用价值上有一个很大的特点，就是它的使用价值是价值的源泉，它在消费过程中能够创造新的价值，而且这个新的价值比劳动力本身的价值更大。正是由于这一特点，货币所有者购买到劳动力以后，在消费过程中，不仅能够收回他在购买这种商品时支付的价值，还能得到一个增殖的价值即剩余价值。而一旦货币购买的劳动力带来剩余价值，货币也就变成了资本。

在资本主义条件下，资本家剥削剩余价值具有隐蔽性。资本是增殖价值的价值，它反映了资本家和雇佣工人之间剥削和被剥削的关系。

生产资料所有制问题是马克思主义理论体系中的一个核心问题。对于生产资料所有制，马克思从经济意义和法律意义上作了区分。

经济意义上的所有制是指事实上生产资料归谁所有、归谁支配，并凭借这种所有和支配实现生产和获得剩余产品（利润或超额利润）。法律意义上的所有制是指生产资料占有关系的法律形态。所有制是所有权的基础。所有制决定所有权，所有权是所有制的法律形态，它反映着经济关系的意志关系。

与以往的剥削制度不同，资本家与工人的关系不是完全占有，也不是人身依附，而是基于劳动者完全的人身自由基础上的“平等”关系。正因为如此，资本家只能通过购买工人的劳动力的方式，将出卖了劳动力的劳动者与生产资料结合在一起进行生产并取得剩余价值。资本家凭借对生产资料的占有，在等价交换原则的掩盖下，雇佣工人从事劳动，无偿占有雇佣工人创造的剩余价值。

资本主义的生产过程具有两重性，一方面是生产物质资料的劳动过程，另一方面是生产剩余价值的过程，即价值增殖过程。资本主义生产过程是劳动过程和价值增殖过程的统一。

资本主义劳动过程的两个特点：一是工人在资本家的监督下劳动，他们的劳动隶属于资本家；二是劳动的成果或者产品全部归资本家所有。

价值增殖过程是剩余价值的生产过程，这是资本主义生产过程的主要方面。所谓价值增殖过程，是超过劳动力价值的补偿这个一定点而延长了的价值形成过程。如果劳动者创造的价值刚好补偿资本家所预付的劳动力价值，那就是单纯的价值形成过程；如果价值形成过程超过了这个一定点，就变成了价值增殖过程。

资本是能够带来剩余价值的价值。剩余价值是由雇佣工人的剩余劳动创造的。在资本主义社会里，资本总是通过各种物品表现出来，但资本不是物，而是一定的、社会的、属于一定历史社会形态的生产关系，后者体现在一个物上，并赋予这个物以独特的社会性质。“这是资产阶级的生产关系，是资产阶级社会的生产关系”。“黑人就是黑人。只有在一定的关系下，他才成为奴隶。纺纱机是纺棉花的机器。只有在一定的关系下，它才成为资本。脱离了这种关系，它也就不是资本了，就像黄金本身并不是货币，砂糖并不是砂糖的价格一样”。

资本在资本主义生产过程中采取生产资料和劳动力两种形态，根据这两部分资本在剩余价值生产中所起的不同作用，可以将资本区分为不变资本与可变资本。

不变资本是以生产资料形态存在的资本。生产资料的价值通过工人的具体劳动被转移到新产品中，其转移的价值量不会大于它原有的价值量。尽管不同形式的生产资料转移价值的形式有所不同，有的是在一次生产过程中全部转移，如原材料和燃料；有的是在多次生产过程中逐渐转移，如机器、厂房等，但是转移的总是生产资料原有的价值量。以生产资料形式存在的资本在生产过程中只转变自己的物质形态而不改变自己的价值量，不发生增殖，所以马克思把这部分资本叫作不变资本。

可变资本是用来购买劳动力的那部分资本。可变资本的价值在生产过程中不是被转移到新产品中去，而是由工人的劳动再生产出来。在生产过程中，工人所创造的新价值，不仅包括相当于劳动力价值的价值，而且还包括一定量的剩余价值。由于这一部分资本的价值不是不变的，而是一个可变的量，所以马克思把这一部分资本叫作可变资本。

把资本区分为不变资本和可变资本，进一步揭示了剩余价值的源泉。它表明，剩余价值既不是由全部资本创造的，也不是由不变资本创造的，而是由可变资本雇佣的劳动者创造的。雇佣劳动者的剩余劳动是剩余价值的唯一源泉。这种划分也为确定资本家对雇佣劳动者的剥削程度提供了科学依据。既然剩余价值不是由全部资本创造的，而仅仅是由可变资本雇佣的劳动者创造的，因此要确定资本家对工人的剥削程度，就应该拿剩余价值和雇佣劳动者的可变资本相比，而不应该把它同全部资本相比。用公式表示：

$$m'=m/v$$

在该公式中，m'为剩余价值率，m为剩余价值，v为可变资本。由于工人的必要劳动是用来生产劳动力价值或可变资本的价值，而剩余劳动则是生产剩余价值，因此剩余价值率还可以用剩余劳动与必要劳动的比率，或者剩余劳动时间与必要劳动时间的比率来表示：

$$m'=\text{剩余劳动}/\text{必要劳动}=\text{剩余劳动时间}/\text{必要劳动时间}$$

这两个公式是以不同的形式表示同一个关系：前一个公式是以物化劳动的形式表示资本家对工人的剥削程度，而后一个公式则是以活劳动的形式表示资本家对工人的剥削程度。

资本家提高对工人剥削程度的方法是多种多样的，最基本的方法有两种，即绝对剩余价值的生产和相对剩余价值的生产。

绝对剩余价值是指在必要劳动时间不变的条件下，由于延长工作日的长度和提高劳动强度而生产的剩余价值。

在资本主义发展的初期，由于生产技术以手工劳动为基础，资本家增加生产主要靠增加劳动量来实现，因此延长工作日就成为资本家提高剥削程度的基本方法。由于那个时期无产阶级还没有成长为一支自觉的政治力量，难以与资产阶级相抗衡，所以资本家能够凭借经济关系的强制力和国家法律的支持来延长工作日。马克思对资本主义发展过程中由于过度延长劳动时间给工人阶级带来的损害作出这样的抨击："资本主义生产——实质上就是剩余价值的生产，就是剩余劳动的吮吸——通过延长工作日，不仅使人的劳动力由于被夺去了道德上和身体上正常的发展和活动的条件而处于萎缩状态，而且使劳动力本身未老先衰和过早死亡。它靠缩短工人的寿命，在一定期限内延长工人的生产时间。"

相对剩余价值是指在工作日长度不变的条件下，通过缩短必要劳动时间而相对延长剩余劳动时间所生产的剩余价值。通过绝对延长劳动时间来生产剩余价值的方法受到工作日时间长度的限制，也容易引起工人阶级的反抗。为了在工作日长度既定的条件下提高剥削程度，资本家在调整必要劳动时间与剩余劳动时间的比例上下功夫，通过缩短必要劳动时间、相对延长剩余劳动时间的方法，增加剩余价值的生产。这种生产剩余价值的方法叫作相对剩余价值生产方法。

缩短必要劳动时间是通过全社会劳动生产率的提高实现。由于社会劳动生产率的提高，降低了劳动力的价值，从而缩短了必要劳动时间，相对延长了剩余劳动时间。全社会劳动生产率的提高是资本家追逐超额剩余价值的结果。超额剩余价值是指企业由于提高劳动生产率而使商品的个别价值低于社会价值的差额。在资本主义商品生产条件下，每个资本家总是力图不断改进技术，改善经营管理，提高劳动生产率，使其生产的商品的个别劳动时间少于社会必要劳动时间，个别价值低于社会价值，从而获得超额剩余价值。为了追求超额剩余价值，资本家之间进行着激烈的竞争。某个企业采取先进的技术，其他企业也会竞相采用新技术。

由此可见，在资本主义商品生产条件下，单个资本家改进技术、改善管理的主观动机是追求超额剩余价值，但其客观后果则是整个社会各个生产部门的劳动生产率普遍提高，导致生活资料的价值下降和补偿劳动力价值的必要劳动时间缩短，而剩余劳动时间相对延长，整个资本家阶级普遍获得更多的相对剩余价值。

第二次世界大战以后，资本主义国家经历了第三次科学技术革命，电子计算机、数控机床等自动化装置在生产中得到比较普遍的应用，机器大工业发展到自动化阶段。生产自动化主要表现为：一是工业机器人的开发和利用，代替了工人大量的体力劳动和部分脑力劳动；二是自动化生产线的广泛使用，使直接从事生产操作的工人大大减少，甚至出现了少数所谓的“无人工厂”。资产阶级经济学家根据这些情况，宣称技术和科学“成为独立的剩余价值源泉”，马克思的剩余价值学说已不适用于现代资本主义了。这种观点是错误的。

资本主义条件下的生产自动化只是意味着剩余价值生产所使用的生产工具更加先进了，不论是机器人、自动化生产线，还是“无人工厂”，它们在本质上依然是物化劳动或不变资本的实物形式。它们的价值是在工人生产它们的过程中形成的，在参加产品的生产时，只是把原有的价值转移到产品中去，而不创造新价值，更不能创造剩余价值。在生产自动化条件下，直接从事生产劳动的工人相对减少，而从事科研、设计、技术和管理劳动的人员日益增加，“总体工人”中脑力劳动者的比重不断增大。劳动的复杂程度和强度日益提高，从而成为生产力特别高的劳动，在其他条件不变的情况下，这种劳动会创造出更多的价值和剩余价值。总之，资本主义国家的生产自动化是人类社会科学技术进步的结晶，它的普遍采用会大幅度提高劳动生产率，使资本家获得比过去更多的剩余价值。资本主义条件下的生产自动化是资本家获取高额剩余价值的手段，而雇佣工人的剩余劳动仍然是这种剩余价值的唯一源泉。

把剩余价值转化为资本，或者说，剩余价值的资本化，就是资本积累。马克思关于资本积累的学说是剩余价值理论的重要组成部分，它揭露了资本主义制度下贫富两极分化的原因，揭示了资本主义失业现象的本质，深刻地阐明了资本主义制度必然走向灭亡的历史命运。

资本家瓜分到剩余价值后，如果将其完全用于个人消费，则生产就在原有规模的基础上重复进行，即资本主义简单再生产。而资本家获得无偿占有的剩余价值后，并不是将其完全用于个人消费，而是将一部分转化为资本，用以购买追加的生产资料和劳动力，使生产在扩大的规模上重复进行，即资本主义扩大再生产。在这里，资本积累是资本主义扩大再生产的源泉。剩余价值本来是雇佣工人的剩余劳动创造的并为资本家所无偿占有的那部分新价值，现在，资本家又用从工人那里剥削获得的收益，再来购买工人的劳动力，进行更大规模的生产，以榨取更多的剩余价值。所以，资本积累的本质，就是资本家不断地利用无偿占有的工人创造的剩余价值来扩大自己的资本规模，进一步扩大和加强对工人的剥削和统治。

资本积累的源泉是剩余价值，资本积累规模的大小取决于资本家对工人的剥削程度、劳动生产率的高低、所用资本和所费资本之间的差额以及资本家垫付资本的大小。

随着资本积累和生产规模的扩大，社会财富日益集中到资产阶级手中，而社会财富的直接创造者——无产阶级则只占有少部分社会财富。这样必然加剧社会的两极分化，即一极是财富越来越集中于少数人手中，另一极是多数人只拥有社会财富的较小部分。

资本积累不但是社会财富占有两极分化的重要原因，而且是资本主义社会失业现象产生的根源。随着资本积累而产生的失业是由资本追逐剩余价值引起资本有机构成的提高所导致的。

一般来说，资本的技术构成决定资本的价值构成，技术构成的变化往往会引起价值构成的相应变化，而价值构成的变化通常反映着技术构成的变化。这种由资本的技术构成决定并反映技术构成变化的资本价值构成，叫作资本的有机构成，通常用 $c:v$ 来表示，其中 c 为不变资本，v 为可变资本。

在资本主义生产过程中，资本有机构成的提高是一般趋势，这是由资本的本性决定的。在资本有机构成提高的情况下，由于可变资本的相对量的减少，资本对劳动力的需求日益相对地减少，其结果就是不可避免地造成大批工人失业，形成相对过剩人口。

所谓相对过剩人口，就是劳动力供给超过了资本对它的需要。这种过剩人口之所以是相对的，是因为它并不是社会生产发展所绝对不需要的，而是由于它不为资本价值增殖所需要，成为“过剩”或“多余”的。正如马克思所说：“资本主义积累不断地并且同它的能力和规模成比例地生产出相对的，即超过资本增殖的平均需要的，因而是过剩的或追加的工人人口。”

在资本主义发展过程中，相对过剩人口基本上有三种形式：第一种是流动的过剩人口，第二种是潜伏的过剩人口，第三种是停滞的过剩人口。

资本积累的历史趋势是资本主义制度的必然灭亡和社会主义制度的必然胜利。

资本循环是资本从一种形式出发，经过一系列形式的变化，又回到原来出发点的运动。产业资本在循环过程中要经历三个不同的阶段，与此相联系的是资本依次执行三种不同的职能。第一个阶段是购买阶段，即生产资料与劳动力的购买阶段。它属于商品的流通过程。在这一阶段，产业资本执行的是货币资本的职能。第二个阶段是生产阶段，即生产资料与劳动力按比例结合在一起从事资本主义生产的阶段。在这个阶段，生产资料与劳动者相结合生产物质财富并使生产资本得以增殖，执行的是生产资本的职能。第三个阶段是售卖阶段，即商品资本向货币资本的转化阶段。在此阶段，产业资本所执行的是商品资本的职能，通过商品买卖实现商品的价值，满足人们的需要。

产业资本的运动，必须具备两个基本前提条件：一是产业资本的三种职能形式必须在空间上并存，也就是说，产业资本必须按照一定比例同时存在于货币资本、生产资本和商品资本三种形式中。二是产业资本的三种职能形式必须在时间上继起，也就是说，产业资本循环的三种职能形式的转化必须保持时间上的依次连续性。货币资本、生产资本、商品资本三种职能形式在空间上的并存性与在时间上的继起性表明，产业资本的连续循环是流通过程和生产过程的统一，也是它的三种职能形式循环，即货币资本循环、生产资本循环和商品资本循环的统一。

如果每次资本周转带来的剩余价值一定，则资本周转越快，在一定时期内带来的剩余价值就越多。影响资本周转快慢的因素有许多，关键的因素有两个：一是资本周转的时间，二是生产资本的固定资本和流动资本的构成。

在对个别资本的再生产和流通的规律性进行分析的基础上，马克思对社会总资本的再生产和流通也进行了深入分析，阐明了社会总资本再生产和流通的规律性，进一步揭露了资本主义经济所包含的对抗性矛盾。

在资本主义制度下，工人的工资是劳动力的价值或价格，这是资本主义工资的本质。在这种制度下，资本家购买工人的劳动力是以货币工资形式支付的，工人为资本家劳动，资本家付给工人工资，工资表现为“劳动的价格”或工人全部劳动的报酬，这就模糊了工人必要劳动和剩余劳动的界限，掩盖了资本主义的剥削关系。“这种假象，就是雇佣劳动和历史上其他形式的劳动的不同之处。”

资本主义工资的形式主要有两种，即计时工资和计件工资。除此之外，资本家还建立了各种形式的血汗工资制度，其特点是利用“科学的劳动组织”，最大限度地提高工人的劳动强度，从他们身上榨取更多的血汗。这种工资制度的典型形式，就是19世纪末20世纪初流行的“泰罗制”和“福特制”。

在现实的资本主义经济生活中，当剩余价值转化为利润时，剩余价值与可变资本的关系便被掩盖了。在利润率平均化的过程中，形成了社会的平均利润率,按照平均利润率计算和获得的利润,叫作平均利润。

生产社会化和生产资料资本主义私人占有之间的矛盾,是资本主义的基本矛盾。

资本主义发展到一定阶段,就会发生以生产过剩为基本特征的经济危机,但是这种过剩是相对过剩,即相对于劳动人民有支付能力的需求来说社会生产的商品显得过剩,而不是与劳动人民的实际需要相比的绝对过剩。

资本主义经济危机爆发的根本原因是资本主义的基本矛盾,这一基本矛盾具体表现在以下两个方面:其一,生产无限扩大的趋势与劳动人民有支付能力的需求相对缩小的矛盾;其二,单个企业内部生产的有组织性和整个社会生产的无政府状态之间的矛盾。正如马克思所指出的:"一切现实的危机的最终原因始终是:群众贫穷和群众的消费受到限制,而与此相对立,资本主义生产却竭力发展生产力,好像只有社会的绝对的消费能力才是生产力发展的界限。"

资本主义经济危机周期性爆发的特点,使社会资本再生产也呈现出周期性的特点,从一次危机开始到另一次危机的爆发,就是再生产的一个周期。社会资本再生产的周期一般包括四个阶段,即危机、萧条、复苏和高涨。这四个阶段是相互联系的,其中危机阶段是周期的基本阶段。资本主义的再生产不一定都经过四个阶段,但是危机阶段是必经阶段,没有危机阶段,就不存在资本主义再生产的周期性。

第三节　资本主义的发展及其趋势

19世纪末20世纪初,资本主义从自由竞争阶段发展到垄断阶段。第二次世界大战后,资本主义经历了一个繁荣发展的时期,经济和社会生活出现了一些新的变化。近些年来,资本主义世界又发生了以金融危机为标志的经济和社会性危机。认识垄断资本主义的特征,了解经济全球化的过程,剖析当代资本主义新变化,对于我们正确把握资本主义发展的历史趋势具有重要意义。

资本主义的发展经历了两个阶段:自由竞争资本主义和垄断资本主义。19世纪70年代以前,资本主义处于自由竞争阶段;从19世纪70年代开始，自由竞争资本主义逐步向垄断资本主义过渡；19世纪末20世纪初，垄断代替自由竞争并占据统治地位，垄断资本主义得以形成。这一时期，垄断资本主义主要以私人垄断资本为基础，所以又叫私人垄断资本主义。私人垄断资本主义是在生产集中和资本集中的基础上形成的。

所谓垄断，是指少数资本主义大企业为了获得高额利润，通过相互协议或联合，对一个或几个部门商品的生产、销售和价格进行操纵和控制。

垄断的产生有以下原因：第一，当生产集中发展到相当高的程度，极少数企业就会联合起来，操纵和控制本部门的生产和销售，实行垄断，以获得高额利润。第二，企业规模巨大，形成对竞争的限制，也会产生垄断。第三，激烈的竞争给竞争各方带来的损失越来越严重，为了避免两败俱伤，企业之间会达成妥协，联合起来，实行垄断。

垄断是通过一定的垄断组织形式实现的。垄断组织是指在一个或几个经济部门中，占据垄断地位的大企业联合。垄断组织的形式多种多样，而且在各个国家、各个时期也不相同。最简单的、初级的垄断组织形式是短期价格协定。

垄断是在自由竞争中形成的，是作为自由竞争的对立面产生的。但是，垄断并不能消除竞争，反而使竞争变得更加复杂和激烈。这是因为：第一，垄断没有消除产生竞争的经济条件。第二，垄断必须通过竞争来维持。第三，社会生产是复杂多样的，任何垄断组织都不可能把包罗万象的社会生产都包下来。

金融寡头是指操纵国民经济命脉，并在实际上控制国家政权的少数垄断资本家或垄断资本家集团。他们支配了大量的社会财富，控制了整个国家的经济命脉和上层建筑，是垄断资本主义国家事实上的统治者。

金融寡头在经济领域中的统治主要是通过"参与制"实现的。金融寡头在掌握了经济上的控制权后，又在政治上进一步控制上层建筑，利用政权的力量来加强其统治地位。金融寡头对国家机器的控制，主要是通过同政府的"个人联合"来实现的。这种联合有多种途径，如金融寡头直接出马把自己的代理人送进政府或议会，通过掌握政权，利用政治力量为其垄断统治服务；收买政府高官或国会议员，让他们在其政治活动中为金融寡头的利益服务；聘请曾在政府任职的高官到公司担任高级职务等。

金融寡头还通过建立政策咨询机构等方式对政府的政策施加影响，并通过掌握新闻出版、广播电视、科学教育、文化体育等上层建筑的各个领域，左右国家的内政外交及社会生活。

垄断利润主要是通过垄断组织制定的垄断价格来实现的。垄断价格是垄断组织在销售或购买商品时，凭借其垄断地位规定的、旨在保证获取最大限度利润的市场价格。其公式是：

垄断价格=成本价格+平均利润+垄断利润

资本主义由自由竞争进入垄断阶段后，随着科学技术的进步和生产社会化程度的进一步提高，私人垄断资本与社会化大生产之间的矛盾日益尖锐化，以致严重阻碍生产力的进一步发展，这在客观上推动私人垄断资本与国家政权相结合，金融垄断资本进一步发展，并进而向国际垄断资本扩展，以谋求高额垄断利润。

国家垄断资本主义是国家政权和私人垄断资本融合在一起的垄断资本主义。国家垄断资本主义的产生，是垄断资本主义生产关系在自身范围内的部分质变，标志着资本主义发展进入了新的阶段。

英国经济学家凯恩斯于1936年发表《就业、利息和货币通论》，主张国家通过财政和货币政策创造需求，以实现总供给和总需求的平衡，保证资本主义经济稳定运行，为国家垄断资本主义的形成奠定了理论基础。

国家垄断资本主义的形成和发展不是偶然的，它是科技进步和生产社会化程度进一步提高的产物，是资本主义基本矛盾进一步尖锐化的必然结果。首先，社会生产力的发展，要求资本主义生产资料在更大范围内被支配，从而促进了国家垄断资本主义的产生。其次，经济波动和经济危机的深化，要求国家垄断资本主义的产生。最后，缓和社会矛盾，协调利益关系，要求国家垄断资本主义的产生。

国家垄断资本主义的主要形式有五种：一是国家所有并直接经营的企业；二是国家与私人共有、合营企业；三是国家通过多种形式参与私人垄断资本的再生产过程，包括国家作为商品和劳务的采购者，向私人垄断企业大量订货；四是宏观调节，主要是国家运用财政政策、货币政策等经济手段，对社会总供给和总需求进行调节；五是微观规制，主要是国家运用法律手段规范市场秩序,限制垄断,保护竞争,维护社会公众的合法权益。微观规制主要有三种类型:反托拉斯法、公共事业规制和社会经济规制。

国家垄断资本主义的出现并没有根本改变垄断资本主义的性质。国家垄断资本主义在本质上是资产阶级国家力量同垄断组织力量结合在一起的垄断资本主义。它在一定程度上促进生产力发展的同时,也加强了对劳动人民的剥削和掠夺,更好地保证了垄断资产阶级获得高额垄断利润,更有利于维护资本主义制度。国家垄断资本主义的出现是资本主义经济制度内的经济关系调整,并没有从根本上消除资本主义的基本矛盾。

国家垄断资本主义有各种不同的具体形式,其实质都是私人垄断资本利用国家机器来为其发展服务的手段,是私人垄断资本为了维护垄断统治和获取高额垄断利润,而与国家政权相结合的一种垄断资本主义形式,是资产阶级国家在直接参与社会资本的再生产过程中,代表资产阶级总利益并凌驾于个别垄断资本之上,对社会经济进行调节的一种形式。

在金融垄断资本的推动下,垄断资本主义的金融化程度不断提高:金融业在国民经济中的地位大幅上升,金融资本在资本主义国家国民生产总值和利润总额中所占的比例越来越大;随着实体经济的资本利润率下降,面对激烈竞争,实体经济部门不得不把利润的一部分投向金融领域,导致金融资本的急剧膨胀;制造业就业人数严重减少,以金融为核心的服务业就业人数逐步增加;虚拟经济越来越脱离实体经济。

垄断资本向世界范围扩展的基本形式有三种:借贷资本输出、生产资本输出和商品资本的输出。从输出资本的来源看,主要是两类:一类是私人资本输出,另一类是国家资本输出。

垄断资本向世界范围的扩展是通过跨国公司这一国际垄断组织形式实现的。国家垄断资本主义的国际联盟是由一些资本主义国家的政府出面缔结协定所组成的国际经济集团,如西方七国集团、欧盟等。

第二次世界大战以来,从事国际经济协调、维护国际经济秩序的国际性协调组织主要有三个,即国际货币基金组织、世界银行和世界贸易组织。

列宁根据他所处时代的实践曾指出,资本主义发展到垄断资本主义,进而发展到帝国主义,具有五个基本特征:(1)垄断组织在经济生活中起决定作用;(2)在金融资本的基础上形成金融寡头的统治;(3)资本输出有了特别重要的意义；(4)瓜分世界的资本家国际垄断同盟已经形成；(5)最大资本主义大国已把世界上的领土瓜分完毕。

经济全球化的表现：第一，国际分工进一步深化；第二，贸易全球化；第三，金融全球化；第四，企业生产经营全球化。

导致经济全球化迅猛发展的因素主要有三点：一是科学技术的进步和生产力的发展为经济全球化提供了坚实的物质基础和根本的推动力；二是跨国公司的发展为经济全球化提供了适宜的企业组织形式；三是各国经济体制的变革是经济全球化的体制保障。

经济全球化的过程是生产社会化程度不断提高的过程。经济全球化是社会生产力发展的客观要求和科技进步的必然结果，不是哪些人、哪些国家人为造出来的。经济全球化为世界经济增长提供了强劲动力，促进了商品和资本流动、科技和文明进步、各国人民交往。

经济全球化体现了社会化生产的要求，不仅发达国家从中受益，一些发展中国家在参与经济全球化进程中也得到了快速发展。经济全球化对发展中国家的积极作用主要表现在：第一，经济全球化为发展中国家提供先进技术和管理经验；第二，经济全球化为发展中国家提供更多的就业机会；第三，经济全球化推动发展中国家国际贸易发展。第四，经济全球化促进发展中国家跨国公司的发展。

经济全球化也是一把“双刃剑”，它在促进经济发展的同时也带来了一些负面影响：一是发达国家与发展中国家在经济全球化过程中的地位和收益不平等、不平衡；二是加剧了发展中国家资源短缺和环境污染恶化；三是一定程度上增加了经济风险。

“经济全球化确实带来了新问题，但我们不能就此把经济全球化一棍子打死，而是要适应和引导好经济全球化，消解经济全球化的负面影响，让它更好惠及每个国家、每个民族。”必须看到，当今困扰世界的很多问题，并不是经济全球化造成的。把困扰世界的问题简单归咎于经济全球化，既不符合事实，也无助于问题解决。

面对经济全球化发展的历史必然性，面对国际范围内保护主义倾向抬头，国际经贸规则制定出现政治化、碎片化的风险挑战，必须认识到，经济全球化不是一部分国家的独角戏，而是世界各国、各民族共同实现发展的大舞台。面对不同国家在生产方式、发展水平、文化背景等方面的差异，要以共同构建人类命运共同体的理念引领经济全球化，“以文明交流超越文明隔阂、文明互鉴超越文明冲突、文明共存超越文明优越”，“推动经济全球化朝着更加开放、包容、普惠、平衡、共赢的方向发展”。

改革开放以来，我国充分利用经济全球化带来的机遇，不断扩大对外开放，实现了我国同世界关系的历史性变革。中国是经济全球化的受益者，更是贡献者。中国在谋求自身发展、受益于经济全球化的同时，也拉动了世界经济增长，为国际社会提供了公共产品，推动了全球治理的发展，为世界经济的发展作出了贡献。

第四节　正确认识当代资本主义的新变化

第二次世界大战后，资本主义经济政治都发生了新变化。这些变化主要表现在以下几个方面：

第一，生产资料所有制的变化。19世纪末20世纪初，随着股份公司成为主要的企业组织形式，私人股份资本所有制取代私人资本所有制成为占主导地位的所有制形式。第二次世界大战后，资本主义生产资料所有制又发生了新的变化，这就是国家资本所有制形成并发挥重要作用，法人资本所有制崛起并成为居主导地位的资本所有制形式。

第二，劳资关系和分配关系的变化。这些制度主要有：其一，职工参与决策。其二，终身雇佣。这是一种用工制度，按照该制度，工人一旦进入公司工作，只要不违反公司纪律，就会终身被雇佣。实行这个制度的目的是增强工人对企业的归属意识，从而更加自觉地服从资本家的统治。其三，职工持股。

第三，社会阶层和阶级结构的变化。在当代资本主义生产关系中，社会阶层、阶级结构发生了新的变化：一是资本家的地位和作用已经发生很大变化。二是高级职业经理成为大公司经营活动的实际控制者。三是知识型和服务型劳动者的数量不断增加，劳动方式发生了新变化。

第四，经济调节机制和经济危机形态的变化。经济危机呈现新的特点：去工业化和产业空心化日趋严重，产业竞争力下降；经济高度金融化，虚拟经济与实体经济严重脱节；财政严重债务化，债务危机频繁爆发；两极分化和社会对立加剧；经济增长乏力，发展活力不足，周期性危机与结构性危机交织在一起；金融危机频发，全球经济屡受打击。例如，由美国次贷危机引发的2008年国际金融危机，对世界经济产生了巨大的破坏性作用，危机的阴影至今仍未消除。

第五，政治制度的变化。政治制度出现多元化的趋势，公民权利有所扩大。此外，改良主义政党在政治舞台上的影响日益扩大，成为第二次世界大战后西方资本主义国家政治生活中十分引人注目的现象。

第二次世界大战后，资本主义发生新变化的原因主要有：首先，科学技术革命和生产力的发展，是当代资本主义发生新变化的根本推动力量。其次，工人阶级争取自身权力和利益的斗争，是推动当代资本主义发生新变化的重要力量。再次，社会主义制度初步显示的优越性对当代资本主义产生了重要影响。最后，主张改良主义的政党对资本主义制度的改革，也对当代资本主义新变化发挥了重要作用。

当代资本主义发生的变化是在资本主义制度基本框架内的变化，并不意味着资本主义生产关系的根本性质发生了变化。资本主义制度是建立在生产资料私有制和雇佣劳动基础上的剥削制度，无止境地追求最大限度的剩余价值是资本主义制度的基本规律。

虽然当代资本主义发生了一些新变化，但是这些变化并没有改变资本主义制度的本质，并没有克服资本主义的基本矛盾，也没有改变马克思主义关于资本主义的基本论断的科学性，根源于资本主义基本矛盾的金融危机和经济危机依然是资本主义不可克服的痼疾。

由美国次贷危机引发的2008年国际金融危机是自20世纪30年代大萧条以来最为严重的全球性经济危机，它迅速从局部发展到全球，从发达国家传导到新兴市场国家，从金融领域扩散到实体经济领域，造成了一系列灾难性后果。在这场危机的影响下，西方国家的经济生活、政治生活和社会民生等方面都出现了各种问题。

第一，经济发展“失调”。表现为虚拟经济与实体经济发展失衡、福利风险增加和债务负担沉重。2008年国际金融危机后，西方发达资本主义国家纷纷拨付巨额财政资金救助大型金融机构，推出大规模经济刺激计划，实施量化宽松货币政策,造成政府债务不断攀升。巨额政府债务又埋下了新一轮金融危机的隐患。

第二,政治体制“失灵”。一是西式选举往往难以选贤。二是政党利益可能凌驾于国家利益之上。三是“民主陷阱”会阻碍国家治理。四是传统精英政治走向衰落。

第三,社会融合机制“失效”。一是社会极端思潮抬头。二是社会流动性退化。三是社会矛盾激化。

第五章　科学社会主义初论

社会主义代替资本主义是人类历史发展的必然趋势。从16世纪初期兴起的社会主义思潮算起,社会主义到现在已经有五百年的历史。在这漫长的历史岁月中,社会主义经历了从空想到科学、从理想到现实、从一国到多国的发展,也经历了从东欧剧变到中国特色社会主义蓬勃兴起的过程。

第一节　社会主义五百年的历史进程

空想社会主义产生于16世纪初期,到19世纪上半叶达到顶峰。这300多年正是欧洲从封建主义生产方式向资本主义生产方式转变的时期。资本主义生产方式的出现,使广大劳动群众从人身依附的封建关系中走出来,但随即又陷入资本主义新的剥削方式中,为资本主义所奴役。

空想社会主义的发展经历了三个阶段,即16—17世纪的早期空想社会主义、18世纪的空想平均共产主义、19世纪初期批判的空想社会主义。空想社会主义的开山之作是1516年英国人托马斯·莫尔写作的《乌托邦》一书。受《乌托邦》一书的影响,意大利的康帕内拉于1602年在监狱里写出了《太阳城》,进一步描绘了一个财产公有、共同劳动和人人平等的理想社会。到了18世纪,法国的摩莱里和马布利分别在《自然法典》和《论法制或法律的原则》中,论述了从私有制过渡到公有制的必然性,并以法律条文的形式阐述了理想社会的纲领和原则。19世纪上半叶,空想社会主义发展到最高阶段,代表人物有法国的圣西门、傅立叶和英国的欧文。19世纪初期以圣西门、傅立叶、欧文为代表的空想社会主义是科学社会主义的直接思想来源。

正如恩格斯指出的,19世纪三大空想社会主义者的学说虽然“含有十分虚幻和空想的性质,但他们终究是属于一切时代最伟大的智士之列的,他们天才地预示了我们现在已经科学地证明了其正确性的无数真理”。

以三大空想社会主义者为代表的空想社会主义学说,在理论上致力于社会制度的分析。他们对资本主义旧制度的辛辣批判,包含着许多击中要害的见解,对社会主义新制度的描绘,闪烁着诸多天才的火花。空想社会主义是早期无产阶级意识和利益的先声,反映了早期无产阶级迫切要求改造现存社会、建立理想的新社会的愿望。

空想社会主义没能揭示资本主义灭亡的经济根源,就无法提出灭亡资本主义的具体方案,通往社会主义的现实道路,指引社会主义革命的科学理论。

马克思、恩格斯适应社会的需要,在新的历史条件下创立了唯物史观和剩余价值学说,为实现社会主义从空想到科学的飞跃奠定了坚实的理论基础。唯物史观深刻揭示了人类历史发展的一般规律,揭示了人民群众的历史主体作用,揭示了阶级斗争在阶级社会发展中的巨大作用,从而把人们对社会主义的追求建立在对社会发展客观规律科学认识的基础上,克服了空想社会主义者不懂得历史规律的根本缺陷。剩余价值学说深刻揭示了资本家剥削工人的秘密,揭示了无产阶级与资产阶级利益的根本对立,从而科学论证了无产阶级肩负的推翻资本主义旧世界、建设社会主义新世界的历史使命,使人们找到了变革资本主义旧社会的力量和通向社会主义新社会的途径。

1864年,国际工人协会(第一国际)应运而生。马克思是第一国际的灵魂。在马克思指导下,第一国际大力支援各国的工人运动,支持反封建的民主运动和民族解放运动,影响日益扩大。第一国际促进了马克思主义的传播和与国际工人运动的结合,初步确立了马克思主义在工人运动中的指导地位。

1871年爆发的巴黎公社革命,是无产阶级夺取政权的第一次伟大尝试。马克思、恩格斯总结巴黎公社经验,指出无产阶级革命取得成功并保持胜利果实的首要条件是要有革命的武装;必须打碎旧的国家机器,建立无产阶级的新型国家;无产阶级政权是为人民服务的机关;必须建立无产阶级政党,发挥党的政治领导作用。

关于无产阶级革命的发生,马克思、恩格斯曾经从自由竞争的资本主义时代条件出发,认为无产阶级革命至少将在几个主要的资本主义国家同时发生。

列宁根据对俄国国内革命形势和国际状况的科学分析,得出社会主义可能在经济文化相对落后的俄国首先取得胜利的结论,并且将这一理论付诸实践,在革命形势成熟的条件下,领导了俄国十月革命。

十月革命实现了社会主义从理想到现实的伟大飞跃,开辟了人类历史的新纪元。它从根本上推翻了人剥削人、人压迫人的制度,建立起世界上第一个人民当家作主的社会主义国家。十月革命的胜利,特别是列宁关于殖民地半殖民地民族解放的思想,极大地推动了受帝国主义、殖民主义欺凌压迫的国家人民的觉醒,促进了民族解放力量的崛起,有力推动了殖民地半殖民地国家的民族解放运动,加速了世界范围内帝国主义殖民体系的整体瓦解,深刻改变了国际力量对比和世界格局。

列宁领导的苏维埃俄国对社会主义道路的探索,大体上经历了三个时期,即进一步巩固苏维埃政权时期、外国武装干涉和国内战争时期即战时共产主义时期、由战时共产主义转变为新经济政策时期。

1921年3月,俄共(布)召开十大,毅然决定从战时共产主义政策过渡到实行以发展商品经济为主要特征的新经济政策。在俄国社会主义革命取得胜利的初期,特别是实行新经济政策期间,列宁对苏维埃俄国如何建设社会主义进行了深刻的理论思考,提出了许多精辟的论述。

首先,把建设社会主义作为一个长期探索、不断实践的过程。其次,把大力发展生产力、提高劳动生产率放在首要地位。再次,在多种经济成分并存的条件下,利用商品、货币和市场发展经济。最后,利用资本主义建设社会主义。

列宁还指出了马克思主义执政党建设的极端重要性,阐明了思想建设和文化建设的重要意义,提出了加强国家政权建设和发扬社会主义民主的一系列措施。列宁能够正视国情,面对一系列新情况和新问题,不拘泥于书本上已有的结论,而是"根据经验来谈论社会主义",一切从实际出发,尊重千百万群众的实践,勇于探索,大胆创新,努力把马克思主义基本原理同俄国的具体实际相结合,探索出一条适合俄国国情的社会主义道路。这是列宁对马克思主义的重大贡献,也是他留给后人的最宝贵的思想遗产。

列宁逝世后，形成了建设社会主义的苏联模式。这种模式在当时促进了社会主义制度的巩固和发展，推动了社会生产力的高速发展，确保了重工业特别是国防工业的发展。但是，随着经济社会的发展，苏联模式的弊端逐步显现，主要是集中过多、管得过死、否定市场的作用，严重束缚企业和劳动者的积极性。

党的十八大以来，以习近平同志为核心的党中央以强烈的历史担当、高超的政治智慧和顽强的意志品格，团结带领全国人民统筹推进“五位一体”总体布局，协调推进“四个全面”战略布局，推动当代中国取得了历史性成就，发生了历史性变革。党的面貌、国家的面貌、人民的面貌、军队的面貌、中华民族的面貌发生了前所未有的变化。中国特色社会主义进入了新时代，中华民族高举中国特色社会主义旗帜，以崭新姿态屹立于世界的东方。

中国特色社会主义取得的伟大成就，使中国这个世界上最大的发展中国家在短短30多年里摆脱贫困并跃升为世界第二大经济体，创造了人类社会发展史上的奇迹。中国特色社会主义的成功，不仅在中华人民共和国发展史上和中华民族发展史上具有重大意义，而且在世界社会主义发展史上和人类社会发展史上也具有重大意义。

中国特色社会主义进入新时代，意味着近代以来久经磨难的中华民族迎来了从站起来、富起来到强起来的伟大飞跃，迎来了实现中华民族伟大复兴的光明前景；意味着科学社会主义在21世纪的中国焕发出强大生机活力，在世界上高高举起了中国特色社会主义伟大旗帜；意味着中国特色社会主义道路、理论、制度、文化不断发展，拓展了发展中国家走向现代化的途径，给世界上那些既希望加快发展又希望保持自身独立性的国家和民族提供了全新选择，为解决人类问题贡献了中国智慧和中国方案。

第二节　科学社会主义一般原则

马克思、恩格斯在深刻揭示人类社会发展一般规律的基础上，深入阐发资本主义基本矛盾及其发展趋势，并在指导国际工人运动的过程中不断总结经验，逐步形成了科学社会主义一般原则。

第一，人类社会发展规律和资本主义基本矛盾是“资本主义必然灭亡、社会主义必然胜利”的根本依据。第二，无产阶级是最先进最革命的阶级，肩负着推翻资本主义旧世界、建立社会主义和共产主义新世界的历史使命。第三，无产阶级革命是无产阶级进行斗争的最高形式，以建立无产阶级专政的国家为目的。第四，社会主义社会要在生产资料公有制基础上组织生产，以满足全体社会成员的需要为生产的根本目的。第五，社会主义社会要对社会生产进行有计划的指导和调节，实行按劳分配原则。第六，社会主义社会要合乎自然规律地改造和利用自然，努力实现人与自然的和谐共生。第七，社会主义社会必须坚持科学的理论指导，大力发展社会主义先进文化。第八，无产阶级政党是无产阶级的先锋队，社会主义事业必须始终坚持无产阶级政党的领导。第九，社会主义社会要大力解放和发展生产力，逐步消灭剥削和消除两极分化，实现共同富裕和社会全面进步，并最终向共产主义社会过渡。

正确把握科学社会主义一般原则。第一，必须始终坚持科学社会主义一般原则，反对任何背离科学社会主义一般原则的错误倾向。习近平指出：“中国特色社会主义是社会主义而不是其他什么主义，科学社会主义基本原则不能丢，丢了就不是社会主义。”第二，要善于把科学社会主义一般原则与本国实际相结合，创造性地回答和解决革命、建设、改革中的重大问题。第三，紧跟时代和实践的发展，在不断总结新鲜经验中进一步丰富和发展科学社会主义一般原则。

第三节　共产主义崇高理想及其最终实现

马克思主义经典作家揭示了共产主义社会的基本特征，各国马克思主义者在自身的实践中不断深化对这些特征的认识。当代中国共产党人对这个问题的看法是，“共产主义社会将是物质财富极大丰富，人民精神境界极大提高，每个人自由而全面发展的社会”。

第一，物质财富极大丰富，消费资料按需分配。社会生产力高度发展，产品极大丰富，是实现共产主义的必要条件。马克思认为，在共产主义的第一阶段上只能实行“各尽所能，按劳分配”，进入高级阶段后才能实现按需分配。他指出：“在共产主义社会高级阶段，在迫使个人奴隶般地服从分工的情形已经消失，从而脑力劳动和体力劳动的对立也随之消失之后；在劳动已经不仅仅是谋生的手段，而且本身成了生活的第一需要之后；在随着个人的全面发展，他们的生产力也增长起来，而集体财富的一切源泉都充分涌流之后，——只有在那个时候，才能完全超出资产阶级权利的狭隘眼界，社会才能在自己的旗帜上写上：各尽所能，按需分配!”

第二，社会关系高度和谐，人们精神境界极大提高。在共产主义社会，阶级将会消亡。恩格斯指出：“随着阶级的消失，国家也不可避免地要消失”。国家的消亡是指政治国家的消亡，是作为阶级压迫工具的国家机器的消亡，并不是社会组织管理机构的消亡。社会组织管理机构只具有人们自我管理的性质，而不再具有政治压迫和暴力镇压的功能。同时，大量的社会资源将从军事活动中解放出来，造福于全社会。

在共产主义社会，由于社会生产力的巨大发展，工业与农业、城市与乡村、脑力劳动与体力劳动的差别——“三差别”必将归于消失。

与社会生产力的高度发展和社会关系的高度和谐相联系，人们的精神境界得到极大提高。这是共产主义新人的重要体现。人的精神境界表现在许多方面，集中体现在对于他人、集体和社会的态度上。高尚的精神境界表现为自觉地为他人、为社会服务和奉献。

第三，实现每个人自由而全面的发展，人类从必然王国向自由王国飞跃。马克思认为，那时，人摆脱了自然经济条件下对“人的依赖关系”，也摆脱了商品经济条件下对“物的依赖性”，实现了人的“自由个性”的发展。在共产主义社会，劳动不再是单纯的谋生手段，而成为“生活的第一需要”。共产主义是人类解放的实现，那时人类将最终从支配他们生活和命运的异己力量中解放出来，实现从必然王国向自由王国的飞跃，开始自觉地创造自己的历史。

第二编
中国化的马克思主义初论

第六章　毛泽东思想及其历史地位

思想理论是社会变革的先导。中国共产党诞生后，中国共产党人把马克思主义基本原理同中国革命和建设的具体实际结合起来，团结带领人民经过长期奋斗，完成新民主主义革命和社会主义革命，建立起中华人民共和国和社会主义基本制度，进行了社会主义建设的艰辛探索，实现了中华民族从东亚病夫到站起来的伟大飞跃。这一伟大飞跃以铁一般的事实证明，只有社会主义才能救中国。

第一节　毛泽东思想的形成和发展

一、毛泽东思想形成发展的历史条件

战争与革命是毛泽东思想形成和发展起来的时代条件。不仅包括第一次世界大战、第二次世界大战、冷战、和平演变，也包括俄国十月革命、无产阶级革命等。中国革命和建设的经验教训是毛泽东思想形成和发展的重要原因。

二、毛泽东思想形成发展的过程

毛泽东思想是在我国新民主主义革命、社会主义革命和社会主义建设的实践过程中，在总结我国革命和建设正反两方面历史经验的基础上，逐步形成和发展起来的。

1. 毛泽东思想的形成

第一次国内革命战争时期，毛泽东在《中国社会各阶级的分析》《湖南农民运动考察报告》等著作中，分析了中国社会各阶级在革命中的地位和作用，提出了新民主主义革命的基本思想。土地革命战争时期，以毛泽东为主

要代表的中国共产党人，在同党内一度盛行的把马克思主义教条化、把共产国际决议和苏联经验神圣化的错误倾向的斗争中，逐步开辟了农村包围城市、武装夺取政权的革命道路。毛泽东在《中国的红色政权为什么能够存在?》《井冈山的斗争》《星星之火，可以燎原》《反对本本主义》等著作中，提出并阐述了农村包围城市、武装夺取政权的思想，标志着毛泽东思想的初步形成。

2. 毛泽东思想的成熟

遵义会议以后，毛泽东在《实践论》和《矛盾论》两篇著作中，运用马克思主义的认识论和辩证法，系统分析了党内"左"的和右的错误的思想根源。在《〈共产党人〉发刊词》《中国革命和中国共产党》《新民主主义论》《论联合政府》等理论著作中，科学阐述了新民主主义革命的对象、动力、领导力量、性质和前途等基本问题。这一时期，新民主主义革命理论的系统阐述，实现了马克思主义与中国革命实践相结合的历史性飞跃，标志着毛泽东思想得到多方面展开而趋于成熟。1945 年党的七大将毛泽东思想写入党章，确立为党必须长期坚持的指导思想。

3. 毛泽东思想的继续发展

解放战争时期和新中国成立以后，以毛泽东为主要代表的中国共产党人先后提出人民民主专政理论、社会主义改造理论、关于严格区分和正确处理两类矛盾的学说特别是正确处理人民内部矛盾的理论。毛泽东明确提出了把马克思列宁主义的基本原理同中国革命和建设的具体实际进行"第二次结合，找出在中国怎样建设社会主义的道路"的任务，并为开辟适合中国国情的社会主义建设道路进行了艰辛探索。这一时期形成的关于社会主义革命和社会主义建设的重要思想，集中体现于毛泽东《在中国共产党第七届中央委员会第二次全体会议上的报告》《论人民民主专政》《论十大关系》《关于正确处理人民内部矛盾的问题》等著作中，是毛泽东思想的丰富和发展。

第二节　毛泽东思想的主要内容和活的灵魂

一、毛泽东思想的主要内容

毛泽东思想紧紧围绕中国革命和建设的主题，提出了一系列相互关联的重要理论观点，构成了一个完整的科学思想体系。毛泽东思想在以下几个方面，以独创性的理论丰富和发展了马克思列宁主义。

1.新民主主义革命理论

新民主主义革命理论的基本点，一是认为中国资产阶级有两个部分：依附于帝国主义的大资产阶级和既有革命要求又有动摇性的民族资产阶级；二是认为由于帝国主义的侵略，加之中国没有资产阶级民主，因此中国革命只能以长期的武装斗争为主要形式。毛泽东指出，“统一战线和武装斗争，是战胜敌人的两个基本武器”，加上党自身的建设，就成为中国共产党在中国革命中战胜敌人的三个主要的法宝。新民主主义革命理论，是反映新民主主义革命客观规律的完备的理论形态。

2.社会主义革命和社会主义建设理论

新民主主义革命胜利后，毛泽东领导我们党，依据新民主主义革命胜利所创造的向社会主义过渡的经济政治条件，采取社会主义工业化和社会主义改造并举的方针，实行逐步改造生产资料私有制的具体政策，从理论和实践上解决了在中国这样一个占世界人口近1/4、经济文化落后的大国建立社会主义制度这一重大问题。毛泽东提出的把对人民内部的民主和对敌人的专政互相结合起来就是人民民主专政的理论，丰富了马克思列宁主义关于无产阶级专政的学说。在社会主义制度建立以后，毛泽东又领导全党和全国人民积极探索适合中国国情的社会主义建设道路，提出了一系列具有战略意义的正确思想和方针。

3.革命军队建设和军事战略的理论

毛泽东系统解决了如何把以农民为主要成分的革命军队建设成为一支无产阶级性质的、具有严格纪律的、同人民群众保持亲密联系的新型人民军队的问题。他规定了全心全意为人民服务是人民军队的唯一宗旨，规定了是党指挥枪而不是枪指挥党的原则，制定了三大纪律、八项注意，强调实行政治、经济、军事三大民主，实行官兵一致、军民一致和瓦解敌军的原则。他系统地提出了建设人民军队的思想，提出以人民军队为骨干，依靠广大人民群众，建立农村根据地，进行人民战争的思想等。

4.政策和策略的理论

毛泽东指出政策和策略是党的生命，如战略上要藐视敌人，战术上要重视敌人；要掌握斗争的主要方向，不要四面出击；对敌人要区别对待、分化瓦解，实行利用矛盾、争取多数、反对少数、各个击破的策略，并做到有理、有利、有节；在反动统治地区，把公开斗争和秘密斗争结合起来，在组织上采取隐蔽精干的方针；对被打倒的反动统治阶级成员和反动分子，只要他们不造反、不捣乱，都给予生活出路，让他们在劳动中改造成为自食其力的劳动者；无产阶级及其政党要实现自己对同盟者的领导，必须具备两个条件：一是率领被领导者向着共同的敌人作坚决斗争并取得胜利，二是对被领导者给以物质利益，至少不损害其利益，同时给以政治教育；等等。

5.思想政治工作和文化工作的理论

毛泽东提出关于思想政治工作是经济工作和其他一切工作的生命线；发展民族的、科学的、大众的文化，实行百花齐放、百家争鸣和古为今用、洋为中用、推陈出新的方针；以及"为什么人的问题，是一个根本的问题，原则的问题"。

6.党的建设理论

在无产阶级人数很少而战斗力很强、农民和其他小资产阶级占人口大多数的国家，建设一个具有广泛群众性的、马克思主义的无产阶级政党，是极其艰巨的任务。毛泽东建党学说成功地解决了这个问题。他特别注重从思想上建党，提出党员不但要在组织上入党，而且要在思想上入党。他指出，理论和实践相结合的作风，和人民群众紧密地联系在一起的作风，以及自我批评的作风，是中国共产党区别于其他任何政党的显著标志。他提出"惩前毖后、治病救人"的正确方针，创造了全党通过批评与自我批评进行马克思列宁主义思想教育的整风形式。鉴于我们党已成为领导全国政权的党，他多次提出务必使同志们继续地保持谦虚、谨慎、不骄、不躁的作风，务必使同志们继续地保持艰苦奋斗的作风；要求全党警惕资产阶级思想的侵蚀，反对脱离群众的官僚主义。

除了上述几个方面外，毛泽东思想体系还包括关于国际战略和外交工作的理论等内容，都是党的宝贵精神财富。

二、毛泽东思想活的灵魂

1981年党的十一届六中全会通过的《中国共产党中央委员会关于建国以来党的若干历史问题的决议》（以下简称《历史决议》）指出：贯穿于毛泽东思想各个组成部分的立场、观点和方法，是毛泽东思想的活的灵魂，它们有三个基本方面，即实事求是，群众路线，独立自主。

实事求是，就是一切从实际出发，理论联系实际，坚持在实践中检验真理和发展真理。毛泽东指出："'实事'就是客观存在着的一切事物，'是'就是客观事物的内部联系，即规律性，'求'就是我们去研究。"坚持实事求是，就要清醒认识和正确把握我国基本国情；坚持实事求是，就要不断推进实践基础上的理论创新。

群众路线，就是一切为了群众，一切依靠群众，从群众中来，到群众中去，把党的正确主张变为群众的自觉行动。群众路线是以毛泽东为主要代表的中国共产党人坚持把马克思列宁主义关于人民群众是历史创造者的原理，系统地运用在党的全部活动中，形成的党的根本工作路线。不论过去、现在和将来，群众路线都是我们党的生命线和根本工作路线，是我们党永葆青春活力和战斗力的重要传家宝。

独立自主，就是坚持独立思考，走自己的路，就是坚定不移地维护民族独立、捍卫国家主权，把立足点放在依靠自己力量的基础上，同时积极争取外援，开展国际经济文化交流，学习外国一切对我们有益的先进事物。坚持独立自主，就要坚持中国的事情必须由中国人民自己处理。坚持独立自主，就要坚持独立自主的和平外交政策，坚定不移走和平发展道路。

第三节　毛泽东思想的历史地位

1. 毛泽东思想是马克思主义中国化的第一个重大理论成果

在中国共产党历史上，毛泽东第一个明确提出了“马克思主义中国化”的科学命题和重大任务，深刻论证了马克思主义中国化的必要性和极端重要性，系统阐述了马克思主义中国化的科学内涵和实现马克思主义中国化的正确途径，开辟了马克思主义在中国发展的宽广道路，为党领导中国革命和建设事业的发展奠定了坚实的思想理论基础。

在马克思主义中国化的历史进程中，毛泽东思想为中国特色社会主义理论体系的形成奠定了理论基础。尤其是毛泽东思想关于社会主义建设的理论，为开创和发展中国特色社会主义作了重要的理论准备。

此外，毛泽东思想的话语表达做到了理论的通俗化，以通俗的言语解释深刻道理；在表达方式上具有鲜明的民族特色，为广大人民群众所喜闻乐见。

2. 毛泽东思想是中国革命和建设的科学指南

毛泽东思想是被实践证明了的关于中国革命和建设的正确的理论原则和经验总结。在毛泽东思想指引下，我们党领导全国人民，找到了一条新民主主义革命的正确道路，找到了一条从新民主主义向社会主义过渡的道路，确立了社会主义基本制度，实现了中国历史上最深刻最伟大的社会变革。毛泽东对适合中国国情的社会主义道路进行了艰苦探索，并取得了重要的理论成果，提出了许多很有启发性的论断。

3. 毛泽东思想是中国共产党和中国人民宝贵的精神财富

毛泽东追求和倡导的中华民族重新自立于世界民族之林的远大理想，实事求是的思想路线，全心全意为人民服务的奋斗宗旨，自力更生、艰苦奋斗的革命精神等等，依然是中国人民不断奋进的强大精神动力，将长期激励和指导我们前进。

第七章　新民主主义革命理论初论

没有革命的理论，就没有革命的行动。在一个半殖民地半封建的东方大国进行革命，面对的特殊国情是农民占人口的绝大多数，落后分散的小农经济、小生产及其社会影响根深蒂固，又遭受着西方列强侵略和压迫，经济文化十分落后，选择一条什么样的道路才能把中国革命引向胜利成为首要问题，也是马克思主义发展史上前所未有过的难题。年轻的中国共产党，一度简单套用马克思列宁主义关于无产阶级革命的一般原理和照搬俄国十月革命城市武装起义的经验，中国革命遭受到严重挫折。

毛泽东同志深刻认识到，面对中国的特殊国情，面对压在中国人民头上的三座大山，中国革命将是一个长期过程，不能以教条主义的观点对待马克思列宁主义，必须从中国实际出发，实现马克思主义中国化。

第一节　新民主主义革命理论形成的依据

一、近代中国国情和中国革命的时代特征

认清中国国情，是解决中国革命问题的基本前提。毛泽东指出："认清中国社会的性质，就是说，认清中国的国情，乃是认清一切革命问题的基本的根据。"

一方面，帝国主义的侵略虽然在一定程度上加速了封建社会自给自足的自然经济的解体，客观上为中国资本主义的发展创造了一定条件，但并不能使中国发展成为资本主义国家。另一方面，帝国主义列强通过政治的、经济的和文化的侵略，使中国半殖民地化。帝国主义列强通过武装入侵和强迫清政府签订一系列不平等条约，不但操纵了中国的财政和经济命脉，而且

操纵了中国的政治和军事力量。

在半殖民地半封建的近代中国，社会矛盾呈现出错综复杂的状况。在诸多社会矛盾中，占支配地位的主要矛盾是帝国主义和中华民族的矛盾、封建主义和人民大众的矛盾，而帝国主义和中华民族的矛盾，又是各种矛盾中最主要的矛盾。这决定了近代中国革命的根本任务是推翻帝国主义、封建主义和官僚资本主义的统治，从根本上推翻反动腐朽的政治上层建筑，变革阻碍生产力发展的生产关系，为建设富强民主的国家、确立人民当家作主的政治制度、改善人民生活扫清障碍,创造必要的前提。

近代中国的社会性质和主要矛盾，决定了中国革命仍然是资产阶级民主革命。但中国资产阶级民主革命不同于一般的资产阶级民主革命，经历了从旧民主主义革命向新民主主义革命的转变，具有鲜明的时代特征。

以俄国十月革命的胜利为标志，中国资产阶级民主革命的时代背景发生了根本转换。从鸦片战争到辛亥革命期间，中国人民在不同时期和不同程度上进行的反帝反封建的斗争，属于旧式民主主义革命的范畴。俄国十月革命的胜利，改变了整个世界历史的方向，划分了整个世界历史的时代，开辟了世界无产阶级社会主义革命的新纪元，标志着人类历史开始了由资本主义向社会主义转变的进程。十月革命使中国的资产阶级民主主义革命，从原来属于旧的世界资产阶级民主主义革命的范畴，属于旧的世界资产阶级民主主义革命的一部分，转变为属于新的资产阶级民主主义革命的范畴，属于世界无产阶级社会主义革命的一部分。

以五四运动的爆发为标志，中国资产阶级民主革命进入新民主主义革命的崭新阶段。领导革命的是无产阶级，指导革命的是马克思列宁主义，革命的领导阶级和指导理论，都从根本上有别于旧式的资产阶级民主革命。不仅如此，这种民主主义革命和历史上欧美各国的民主革命也大不相同，它不是要建立资产阶级的共和国，造成资产阶级专政，而是要造成各革命阶级在无产阶级领导之下的联合专政，建立各革命阶级联合专政的民主共和国，为进入社会主义社会做准备。但它和一般意义上的社会主义革命也不相同，它只推翻帝国主义、封建主义和官僚资本主义的反动统治，而不破坏参加反帝反封建的资本主义成分。这样的民主主义革命，不是旧范畴的民主主义革命，而是新民主主义革命。中国革命要分两步走，第一步是完成反帝反封建的新民主主义革命任务，第二步是完成社会主义革命任务，这是性质不同但又相互联系的两个革命过程。

二、新民主主义革命理论的实践基础

新民主主义革命理论不是凭空产生的，而是适应新民主主义革命实践的需要，在认真总结中国革命经验教训的基础上形成的。

1.旧民主主义革命的失败呼唤新的革命理论

不触动封建根基的自强运动和改良主义，旧式的农民战争，资产阶级革命派领导的民主革命，以及照搬西方资本主义的其他种种方案，都不能完成反帝反封建的革命任务，都不能为中国找到真正的出路。旧民主主义革命的失败、近代中国革命形势的发展，以及世界形势的新变化，呼唤着新的革命理论的诞生。新民主主义革命理论在近代中国革命的实践中应运而生，它的形成包含了对旧民主主义革命失败教训的深刻总结。

2.新民主主义革命的艰辛探索奠定了革命理论形成的实践基础

在党的幼年时期，由于缺乏领导革命的实践经验，加之理论上的不成熟，在革命的领导权、武装斗争、革命道路等问题上没有形成科学正确的认识，在革命的实践斗争中犯过一些错误，走过一些弯路。但党始终坚持以马克思主义为指导，注重把马克思主义的基本原理与中国革命实际相结合，善于总结革命的经验教训，把握中国革命的规律性，逐步从不成熟走向成熟。新民主主义革命理论是在总结革命斗争正反两方面实践经验的基础上形成的。

第二节　新民主主义革命的总路线和基本纲领

一、新民主主义革命的总路线

总路线是相对于具体路线而言的根本指导路线。1939年，毛泽东在《中国革命和中国共产党》一文中第一次提出了“新民主主义革命”的科学概念。1948年，他在《在晋绥干部会议上的讲话》中完整地表述了总路线的内容，即无产阶级领导的，人民大众的，反对帝国主义、封建主义和官僚资本主义的革命。新民主主义革命总路线反映了中国革命的基本规律，指明了中

国革命的对象、动力、领导力量，是新民主主义革命的指导路线。

1. 新民主主义革命的对象

分清敌友，这是革命的首要问题。帝国主义是中国革命的首要对象。近代中国所遭受的最大的压迫是来自帝国主义的民族压迫。帝国主义是中国社会进步和发展的最大障碍，是近代中国贫困落后和一切灾难祸害的总根源。推翻帝国主义的压迫是中国走向独立和富强的前提。封建地主阶级是帝国主义统治中国和封建军阀实行专制统治的社会基础。中国革命"主要地就是打击这两个敌人，就是对外推翻帝国主义压迫的民族革命和对内推翻封建地主压迫的民主革命，而最主要的任务是推翻帝国主义的民族革命"。官僚资本主义是依靠帝国主义、勾结封建势力、利用国家政权力量而发展起来的买办的封建的国家垄断资本主义也是中国革命的对象。

从总体上说，中国革命的对象是帝国主义、封建主义和官僚资本主义，它们是压在中国人民头上的三座大山。但是，在不同历史阶段，随着社会主要矛盾的变化，革命的主要对象有所不同，体现了矛盾具有特殊性。在国共合作的大革命时期，革命的主要对象是帝国主义支持下的北洋军阀；在土地革命战争时期，革命的主要对象是国民党新军阀；在抗日战争时期，革命的主要对象是日本帝国主义；在解放战争时期，革命的主要对象是美帝国主义支持下的国民党反动派。

2. 新民主主义革命的动力

新民主主义革命的动力包括无产阶级、农民阶级、城市小资产阶级和民族资产阶级。

无产阶级是中国革命最基本的动力。无产阶级是中国沦为半殖民地半封建社会过程中最早出现的一个新的社会阶级，它不但是伴随着中国民族工业的产生、发展而产生的，而且是伴随着外国资本主义在中国直接经营企业而产生的。

农民是中国革命的主力军，其中的贫雇农是无产阶级最可靠的同盟军，中农是无产阶级可靠的同盟军。农民问题是中国革命的基本问题，新民主主义革命实质上就是党领导下的农民革命，中国革命战争实质上就是党领导下的农民战争。

城市小资产阶级是无产阶级的可靠同盟者。城市小资产阶级，包括广大的知识分子、小商人、手工业者和自由职业者，同样受帝国主义、封建主义和官僚资本主义的压迫。因此，城市小资产阶级同样是中国革命的动力。

民族资产阶级也是中国革命的动力之一。一方面，民族资产阶级既受帝国主义的压迫，又受封建主义的束缚，是革命的力量之一；另一方面，由于它在经济上和政治上与帝国主义和封建主义有着千丝万缕的联系，没有彻底的反帝反封建的勇气，在革命的关键时刻表现出明显的动摇性。中国共产党对民族资产阶级在经济上实行保护民族工商业的政策，在政治上争取它，对其动摇性和妥协性进行批评和斗争，又斗争又联合。

3.新民主主义革命的领导力量

无产阶级的领导权是中国革命的中心问题，也是新民主主义革命理论的核心问题。区别新旧两种不同范畴的民主主义革命的根本标志是，革命的领导权是掌握在无产阶级手中还是掌握在资产阶级手中。

由于帝国主义不允许中国建立独立的资产阶级共和国，而是要把中国变成它们的殖民地和半殖民地；由于中国民族资产阶级的软弱性和妥协性，它们不愿意也不能够彻底推翻帝国主义和封建势力；由于中国无产阶级的强大和革命的彻底性，领导中国革命的重任，历史性地落到了中国无产阶级及其政党的肩上。无产阶级及其政党的领导，是中国革命取得胜利的根本保证。无产阶级及其政党对中国革命的领导权不是自然而然得来的，而是在与资产阶级争夺领导权的斗争中实现的。无产阶级及其政党实现对各革命阶级的领导，必须建立以工农联盟为基础的广泛的统一战线,这是实现领导权的关键。

4.新民主主义革命的性质和前途

近代中国半殖民地半封建社会的性质和中国革命的历史任务，决定了中国革命的性质不是无产阶级社会主义革命，而是资产阶级民主主义革命。但是，中国革命已不是旧式的、一般的资产阶级民主主义的革命，而是新的民主主义革命。集中表现在中国革命处于世界无产阶级社会主义革命的时代，是世界无产阶级社会主义革命的一部分；革命的领导力量是中国共产党；革命的指导思想是马克思列宁主义；革命的前途是社会主义而不是资本主义。

新民主主义革命与社会主义革命又是互相联系、紧密衔接的，中间不容横插一个资产阶级专政。民主主义革命是社会主义革命的必要准备，社会主义革命是民主主义革命的必然趋势。

二、新民主主义的基本纲领

一个政党的纲领，是公开树立起来的一面旗帜，是表明党的性质的重要标志。1940年，毛泽东在《新民主主义论》中，阐述了新民主主义的政治、经济和文化。1945年，他在党的七大所作的政治报告《论联合政府》中，进一步把新民主主义的政治、经济和文化与党的基本纲领联系起来，进行了具体阐述。新民主主义基本纲领是新民主主义革命总路线的进一步展开和体现，为新民主主义革命指明了具体奋斗目标。

1.新民主主义的政治纲领

政治纲领主要解决是国家政权问题，即谁执政（国体）和怎么执政（政体）。新民主主义国家的国体决定了人民当家作主，由人民行使管理国家的一切权力，这是新民主主义国家制度的核心内容和基本准则，而人民代表大会制度能够最直接、最全面地体现这一核心内容和准则。总之，国体——各革命阶级联合专政，政体——民主集中制的人民代表大会制度，这就是新民主主义政治。

2.是新民主主义的经济纲领

新民主主义的经济纲领是：收封建地主阶级的土地归农民所有，没收官僚资产阶级的垄断资本归新民主主义的国家所有，保护民族工商业。没收封建地主阶级的土地归农民所有，是新民主主义革命的主要内容。没收官僚资本归新民主主义国家所有，是新民主主义革命的题中应有之义。没收官僚资本，包含着新民主主义革命和社会主义革命的双重性质。保护民族工商业，是新民主主义经济纲领中极具特色的一项内容。

3.新民主主义的文化纲领

新民主主义文化，就是无产阶级领导的人民大众的反帝反封建的文化，即民族的科学的大众的文化（对应反帝反封建反官僚）。民族的，就其内容说是反对帝国主义压迫，主张中华民族的尊严和独立，就其形式说是具有鲜明的民族风格、民族形式和民族特色，要有中国作风和中国气派；科学的，主张实事求是、客观真理及理论和实践的一致性；人民大众的文化，也就是民主的文化，坚持为人民大众服务的方向。

第三节 新民主主义革命的道路和基本经验

一、新民主主义革命的道路

在一个以农民为主体的半殖民地半封建的国度里进行革命,应该选择什么样的道路,这是中国共产党在领导中国革命的过程中必须面对和回答的重大问题。中国共产党在马克思主义指导下,立足中国国情,走出了一条不同于俄国十月革命的道路,即农村包围城市、武装夺取政权的革命道路。

党成立初期,把工作重心放在城市,领导工人阶级,开展工人运动,这样有利于扩大党的阶级基础。但当时对于发动农民参加革命、建立农村革命根据地的重要性缺乏足够的认识。1927年大革命失败后,党的工作重心开始转向农村。秋收起义失败后,毛泽东率领队伍开赴井冈山,创建了井冈山革命根据地,把武装斗争的主攻方向首先指向农村。在领导农村革命根据地的斗争实践中,毛泽东相继写下了《中国的红色政权为什么能够存在?》《井冈山的斗争》《星星之火,可以燎原》等文章,提出了"工农武装割据"思想,初步形成了农村包围城市的革命道路理论。红军长征到达陕北后,毛泽东深入分析了近代中国所处的时代特点和国情,论述了中国革命的长期性和不平衡性等特点,进一步丰富了农村包围城市的整体战略思想。1938年11月,他在党的六届六中全会上明确指出:"共产党的任务,基本地不是经过长期合法斗争以进入起义和战争,也不是先占城市后取乡村,而是走相反的道路。"从而确立了经过长期武装斗争,先占乡村,后取城市,最后夺取全国胜利的革命道路。

新民主主义革命道路的形成有着必然性。中国革命必须走农村包围城市、武装夺取政权的道路,是由中国所处的时代特点和具体国情决定的。一方面,在半殖民地半封建的中国社会,内无民主制度,外无民族独立。中国的无产阶级根本不可能在城市进行长期的、公开的合法斗争,中国革命的主要斗争形式只能是武装斗争,以革命的武装消灭反革命的武装,相应的主要组织形式必然是军队。另一方面,近代中国是一个农业大国,农民占全国人口的绝大多数,是无产阶级可靠的同盟军和革命的主力军。在中国开展革命斗争，必须充分地发动农民，凝聚农民阶级的革命力量。

此外，近代中国是多个帝国主义间接统治的经济落后的半殖民地国家，社会政治经济发展极端不平衡，为党在农村开展革命斗争、建设革命根据地提供了缝隙和可能；近代中国的广大农村深受反动统治阶级的多重压迫和剥削，人民革命愿望强烈，加之经历过大革命的洗礼，革命群众基础好；全国革命形势的继续向前发展，为在农村建设革命根据地提供了客观条件；相当力量正式红军的存在，为农村革命根据地的创立、巩固和发展提供了坚强后盾；党的领导的有力量及其政策的不错误，为农村革命根据地建设和发展提供了重要的主观条件。

可以说，土地革命是民主革命的基本内容；武装斗争是中国革命的主要形式，是农村根据地建设和土地革命的强有力保证；农村革命根据地是中国革命的战略阵地，是进行武装斗争和开展土地革命的依托。

二、新民主主义革命的三大法宝

毛泽东在《〈共产党人〉发刊词》一文中，总结了中国革命两次胜利和两次失败的经验教训，揭示了中国革命发展的客观规律，把统一战线、武装斗争、党的建设比作党在中国革命中战胜敌人的三个主要的法宝。

统一战线是无产阶级政党策略思想的重要内容。建立最广泛的统一战线，首先是由中国半殖民地半封建社会的阶级状况所决定的。中国社会是一个两头小中间大的社会，无产阶级和地主大资产阶级都只占少数，最广大的人民是农民、城市小资产阶级以及其他的中间阶级。无产阶级要战胜作为地主阶级和官僚资产阶级集中代表的国民党所领导的强大的反革命力量，就必须把农民、城市小资产阶级以及其他中间阶级都团结在自己的周围，结成最广泛的统一战线。

建立最广泛的统一战线，也是由中国革命的长期性、残酷性及其发展的不平衡性所决定的。中国政治经济发展的不平衡性也造成了革命发展的不平衡性，这就使得无产阶级及其政党有必要采取统一战线的策略，把一切可以团结的力量尽可能团结在自己的周围，以逐步从根本上改变敌强我弱的态势，夺取中国革命的最终胜利。

在半殖民地半封建的中国社会，诸多矛盾交织在一起，客观上为无产阶级及其政党利用这些矛盾建立和发展统一战线提供了可能性。近代中国社会最大的压迫是民族压迫,决定了无产阶级及其政党可以把一切爱国的、不愿受帝国主义奴役的人们团结在自己的周围。

新民主主义革命时期,中国共产党领导的统一战线,先后经历了第一次国共合作的统一战线、工农民主统一战线、抗日民族统一战线、人民民主统一战线等几个时期,为新民主主义革命的胜利作出了重要贡献。从总体上讲,党领导的革命统一战线,包含着两个联盟:一个是工人阶级同农民阶级、广大知识分子及其他劳动者的联盟,主要是工农联盟;另一个是工人阶级和非劳动人民的联盟,主要是与民族资产阶级的联盟。第一个联盟是统一战线的基础,只有巩固工农联盟,争取农民、知识分子和其他劳动人民,才能实现党对统一战线的领导权。同时,只有建立第二个联盟,联合一切可以联合的力量,壮大自己,孤立主要的敌人,无产阶级及其政党才能掌握中国革命的全部领导权,中国革命的胜利才有完全的保障。

总结党建立、巩固和发展统一战线的实践经验,主要在于这样几个方面:一是建立巩固的工农联盟。二是正确对待资产阶级,尤其是民族资产阶级。在革命斗争中要依据革命的需要,对资产阶级实行既联合又斗争的策略。三是采取区别对待的方针。在革命进程中,要坚持发展进步势力、争取中间势力、孤立顽固势力的策略方针。四是坚持独立自主的原则。要保持党在政治上、组织上和思想上的独立性。

武装斗争是中国革命的特点和优点之一。一要坚持党对军队的绝对领导。坚持党对军队的绝对领导,是建设新型人民军队的根本原则,是保持人民军队无产阶级性质和建军宗旨的根本前提,也是毛泽东建军思想的核心。二要建设全心全意为人民服务的人民军队。三要坚持正确的战略战术原则。

中国共产党要领导革命取得胜利,必须不断加强党的思想建设、组织建设和作风建设。半殖民地半封建的中国,是一个以农民为主体的国度,无产阶级人数很少,农民和其他小资产阶级占人口的大多数,农民和小资产阶级出身的党员占多数。党成立初期以及革命早期,革命经验不足,共产国际对中国革命也有过某些错误干预和指挥。这些情况决定了要建设一个广大群众性的、马克思主义的无产阶级政党,是一项艰巨的任务,必须不断地结合革命形势的发展需要加强党的建设。

中国共产党在加强自身建设中积累了丰富的经验，归纳起来主要有：第一，必须把思想建设始终放在党的建设的首位。第二，必须在任何时候都重视党的组织建设。加强党的组织建设，根本的是要贯彻民主集中制这一根本组织原则，个人服从组织，少数服从多数，下级服从上级，全党服从中央。第三，必须重视党的作风建设。党在领导新民主主义革命的过程中，把党的建设作为一项"伟大的工程"，逐步形成了理论联系实际、密切联系群众、批评与自我批评相结合的三大优良作风，这是中国共产党区别于其他任何政党的显著标志。第四，必须联系党的政治路线加强党的建设。

统一战线和武装斗争是中国革命的两个基本特点，是战胜敌人的两个基本武器。统一战线是实行武装斗争的统一战线，武装斗争是统一战线的中心支柱，党的组织则是掌握统一战线和武装斗争这两个武器以实行对敌冲锋陷阵的英勇战士。一个有纪律的，有马克思列宁主义的理论武装的，采取自我批评方法的，联系人民群众的党。一个由这样的党领导的军队。一个由这样的党领导的各革命阶级各革命派别的统一战线。这三件是我们战胜敌人的主要武器。毛泽东关于新民主主义革命基本经验的总结，丰富和发展了马克思主义关于无产阶级领导人民革命的理论。

第八章　社会主义改造理论

中华人民共和国成立后，以毛泽东同志为核心的党的第一代中央领导集体带领人民，在迅速医治战争创伤、恢复国民经济的基础上，不失时机提出了过渡时期总路线，创造性地完成了由新民主主义革命向社会主义革命的转变，使中国这个占世界四分之一人口的东方大国进入了社会主义社会，成功实现了中国历史上最深刻最伟大的社会变革。新民主主义革命的胜利，社会主义基本制度的确立，为当代中国一切发展进步奠定了根本政治前提和制度基础。

第一节　从新民主主义到社会主义的转变

一、新民主主义社会是一个过渡性的社会

从中华人民共和国成立到社会主义改造基本完成，是我国从新民主主义到社会主义的过渡时期。这一时期，我国社会的性质是新民主主义社会。新民主主义社会不是一个独立的社会形态，而是由新民主主义向社会主义转变的过渡性社会形态。在新民主主义社会中，存在着五种经济成分，即社会主义性质的国营经济、半社会主义性质的合作社经济、农民和手工业者的个体经济、私人资本主义经济和国家资本主义经济。其中半社会主义性质的合作社经济是个体经济向社会主义集体经济过渡的形式，国家资本主义经济是私人资本主义经济向社会主义国营经济过渡的形式。所以，主要的经济成分有三种：社会主义经济、个体经济和资本主义经济。新民主主义社会要继续向前发展，就要不断扩大国营经济，同时逐步将资本主义经济和个体经济改变为社会主义经济，使社会主义经济逐步成为我国的经济

基础。

与新民主主义时期三种不同性质的主要经济成分相联系，中国社会的阶级构成主要是工人阶级、农民阶级和其他小资产阶级、民族资产阶级等基本的阶级力量。由于农民和手工业者的个体经济既可以自发地走向资本主义，也可以被引导走向社会主义，其本身并不代表一种独立的发展方向。因此，这三种基本的经济成分及与之相联系的三种基本的阶级力量之间的矛盾，就集中表现为社会主义和资本主义两条道路、工人阶级和资产阶级两个阶级的矛盾。随着土地改革的基本完成，工人阶级和资产阶级的矛盾逐步成为我国社会的主要矛盾。解决了这一矛盾，才能使中国社会实现向社会主义的转变。这一时期的民族资产阶级仍然是一个具有两面性的阶级：既有剥削工人的一面，又有接受工人阶级及其政党领导的一面。因此，民族资产阶级与工人阶级的矛盾也具有两重性，既有剥削者与被剥削者的阶级利益相互对立的对抗性的一面，又有相互合作、具有相同利益的非对抗性的一面。对于工人阶级和社会主义革命来说，民族资产阶级作为一个剥削阶级，是被消灭的对象；作为可以接受工人阶级及其政党领导的社会力量，又是团结和改造的对象。

二、党在过渡时期的总路线及其理论依据

1.党在过渡时期的总路线的提出

1949年党的七届二中全会，提出了使中国“稳步地由农业国转变为工业国，由新民主主义国家转变为社会主义国家”即“两个转变”同时并举的思想。此前，毛泽东提出了在新民主主义革命取得全国胜利以后，大约还需要经过10年、15年或20年再向社会主义过渡的设想。

从1949年至1952年，党领导人民集中力量恢复国民经济，继续完成民主革命遗留的任务。与此同时，没收官僚资本，建立社会主义性质的国营经济；在完成土地改革之后的农村，及时开展互助合作运动；在调整工商业过程中，采取对私营工商业加工订货、经销代销等方式，广泛发展初级形式的国家资本主义等，为全面向社会主义过渡奠定了基础。

经过了三年努力，到1952年我国国民经济得以恢复，民主革命遗留任务已经完成，经济、政治及社会面貌发生巨大变化。这时，毛泽东和党的其他

领导人对原来的设想有了新的认识，认为我国正面临着新的发展形势，在农村和城市开始逐步进行社会主义改造已经成为必要并有实现的可能，开始向社会主义过渡的时机已经到来，于是重新思考向社会主义过渡的时间和步骤问题。

1953年6月，毛泽东在中央政治局会议上正式提出过渡时期的总路线和总任务，同年12月形成了关于总路线的完整表述："从中华人民共和国成立，到社会主义改造基本完成，这是一个过渡时期。党在这个过渡时期的总路线和总任务，是要在一个相当长的时期内，逐步实现国家的社会主义工业化，并逐步实现国家对农业、对手工业和对资本主义工商业的社会主义改造。"

党在过渡时期总路线的主要内容被概括为"一化三改"。"一化"即社会主义工业化，"三改"即对个体农业、手工业和资本主义工商业的社会主义改造。它们之间相互联系，不可分离，可以比喻为鸟的"主体"和"两翼"。其中，"一化"是"主体"，"三改"是"两翼"，两者相辅相成、相互促进。这是一条社会主义建设和社会主义改造同时并举的路线，体现了社会主义工业化和社会主义改造的紧密结合，体现了解放生产力与发展生产力、变革生产关系与发展生产力的有机统一。

2. 党在过渡时期的总路线的理论依据

马克思、恩格斯在创立科学社会主义理论时，就提出了从资本主义社会向社会主义社会过渡的问题。他们认为，从资本主义社会到社会主义社会，需要经历一个从无产阶级夺取政权到利用国家政权对旧的生产关系进行革命性的改造，逐步消灭私有制、确立公有制并大力发展生产力的过渡时期，这是一切走向共产主义国家不可逾越的发展阶段。马克思、恩格斯还曾设想用暴力没收与和平赎买这两种方式来变革所有制，并认为如果能用赎买的办法变革所有制，将是"最便宜不过了"。

列宁认为，可以不经过资本主义发展阶段而过渡到苏维埃制度，然后经过一定的发展阶段过渡到共产主义，社会主义革命和资产阶级民主革命之间并没有隔着一道万里长城。列宁还认为，改变资产阶级和小资产阶级的经营方式和习惯势力是一件极其困难的事情，必须经过一个相当长的从资本主义到社会主义的过渡时期。过渡时期的根本任务是把剥削阶级的生产资料转化为公有财产，同时，通过合作社的形式使农民走上集体化道路，并把创造高于资本主义的劳动生产率的根本任务提到首位，以建立和发展社会主义的经济基础。俄国十月革命胜利后，列宁也曾设想通过国家资本主义对资产阶级进行和平赎买，认为这对无产阶级是最有利的事情。但由于后来俄国资产阶级选择了国内战争的反抗方式，列宁的设想未能实现。

1949年3月，党的七届二中全会专门讨论了建设新民主主义社会的问题。毛泽东在这次大会上的报告中指出，我国要“由新民主主义社会发展到将来的社会主义社会”，并具体分析了当时存在的五种经济成分的性质、相互关系、发展趋势和前途，明确提出了“在革命胜利以后，迅速地恢复和发展生产，对付国外的帝国主义，使中国稳步地由农业国转变为工业国，把中国建设成一个伟大的社会主义国家”的历史任务。

第二节　社会主义改造道路和历史经验

一、适合中国特点的社会主义改造道路

1.农业、手工业的社会主义改造

第一，积极引导农民组织起来，走互助合作道路。土地改革完成后，我国广大农民的生产积极性大大提高。这种积极性表现在两个方面：个体经济的积极性和互助合作的积极性。在土地改革完成后，引导农民走互助合作道路，受到农民的拥护和支持。

第二，遵循自愿互利、典型示范和国家帮助的原则，以互助合作的优越性吸引农民走互助合作道路。农民既是私有者又是劳动者，对农民不能采取剥夺的办法，只能引导、说服和教育，使其自愿地走合作化的道路。

第三，正确分析农村的阶级和阶层状况，制定正确的阶级政策。党制定并贯彻执行了依靠贫下中农，发展互助合作，由逐步限制到最后消灭富农剥削的农村阶级政策。这使农业合作化有了坚实的阶级基础和群众基础。

第四，坚持积极领导、稳步前进的方针，采取循序渐进的步骤。农业社会主义改造大体上经历了互助组、初级社和高级社三个发展阶段。第一阶段主要是发展互助组，同时试办初级社，具有社会主义萌芽性质。第二阶段

主要是建立初级农业生产合作社。初级社以土地入股和统一经营为特点，实行集体劳动，产品分配采取按劳分配和土地入股分红相结合，耕畜和大农具也付给一定的报酬，具有半社会主义性质。第三阶段是发展高级社。高级社实行生产资料农民集体所有、按劳付酬，取消土地分红，具有完全的社会主义性质。

对手工业的社会主义改造，党和政府采取积极领导、稳步前进的方针。在方法步骤上，从供销合作人手，逐步发展到走生产合作的道路。具体来说，手工业的社会主义改造经历了由小到大、由低级到高级的三个步骤。第一步是办手工业供销小组，具有社会主义萌芽性质。第二步是办手工业供销合作，具有半社会主义性质。第三步是建立手工业生产合作社，手工业者的生产资料全部归集体所有，统一经营，入社人员参加集体劳动，实行按劳分配，它是社会主义性质的集体经济组织。

2.资本主义工商业的社会主义改造

在推进农业合作化运动的同时，党和政府有计划、有步骤地开展了对资本主义工商业的社会主义改造，创造性地开辟了一条适合中国情况的对资本主义工商业进行社会主义改造的道路。

第一，用和平赎买的方法改造资本主义工商业。赎买，就是国家有偿地将私营企业改变为国营企业，将资本主义私有制改变为社会主义公有制。赎买的具体方式不是由国家支付一笔巨额补偿资金，而是让资本家在一定年限内从企业经营所得中获取一部分利润。

对资本主义工商业实行和平赎买，有利于发挥私营工商业在国计民生方面的积极作用，促进国民经济发展；有利于巩固和发展统一战线；有利于争取和团结那些原来同资产阶级相联系的知识分子为社会主义建设服务。

我国之所以能够采取赎买的方式对资本主义工商业进行和平改造，原因是多方面的。首先，民族资产阶级具有两面性。在社会主义革命时期，民族资产阶级既有剥削工人取得利润的一面，又有拥护宪法、愿意接受社会主义改造的一面。其次，中国共产党与民族资产阶级长期保持着统一战线的关系，这就为将工人阶级和民族资产阶级之间存在着的对抗性矛盾转化为非对抗性矛盾并按照人民内部矛盾来处理提供了前提。最后，我国已经有了以工人阶级为领导、工农联盟为基础的人民民主专政的国家政权，建立了强大的社会主义国营经济并掌握了国家的经济命脉。

第二，采取从低级到高级的国家资本主义的过渡形式。所谓国家资本主义，就是在国家直接控制和支配下的资本主义经济。它不是为了资本家的利润而存在，而是为了供应人民和国家的需要而存在。国家资本主义有初级形式和高级形式之分。初级形式的国家资本主义是国家对私营工商业实行委托加工、计划订货、统购包销、经销代销等，高级形式的国家资本主义是公私合营，包括个别企业的公私合营和全行业的公私合营。

对资本主义工商业的社会主义改造经历了三个步骤。第一步主要实行初级形式的国家资本主义。国家在私营工业中实行委托加工、计划订货、统购包销。这些企业的利润，按国家所得税、企业公积金、工人福利费、资方红利这四个方面进行分配，即当时所说的"四马分肥"。第二步主要实行个别企业的公私合营。企业利润的分配仍为"四马分肥"；国家派干部（即公方代表）进入企业内部，公方代表居领导地位，因而已经属于半社会主义性质的企业。第三步是实行全行业的公私合营，标志着国家对资本主义工商业的社会主义改造已基本完成。

第三，把资本主义工商业者改造成为自食其力的社会主义劳动者。在资本主义工商业的社会主义改造中，国家对资方在职人员和资方代理人采取"包下来"的政策，以企业为基地，根据"量才使用，适当照顾"的原则，减少了改造的阻力，又推动了生产力的发展和社会的进步。

二、社会主义改造的历史经验

第一，坚持社会主义工业化建设与社会主义改造同时并举。在改造过程中，党和政府所采取的实际步骤，总是力求使之与促进工业化进程和经济发展的要求相适应，而不允许对生产力造成破坏。第二，采取积极引导、逐步过渡的方式。第三，用和平方法进行改造。

在我国社会主义改造的历史上，有两个事实是世界历史上各种革命大变动中罕见的：一是在一个几亿人口的大国中比较顺利地实现了如此复杂、困难和深刻的社会变革，不仅没有造成生产力的破坏，反而促进了工农业和整个国民经济的发展；二是这样的变革没有引起巨大的社会动荡，反而极大地加强了人民的团结，并且是在人民普遍拥护的情况下完成的。邓小平曾经指出:“我们的社会主义改造是搞得成功的,很了不起。这是毛泽东同志对马克思列宁主义的一个重大贡献。”

第三节　社会主义制度在中国的确立

一、社会主义基本制度的确立及其理论根据

1956年底,我国对农业、手工业和资本主义工商业的社会主义改造的基本完成,社会经济结构发生了根本变化,社会主义经济成分已占绝对优势,社会主义公有制已成为我国社会的经济基础,标志着中国历史上长达数千年的阶级剥削制度的结束和社会主义基本制度的确立。

随着社会主义改造的进行,我国的人民民主政治建设也在有步骤地向前推进。1954年9月,第一届全国人民代表大会的召开和《中华人民共和国宪法》的制定及颁布施行,为各族人民参与国家政治生活提供了必要条件和保证,为逐步健全和完善我国社会主义政治制度奠定了坚实的基础,成为我国社会主义民主政治建设的里程碑。《中华人民共和国宪法》是中国人民100多年来为实现中华民族伟大复兴而英勇奋斗的历史经验总结,也是中华人民共和国成立以来新的经验总结。这部宪法明确规定了我国人民民主专政的国体和人民代表大会的政体。人民代表大会制度这一根本政治制度、中国共产党领导的多党合作和政治协商制度、民族区域自治制度这些基本政治制度的确立,表明我国由一个新民主主义的国家转变为社会主义国家。工人阶级已经成为国家的领导阶级,工人阶级队伍进一步壮大;亿万农民和其他个体劳动者已经变成社会主义的集体劳动者;知识界已经成为一支为社会主义服务的队伍。广大劳动人民从此摆脱了被剥削被奴役的地位,成为掌握生产资料的国家和社会的主人以及掌握自己命运的主人。

对于经济文化比较落后的国家能不能够先于发达国家实行社会主义革命、建立社会主义制度的问题,在国际共产主义运动历史上曾经有过激烈争论。第二国际的机会主义者曾经以还没有实行社会主义的经济前提来否定经济文化比较落后的国家可以走向社会主义。列宁批评这种观点是“庸俗生产力论”,认为世界历史发展的一般规律不仅丝毫不排斥个别发展阶段在

发展的形式或顺序上表现出特殊性，反而以此为前提。

实践证明，一方面，中国可以在没有实现工业化的情况下进入社会主义，社会主义基本制度的确立正是为了推进中国的工业化、现代化建设；另一方面，由于经济文化还比较落后，中国的社会主义还只能是初级阶段的社会主义，或者叫社会主义初级阶段。不经过社会生产力的极大发展，是不可能超越这个阶段的。

二、确立社会主义基本制度的重大意义

社会主义基本制度的确立是中国历史上最深刻最伟大的社会变革，为当代中国一切发展进步奠定了制度基础，也为中国特色社会主义制度的创新和发展提供了重要前提。

社会主义基本制度的确立，极大地提高了工人阶级和广大劳动人民的积极性、创造性，极大地促进了我国社会生产力的发展。随着社会主义建设的全面展开，我国逐步建立起独立的比较完整的工业体系和国民经济体系，积累了在中国这样一个社会生产力水平十分落后的东方大国进行社会主义建设的重要经验。

社会主义基本制度的确立，使广大劳动人民真正成为国家的主人。这是中国几千年来阶级关系的最根本变革，为当代中国一切发展进步奠定了根本政治前提和制度基础，实现了中华民族由近代不断衰落到根本扭转命运、持续走向繁荣富强的伟大飞跃。

中国社会主义基本制度的确立，使占世界人口1/4的东方大国进入了社会主义社会，这是世界社会主义发展史上又一个历史性的伟大胜利。

第九章　社会主义建设道路初步探索的理论成果

很多同学在学习毛泽东思想的时候，有一个误区就是将其单纯地理解为革命思想，其实毛泽东思想不仅包括革命理论，也有着对社会主义建设道路探索的宝贵成果，这些成果的学习对于大家理解毛泽东思想，正确评价毛泽东同志的历史地位有着重要的意义。

第一节　初步探索的重要理论成果

一、调动一切积极因素为社会主义事业服务

如何在中国这样一个经济文化比较落后的东方大国建设和巩固社会主义，是党面临的一个崭新课题。实践表明，照抄照搬苏联经验不符合中国国情，仍需要实现马克思主义与中国实际的“第二次结合”，积极探索适合中国特点的社会主义建设道路。

1956年4月和5月，毛泽东先后在中央政治局扩大会议和最高国务会议上，作了《论十大关系》的报告，初步总结了我国社会主义建设的经验，明确提出要以苏为鉴，独立自主地探索适合中国情况的社会主义建设道路。他说：“特别值得注意的是，最近苏联方面暴露了他们在建设社会主义过程中的一些缺点和错误，他们走过的弯路，你还想走？过去我们就是鉴于他们的经验教训，少走了一些弯路，现在当然更要引以为戒。”这就明确了建设社会主义必须根据本国情况走自己的道路这一根本思想。《论十大关系》标志着党探索中国社会主义建设道路的良好开端。

《论十大关系》确定了一个基本方针，就是“努力把党内党外、国内国外的一切积极的因素，直接的、间接的积极因素全部调动起来”，为社会主义建

设服务。前五条主要讨论经济问题,着眼于调动经济领域各个方面的积极因素。其中前三条讲重工业和轻工业、农业的关系,沿海工业和内地工业的关系,经济建设和国防建设的关系。这实际上是在论述如何开辟一条和苏联有所不同的中国工业化道路问题。第四、五条讲国家、生产单位和生产者个人的关系,中央和地方的关系,开始涉及经济体制改革。初步提出了中国社会主义经济建设的若干新方针、新思路。"十大关系"的后五条,讲汉族与少数民族的关系、党与非党的关系、革命和反革命的关系、是非关系、中国和外国的关系,论述的是政治生活和思想文化生活领域如何调动各种积极因素的问题。

调动一切积极因素为社会主义事业服务,必须坚持中国共产党的领导。毛泽东将"有利于巩固共产党的领导,而不是摆脱或者削弱这种领导",作为判断人们的言论和行动是非的六条标准中最重要的一条。毛泽东还明确提出了"党领导一切"的思想。

调动一切积极因素为社会主义事业服务,必须发展社会主义民主政治。毛泽东还提出,"我们的目标,是想造成一个又有集中又有民主,又有纪律又有自由,又有统一意志、又有个人心情舒畅、生动活泼,那样一种政治局面,以利于社会主义革命和社会主义建设"。

调动一切积极因素为社会主义事业服务,有一个如何认识社会主义发展阶段和社会主义建设规律的问题。在探索中国社会主义建设道路过程中,毛泽东提出,社会主义又可分为两个阶段,第一个阶段是不发达的社会主义,第二个阶段是比较发达的社会主义。后一阶段可能比前一阶段需要更长的时间。他强调,在我们这样的国家,社会主义建设具有艰难性、复杂性和长期性,完成社会主义建设是一个艰巨任务,建成社会主义不要讲得过早了。

二、正确认识和处理社会主义社会矛盾的思想

我国社会主义改造的任务完成以后,国内的社会矛盾和阶级关系发生重大变化,无产阶级同资产阶级之间的矛盾已经基本解决。由于社会主义制度刚刚建立,需要有一个不断完善和巩固的过程,在这种情况下,大量人民内部矛盾逐步成为国家政治生活中居于主导地位的矛盾。

党在八大前后，特别是毛泽东在1957年2月所作的《关于正确处理人民内部矛盾的问题》报告，系统论述了社会主义社会矛盾的理论。

毛泽东指出，矛盾是普遍存在的，社会主义社会同样充满着矛盾，正是这些矛盾推动着社会主义社会不断地向前发展。“矛盾不断出现，又不断解决，就是事物发展的辩证规律。”他提倡运用对立统一规律深刻分析社会主义社会的矛盾。

关于社会主义社会的基本矛盾，毛泽东指出：“在社会主义社会中，基本的矛盾仍然是生产关系和生产力之间的矛盾，上层建筑和经济基础之间的矛盾。”但社会主义社会的基本矛盾同以往社会的基本矛盾“具有根本不同的性质和情况”。它不是对抗性的矛盾，而是非对抗性的矛盾。社会主义社会基本矛盾运动具有“又相适应又相矛盾”的特点。其中，相适应的一面是基本方面，相矛盾的一面是非基本方面。由于社会主义社会的矛盾不是对抗性的矛盾，因此“它可以经过社会主义制度本身，不断地得到解决”。

关于我国社会的主要矛盾和根本任务，党的八大正确分析了社会主义改造完成后我国社会主要矛盾的变化，指出：社会主义制度在我国已经基本上建立起来了。我们国内的主要矛盾，已经是人民对于建立先进的工业国的要求同落后的农业国的现实之间的矛盾，已经是人民对于经济文化迅速发展的需要同当前经济文化不能满足人民需要的状况之间的矛盾。据此，党中央提出要把党和国家的工作重点转到技术革命和社会主义建设上来。

关于社会主义社会矛盾学说的一个重要方面，是关于社会主义社会存在两类不同性质矛盾的理论。这就是敌我矛盾和人民内部矛盾，这是两类性质完全不同的矛盾。敌我矛盾是对抗性的矛盾。人民内部矛盾[①]是非对抗性的矛盾。毛泽东还特别指出，在我国，由于民族资产阶级有两面性，工人阶级同民族资产阶级的矛盾属于人民内部的矛盾。两类不同性质的矛盾的存在是客观的，但不是固定不变的，在一定的条件下，两类不同性质的矛盾可以互相转化。如果处理不当，也可能发生对抗。因此，必须严格区分和正

① 包括工人阶级内部的矛盾，农民阶级内部的矛盾，知识分子内部的矛盾，工农两个阶级之间的矛盾，工人、农民同知识分子之间的矛盾，工人阶级和其他劳动人民同民族资产阶级的矛盾，也包括政府和人民群众之间的矛盾，民主同集中的矛盾，领导同被领导之间的矛盾，国家机关某些工作人员的官僚主义作风同群众之间的矛盾，等等。一般说来，人民内部矛盾是在人民根本利益一致基础上的矛盾。

确处理两类不同性质的矛盾，特别是要正确处理已经居于主导地位的人民内部矛盾。

解决敌我之间的和人民内部的这两类不同性质的矛盾，采用专政和民主这样两种不同的方法。关于正确处理人民内部矛盾的方针。对于政治思想领域的人民内部矛盾，实行“团结—批评—团结”的方针，坚持说服教育、讨论的方法；对于物质利益、分配方面的人民内部矛盾，实行统筹兼顾、适当安排的方针；对于人民群众和政府机关的矛盾，要坚持民主集中制原则；对于科学文化领域里的矛盾，实行“百花齐放、百家争鸣”的方针；对于共产党和民主党派的矛盾，实行在坚持社会主义道路和共产党领导的前提下“长期共存、互相监督”的方针；对于民族之间的矛盾，实行民族平等、团结互助的方针，着重反对大汉族主义，也要反对地方民族主义。

关于正确处理人民内部矛盾的问题是社会主义国家政治生活的主题。这一论断的根本着眼点，在于调动一切积极因素，团结一切可以团结的力量，把全党的注意力转到社会主义建设上来。

三、走中国工业化道路的思想

毛泽东在《论十大关系》中论述的第一大关系，便是重工业、轻工业和农业的关系。在《关于正确处理人民内部矛盾的问题》中，提出了中国工业化道路的问题，主要是指重工业、轻工业和农业的发展关系问题，要走一条有别于苏联的中国工业化道路。

毛泽东提出了以农业为基础，以工业为主导，以农轻重为序发展国民经济的总方针，以及一整套“两条腿走路”的工业化发展思路。社会主义现代化的战略目标，是要把中国建设成为一个具有现代农业、现代工业、现代国防和现代科学技术的强国。为了实现这个目标，三届全国人大一次会议提出“两步走”的发展战略，第一步建成一个独立的比较完整的工业体系和国民经济体系，第二步全面实现工业、农业、国防和科学技术现代化，使中国走在世界前列。

走中国工业化道路，必须采取正确的经济建设方针。党的八大提出了既反保守又反冒进、在综合平衡中稳步前进的方针。走中国工业化道路，必须发展科学技术和文化教育。在科学技术方面，党中央提出了“向科学进军”的口号。刘少奇提出实行“两种劳动制度、两种教育制度”，一种是全日制的劳动制度，全日制的教育制度；一种是半日制的劳动制度，半日制的教育制度（即半工半读）。在文化工作方面，党提出了“百花齐放、百家争鸣”这一促进我国社会主义文化繁荣的方针。

走中国工业化道路，必须调整和完善所有制结构。毛泽东、刘少奇、周恩来提出了把资本主义经济作为社会主义经济的补充的思想。朱德提出了要注意发展手工业和农业多种经营的思想。陈云提出了“三个主体，三个补充”的设想，即在工商业经营方面，国家经济和集体经济是工商业的主体，一定数量的个体经济是国家经济和集体经济的补充；在生产计划方面，计划生产是工农业生产的主体，按照市场变化在国家计划许可范围内的自由生产是计划生产的补充；在社会主义的统一市场里，国家市场是它的主体，一定范围内的国家领导的自由市场是国家市场的补充。

走中国工业化道路，必须积极探索适合我国情况的经济体制和运行机制。毛泽东提出了发展商品生产、利用价值规律的思想，认为商品生产在社会主义条件下，还是一个不可缺少的、有利的工具，要有计划地大大地发展社会主义的商品生产。刘少奇提出了使社会主义经济既有计划性又有多样性和灵活性的主张，以及按经济办法管理经济的思想。陈云提出了要建立“适合于我国情况和人民需要的社会主义的市场”的思想。此外，毛泽东还主张企业要建立合理的规章制度和严格的责任制，要实行民主管理，实行干部参加劳动，工人参加管理，改革不合理的规章制度，工人群众、领导干部和技术人员三结合，即“两参一改三结合”。邓小平提出了关于整顿工业企业，改善和加强企业管理，实行职工代表大会制等思想。

第二节　初步探索的意义和经验教训

初步探索的意义：第一，巩固和发展了我国的社会主义制度。第二，为开创中国特色社会主义提供了宝贵经验、理论准备、物质基础。第三，丰富了科学社会主义的理论和实践。

初步探索的经验教训：第一，必须把马克思主义与中国实际相结合，探索符合中国特点的社会主义建设道路。第二，必须正确认识社会主义社会的主要矛盾和根本任务，集中力量发展生产力。第三，必须从实际出发进行社会主义建设，建设规模和速度要和国力相适应，不能急于求成。第四，必须发展社会主义民主，健全社会主义法制。第五，必须坚持党的民主集中制和集体领导制度，加强执政党建设。第六，必须坚持对外开放，借鉴和吸收人类文明成果建设社会主义，不能关起门来搞建设。

社会主义建设道路初步探索的正反两方面经验，为今天坚持和发展中国特色社会主义提供了重要借鉴。我们党领导人民进行社会主义建设，有改革开放前和改革开放后两个历史时期，这是两个相互联系又有重大区别的时期，但本质上都是我们党领导人民进行社会主义建设的实践探索。中国特色社会主义是在改革开放历史新时期开创的，但也是在新中国已经建立起社会主义基本制度、并进行了20多年建设的基础上开创的。改革开放前的社会主义实践探索为改革开放后的社会主义实践探索积累了经验并准备了条件，改革开放后的社会主义实践探索是对前一个时期探索的坚持、改革、发展。对改革开放前的社会主义实践探索，要坚持实事求是的思想路线，分清主流和支流，坚持真理，修正错误，发扬经验，吸取教训，在这个基础上把党和人民事业继续推向前进。

第十章　邓小平理论

在改革开放新时期，邓小平同志成为党的第二代中央领导集体的核心，为开创中国特色社会主义作出了历史性贡献。“文化大革命”结束，“中国向何处去”又成为摆在中国人民面前头等重要的问题。邓小平同志以他的远见卓识、丰富政治经验、高超领导艺术，强调实事求是是毛泽东思想的精髓，旗帜鲜明反对“两个凡是”的错误观点，支持和领导开展真理标准问题的讨论，推动进行各方面的拨乱反正。在邓小平同志指导下，1978年12月召开的党的十一届三中全会，重新确立了解放思想、实事求是的思想路线，停止使用“以阶级斗争为纲”的错误提法，确定把全党工作的着重点转移到社会主义现代化建设上来，作出实行改革开放的重大决策，实现了党的历史上具有深远意义的伟大转折。

第一节　邓小平理论的形成

邓小平理论是在和平与发展成为时代主题的历史条件下，在总结我国社会主义胜利和挫折的历史经验并借鉴其他社会主义国家兴衰成败历史经验的基础上，在我国改革开放和现代化建设的实践中，逐步形成和发展起来的。

1978年12月召开的党的十一届三中全会，重新确立了解放思想、实事求是的思想路线，停止使用“以阶级斗争为纲”的错误提法，确定把全党工作的着重点转移到社会主义现代化建设上来，作出实行改革开放的重大决策，实现了党的历史上具有深远意义的伟大转折。1982年邓小平在党的十二大开幕词中明确指出：“把马克思主义的普遍真理同我国的具体实际结合起来，走自己的道路，建设有中国特色的社会主义，这就是我们总结长期历史经验得出的基本结论。”从此，“中国特色社会主义”成为我们党的全部理论和实践创新的主题。这一重大命题的提出具有里程碑意义，是中国共产党人对科学社会主义发展的开创性贡献。

从党的十二大到十三大，伴随着我国改革开放和现代化建设实践的全面开展和深入发展，邓小平围绕着“什么是社会主义、怎样建设社会主义”这个基本的理论问题和实践问题进行深层次思考，提出了关于社会主义的许多重要的科学论断。1984年党的十二届三中全会作出的《关于经济体制改革的决定》中，提出了社会主义经济是公有制基础上的有计划的商品经济。此后，从农村改革到城市改革，由经济体制改革到各方面体制改革，展开了波澜壮阔的历史进程，形成了一系列新的方针政策以及与此相对应的理论观点。

1987年召开的党的十三大，第一次比较系统地论述了我国社会主义初级阶段理论，明确概括和全面阐发了党的“一个中心、两个基本点”的基本路线，从马克思主义哲学、政治经济学和科学社会主义等方面，第一次对中国特色社会主义理论的主要内容作了系统概括，也标志着邓小平理论轮廓的形成。

1992年邓小平南方谈话针对人们思想中普遍存在的疑虑，重申了深化改革、加速发展的必要性和重要性，并从中国实际出发，站在时代的高度，深刻地总结了十多年改革开放的经验教训，在一系列重大的理论和实践问题上，提出了一系列重要论断。南方谈话是邓小平理论的集大成之作，从理论上深刻地回答了当时困扰和束缚人们思想的一系列重大问题，推动改革开放和社会主义现代化建设进入新阶段，邓小平理论也逐步走向成熟。

1992年召开的党的十四大系统总结了改革开放十四年以来取得的巨大成就，明确指出，邓小平同志是我国社会主义改革开放和现代化建设的总设计师。他尊重实践，尊重群众，善于概括群众的经验和创造，敏锐地把握时代发展的脉搏和契机，既继承前人又突破陈规，表现出了开辟社会主义建设新道路的巨大政治勇气和开拓马克思主义新境界的巨大理论勇气，对建设有中国特色的社会主义理论的创立做出了历史性的重大贡献。

1997年召开的党的十五大正式提出“邓小平理论”这一概念，并指出，作为毛泽东思想的继承和发展的邓小平理论，是指导中国人民在改革开放中胜利实现社会主义现代化的正确理论。并把邓小平理论同马克思列宁主义、毛泽东思想一起，确立为党的指导思想并写入党章。1999年的宪法修正案正式将邓小平理论载入宪法。

第二节　邓小平理论的基本问题和主要内容

一、邓小平理论回答的基本问题

什么是社会主义、怎样建设社会主义，是邓小平在领导改革开放和现代化建设这一新的革命过程中，不断提出和反复思考的首要的基本的理论问题。搞清楚什么是社会主义、怎样建设社会主义，关键是要在坚持社会主义基本制度的基础上进一步认清社会主义的本质。1992年初，邓小平在南方谈话中对社会主义本质作了总结性理论概括："社会主义的本质，是解放生产力，发展生产力，消灭剥削，消除两极分化，最终达到共同富裕。"

这一科学概括，既包括了社会主义社会的生产力问题，又包括了以社会主义生产关系为基础的社会关系问题，是一个有机的整体。它突出地强调"解放生产力，发展生产力"，纠正了过去忽视生产力发展的错误观念，明确了社会主义基本制度建立后还要通过改革进一步解放生产力。突出地强调"消灭剥削，消除两极分化，最终达到共同富裕"，阐明了社会主义社会的发展目标以及实现这个目标必须以解放和发展生产力为基础，指出了我们发展生产力与剥削阶级统治的社会发展生产力的目的根本不同。

这一科学概括，为我们坚持公有制和完善发展公有制指出了明确的方向。邓小平说："在改革中，我们始终坚持两条根本原则，一是以社会主义公有制经济为主体，一是共同富裕。"

二、邓小平理论的主要内容

1.解放思想、实事求是的思想路线

1978年党的十一届三中全会召开前夕，在中央工作会议上邓小平发表《解放思想，实事求是，团结一致向前看》的讲话，明确指出："一个党，一个国家，一个民族，如果一切从本本出发，思想僵化，迷信盛行，那它就不能前进，它的生机就停止了，就要亡党亡国。"十一届三中全会果断作出了把党和国家工作重点转移到社会主义现代化建设上来的战略决策，提出了一系列有利于增强党的团结和调动一切积极因素的方针政策，标志着党重新确立了马克思主义的思想路线。

解放思想、实事求是的思想路线，体现了辩证唯物主义和历史唯物主义的世界观方法论，体现了革命胆略和科学精神的统一，是邓小平理论的活的灵魂，是邓小平理论的精髓。

2.社会主义初级阶段理论

我国处在社会主义初级阶段，是邓小平和我们党对当代中国基本国情的科学判断。我们讲解放思想、实事求是，从实际出发建设社会主义，最大的“实际”就是中国的基本国情。

十三大前夕，邓小平指出：“我们党的十三大要阐述中国社会主义是处在一个什么阶段，就是处在初级阶段，是初级阶段的社会主义。社会主义本身是共产主义的初级阶段，而我们中国又处在社会主义的初级阶段，就是不发达的阶段。一切都要从这个实际出发，根据这个实际来制订规划。”

党的十三大系统地论述了社会主义初级阶段理论。明确指出，社会主义初级阶段，就是指我国在生产力落后、商品经济不发达条件下建设社会主义必然要经历的特定阶段，即从我国进入社会主义到基本实现社会主义现代化的整个历史阶段。社会主义初级阶段至少需要上百年时间。社会主义初级阶段的论断包括两层含义：第一，我国已经进入社会主义社会，必须坚持而不能离开社会主义；第二，我国的社会主义社会还处在不发达的阶段，必须正视而不能超越初级阶段。党的十五大进一步阐述了社会主义初级阶段的基本特征。

3.党的基本路线

党的十三大报告提出了党在社会主义初级阶段的基本路线：领导和团结全国各族人民，以经济建设为中心，坚持四项基本原则，坚持改革开放，自力更生，艰苦创业，为把我国建设成为富强、民主、文明的社会主义现代化国家而奋斗。

第一，建设“富强、民主、文明的社会主义现代化国家”，这是基本路线规定的党在社会主义初级阶段的奋斗目标。

第二，“一个中心、两个基本点，这是基本路线最主要的内容，是实现社会主义现代化奋斗目标的基本途径。“以经济建设为中心”，回答了社会主义的根本任务问题，体现了发展生产力的本质要求；“坚持四项基本原则”，回答了解放和发展生产力的政治保证问题，体现了社会主义基本制度的要求；“坚持改革开放”，回答了社会主义的发展动力和外部条件问题，体现了解放生产力的本质要求。

第三，“领导和团结全国各族人民”，这是实现社会主义现代化奋斗目标的领导力量和依靠力量。

第四，“自力更生，艰苦创业”，这是我们党的优良传统，也是实现社会主义初级阶段奋斗目标的根本立足点。

以经济建设为中心是兴国之要，是党和国家兴旺发达、长治久安的根本要求。四项基本原则是立国之本，改革开放是强国之路，党的基本路线是党和国家的生命线、人民的幸福线。党的十九大提出“为把我国建设成为富强民主文明和谐美丽的社会主义现代化强国而奋斗”，不仅将“美丽”纳入了基本路线，而且将“现代化国家”提升为“现代化强国”，扩展了党的基本路线的内涵，提升了社会主义初级阶段的奋斗目标。

4.社会主义根本任务的理论和“三步走”战略

生产力是社会发展的最根本的决定性因素，社会主义的根本任务是发展生产力，科学技术是第一生产力。

党的十三大把邓小平“三步走”的发展战略构想确定下来，明确提出：第一步，从1981年到1990年实现国民生产总值比1980年翻一番，解决人民的温饱问题；第二步，从1991年到20世纪末，使国民生产总值再翻一番，达到小康水平；第三步，到21世纪中叶，国民生产总值再翻两番，达到中等发达国家水平，基本实现现代化。

为了顺利实现现代化发展战略，邓小平还提出允许和鼓励一部分地区、一部分人先富起来逐步达到共同富裕的思想。沿海一些地区要走在全国的前面，率先实现现代化，以更好地带动全国的现代化。内地要根据自己的条件加快建设，国家要尽力支持内地的发展，沿海要注意带动和帮助内地的发展。对于在一部分人先富起来的过程中出现的某些社会成员之间收入差距过分悬殊的问题，要认真解决。合法的较高收入应予允许和保护，并依法加以必要的调节；非法的，必须坚决有效地依法处理。要承认不平衡，同时要从不平衡逐步达到相对的平衡，逐步实现共同富裕。

5.改革开放理论

新时期最鲜明的特点是改革开放。改革是中国的第二次革命。中国共产党领导的第一次革命，把一个半殖民地半封建的旧中国变成了一个社会主义新中国；中国共产党领导的第二次革命，将把一个经济文化比较落后的社会主义中国变成一个现代化的社会主义国家。改革作为一次新的革命，不是也不允许否定和抛弃我们建立起来的社会主义基本制度，它是社会主义制度的自我完善和发展。改革不是一个阶级推翻另一个阶级那种原来意义上的革命，也不是原有经济体制的细枝末节的修补，而是对体制的根本性变革。

改革是社会主义社会发展的直接动力。社会主义社会的基本矛盾仍然是生产关系和生产力、上层建筑和经济基础之间的矛盾，正是这些矛盾推动了社会主义社会的发展。改革是一项崭新的事业，是一个大试验。改革中难免遇到这样那样的风险，胆子要大，步子要稳。在改革的进程中，不能因循守旧，四平八稳，不能不顾条件，急于求成。判断改革和各方面工作的是非得失，归根到底，要以是否有利于发展社会主义社会的生产力，是否有利于增强社会主义国家的综合国力，是否有利于提高人民的生活水平为标准。

开放也是改革，对外开放是建设中国特色社会主义的一项基本国策。关起门来搞建设是不行的，把自己孤立于世界之外是不利的。只有坚持实行对外开放，积极参与国际经济竞争和合作，发挥自己的比较优势，使国内经济与国际经济实现必要的互接互补，加上我们自己的艰苦奋斗、自力更生、不断创新，才能赶上时代，赶上当代世界的科技和经济发展。

对外开放，包括对发达国家的开放，也包括对发展中国家的开放，是对世界所有国家的开放。它不仅是经济领域的开放，还包括科技、教育、文化等领域的开放。实行对外开放要正确对待资本主义社会创造的现代文明成果，高度珍惜并坚决维护中国人民经过长期奋斗得来的独立自主权利。邓小平指出："中国的事情要按照中国的情况来办，要依靠中国人自己的力量来办。独立自主，自力更生，无论过去、现在和将来，都是我们的立足点。""任何外国不要指望中国做他们的附庸，不要指望中国会吞下损害我国利益的苦果。"

6. 社会主义市场经济理论

改革开放开始后的一个很长时期内，我国经济体制改革的核心问题是如何正确认识和处理计划与市场的关系。传统观念认为，计划经济是社会主义的基本特征，市场经济是资本主义特有的东西。改革开放以来，农村家庭联产承包责任制的推行，乡镇企业的兴起，农村富余劳动力的转移，加速了农村经济市场化的进程。随着企业自主权的逐步扩大和经营机制的逐步转换，多种经济成分参与的流通体制的逐步形成，初步显示了市场的作用和活力。事实说明，市场作用发挥比较充分的地方，经济活力就比较强，发展态势也比较好。

十二届三中全会通过的《中共中央关于经济体制改革的决定》提出了社会主义经济是“公有制基础上有计划的商品经济”的论断。邓小平高度评价这个决定是马克思主义基本原理和中国社会主义实践相结合的政治经济学。在南方谈话中，邓小平明确提出：“计划经济不等于社会主义，资本主义也有计划；市场经济不等于资本主义，社会主义也有市场。”邓小平的这一系列重要论断，从根本上解除了把计划经济和市场经济看作属于社会基本制度范畴的思想束缚。党的十四大根据改革开放实践发展的要求和邓小平关于社会主义也可以搞市场经济的思想，特别是南方谈话的精神，确定了建立社会主义市场经济体制的改革目标。

建立社会主义市场经济体制是我们党的一个伟大创举，是我国经济体制改革在实践和理论上的重大突破。社会主义市场经济理论的要点有：一是计划经济和市场经济不是划分社会制度的标志，计划经济不等于社会主义，市场经济也不等于资本主义；二是计划和市场都是经济手段，对经济活动的调节各有优势和长处，社会主义实行市场经济要把两者结合起来；三是市场经济作为资源配置的一种方式本身不具有制度属性，可以和不同的社会制度结合，从而表现出不同的性质。坚持社会主义制度与市场经济的结合，是社会主义市场经济的特色所在、优势所在。

7. “两手抓，两手都要硬”

社会主义精神文明是社会主义社会的重要特征。物质文明和精神文明都搞好，才是中国特色的社会主义。一手抓物质文明，一手抓精神文明，“两手抓，两手都要硬”，这是我国社会主义现代化建设的一个根本方针。“经济建设这一手我们搞得相当有成绩，形势喜人，这是我们国家的成功。但风气如果坏下去，经济搞成功又有什么意义？会在另一方面变质，反过来影响整个经济变质，发展下去会形成贪污、盗窃、贿赂横行的世界”。邓小平指出，必须坚决抵制外来腐朽思想的侵蚀。越是集中力量发展经济，越是加快改革开放的步伐，就越需要社会主义精神文明提供强大的精神动力和智力支持，以保证物质文明建设的顺利进行。

党的十二届六中全会根据邓小平关于加强精神文明建设的思想，提出以经济建设为中心，坚定不移地进行经济体制改革，坚定不移地进行政治体制改革，坚定不移地加强精神文明建设，并且使这几个方面互相配合，互相促进，初步形成了我国社会主义现代化建设的总体布局。

与物质文明、精神文明两手都要抓类似的，还有“一手抓建设，一手抓法制”“一手抓改革开放，一手抓惩治腐败”等。发展社会主义民主，健全社会主义法制，是十一届三中全会以来我们党坚定不移的基本方针。邓小平在《解放思想，实事求是，团结一致向前看》中强调：“必须使民主制度化、法律化，使这种制度和法律不因领导人的改变而改变，不因领导人的看法和注意力的改变而改变。”

8.“一国两制”

面对港澳台地区尚未统一的问题，邓小平指出，实行“一个国家，两种制度”。“和平统一、一国两制”构想的基本内容主要有：坚持一个中国，这是核心，是发展两岸关系和实现和平统一的基础；两制并存，在祖国统一的前提下，国家的主体部分实行社会主义制度，同时在台湾、香港、澳门保持原有的社会制度和生活方式长期不变；高度自治，祖国完全统一后，台湾、香港、澳门作为特别行政区，享有不同于中国其他省、市、自治区的高度自治权，台湾、香港、澳门同胞各种合法权益将得到切实尊重和维护；尽最大努力争取和平统一，但不承诺放弃使用武力；解决台湾问题，实现祖国完全统一，寄希望于台湾人民。

9.中国问题的关键在于党

建设中国特色社会主义，关键在于坚持、加强和改善党的领导。加强党的建设，是我们党领导人民取得革命和建设胜利的一个法宝。要加强党的思想建设、组织建设、作风建设。领导干部，要重视马克思主义的理论学习，从而加强工作中的原则性、系统性、预见性和创造性。要坚持和健全民主集中制、加强和改进党的基层组织建设。执政党的党风是关系党生死存亡的重大问题。一定要坚持党的宗旨,继承党的优良传统,发扬党的理论和实践相结合的作风、和人民群众紧密地联系在一起的作风以及自我批评的作风。党章是最根本的党规党法,各级党组织和每个党员都要按党章办事。把党内监督同群众监督、舆论监督、民主党派和无党派人士的监督结合起来,把自上而下和自下而上的监督结合起来,逐步形成强有力的监督体系等。

第三节　邓小平理论的历史地位

第一,是马克思列宁主义基本原理与当代中国实际和时代特征相结合的产物,是马克思列宁主义、毛泽东思想的继承和发展,是全党全国人民集体智慧的结晶。邓小平是我国改革开放和社会主义现代化建设的总设计师,对邓小平理论的创立作出了历史性的重大贡献。

邓小平理论坚持解放思想、实事求是,在新的实践基础上继承前人又突破陈规,开拓了马克思主义的新境界。实事求是是马克思列宁主义的精髓,是毛泽东思想的精髓,也是邓小平理论的精髓。

第二,是中国特色社会主义理论体系的开篇之作。邓小平作为中国特色社会主义理论的创立者,紧紧抓住"什么是社会主义、怎样建设社会主义"这个基本问题,响亮提出"走自己的道路,建设有中国特色的社会主义"的伟大号召,从此中国特色社会主义成为我们党全部理论和实践一以贯之的主题。

第三,是改革开放和社会主义现代化建设的科学指南。邓小平理论是邓小平留给我们的最重要的思想遗产。邓小平理论经过改革开放和现代化建设实践的检验,已经被证明是指导中国人民建设中国特色社会主义、保证中国在改革开放中实现国家繁荣富强和人民共同富裕的系统的科学理论。邓小平理论是中国共产党和中国人民宝贵的精神财富,是改革开放和社会主义现代化建设的科学指南,是党和国家必须长期坚持的指导思想。

第十一章 “三个代表”重要思想

20世纪80年代末90年代初，国内发生严重政治风波，国际上东欧剧变、苏联解体，世界社会主义出现严重曲折，我国社会主义事业的发展面临空前巨大的困难和压力，我们党和国家处在决定前途命运的重大历史关头。以江泽民为主要代表的中国共产党人，科学判断形势，全面把握大局，进行艰辛探索，从容应对困难和风险，全面推进社会主义现代化建设，开创了中国特色社会主义事业新局面。

第一节 “三个代表”重要思想的形成

“三个代表”重要思想是在对冷战结束后国际局势科学判断的基础上形成的；是在科学判断党的历史方位和总结历史经验的基础上提出来的；是在建设中国特色社会主义伟大实践的基础上形成的。

2000年2月25日，江泽民在广东考察工作时，从全面总结党的历史经验和如何适应新形势新任务的要求出发，首次对“三个代表”进行了比较全面的阐述。2000年6月9日，江泽民在全国党校工作会议上第一次指出，“三个代表”重要思想所要回答和解决的正是“建设什么样的党、怎样建设党”的重大问题。6月28日，江泽民在中央思想政治工作会议上，提出了如何认识社会主义发展的历史进程，如何认识资本主义发展的历史进程，如何认识我国社会主义改革实践过程对人们思想的影响，如何认识当今的国际环境和国际政治斗争带来的影响。这“四个如何认识”实际上深刻揭示了“三个代表”重要思想产生的历史起点和逻辑起点，反映了“三个代表”重要思想提出的时代背景和发展的现实依据。

2001年7月1日，江泽民在庆祝中国共产党成立80周年大会上的讲话中全面阐述了“三个代表”重要思想的科学内涵和基本内容。党的十六大将“三个代表”重要思想与马克思列宁主义、毛泽东思想和邓小平理论一道确立为党必须长期坚持的指导思想，并写入党章。

第二节 “三个代表”重要思想的核心观点和主要内容

“中国共产党必须始终代表中国先进生产力的发展要求，代表中国先进文化的前进方向，代表中国最广大人民的根本利益。”这是对“三个代表”重要思想的集中概括。始终代表中国先进生产力的发展要求，大力促进先进生产力的发展，是我们党站在时代前列，保持先进性的根本体现和根本要求。人是生产力中最活跃的因素，树立人才资源是第一资源的思想，实施人才战略，加强人才队伍建设，为改革开放和现代化建设提供强大的人才保证。科学技术是第一生产力，是先进生产力的集中体现和主要标志。科技进步和创新是发展生产力的决定因素。

大力发展社会主义先进文化，必须牢牢把握先进文化的前进方向，建设社会主义精神文明，发展面向现代化、面向世界、面向未来的，民族的科学的大众的社会主义文化。以科学的理论武装人，以正确的舆论引导人，以高尚的精神塑造人，以优秀的作品鼓舞人。弘扬以爱国主义为核心的团结统一、爱好和平、勤劳勇敢、自强不息的伟大民族精神。以为人民服务为核心、以集体主义为原则、以诚实守信为重点，加强社会公德、职业道德和家庭美德教育。

人民是我们国家的主人，是决定我国前途和命运的根本力量，是历史的真正创造者。我们全部工作的出发点和落脚点，就是不断实现好维护好发展好最广大人民的根本利益。人心向背，是决定一个政党、一个政权兴亡的根本性因素。我们党作为执政党，必须高度关注人心向背问题。从根本上说，政治问题主要是对人民群众的态度问题、同人民群众的关系问题。一切为了群众，一切相信群众，一切依靠群众，我们党就能获得取之不尽的力量源泉。

党要承担起推动中国社会进步的历史责任，必须始终紧紧抓住发展这个执政兴国的第一要务，建立社会主义市场经济体制，全面建设小康社会，建设社会主义政治文明，推进党的建设新的伟大工程，从新的实际出发，以改革的精神研究和解决党的建设面临的重大理论和现实问题，使党始终保持先进性和纯洁性，充满创造力、凝聚力和战斗力，推进党的建设新的伟大工程。坚持党在建设中国特色社会主义事业中的领导核心地位，发挥党总揽全局、协调各方的作用。加强党的执政能力建设，不断提高科学判断形势的能力、驾驭市场经济的能力、应对复杂局面的能力、依法执政的能力、总揽全局的能力。

总之，"三个代表"重要思想在邓小平理论的基础上，进一步回答了什么是社会主义、怎样建设社会主义的问题，创造性地回答了建设什么样的党、怎样建设党的问题，集中起来就是深化了对中国特色社会主义的认识。"三个代表"重要思想反映了当代世界和中国的发展变化对党和国家工作的新要求，是加强和改进党的建设、推进我国社会主义自我完善和发展的强大理论武器，是党和国家必须长期坚持的指导思想。

第十二章　科学发展观

科学发展观是我们党坚持以马克思列宁主义、毛泽东思想、邓小平理论和“三个代表”重要思想为指导，在准确把握世界发展趋势、认真总结我国发展经验、深入分析我国发展阶段性特征的基础上提出来的。

第一节　科学发展观的形成

科学发展观是在深刻把握我国基本国情和新的阶段性特征的基础上形成和发展的；是在深入总结改革开放以来特别是党的十六大以来实践经验的基础上形成和发展的；是在深刻分析国际形势、顺应世界发展趋势、借鉴国外发展经验的基础上形成和发展的。

2003年10月，党的十六届三中全会通过的《中共中央关于完善社会主义市场经济体制若干问题的决定》指出：“坚持以人为本，树立全面、协调、可持续的发展观，促进经济社会和人的全面发展。”胡锦涛在此次会议上明确指出：“树立和落实全面发展、协调发展、可持续发展的科学发展观，对于我们更好坚持发展才是硬道理的战略思想具有重大意义。树立和落实科学发展观，这是二十多年改革开放实践的经验总结，是战胜非典疫情给我们的重要启示，也是推进全面建设小康社会的迫切要求。”这是我们党的文件中第一次提出科学发展观。2004年3月，胡锦涛在中央人口资源环境座谈会上发表重要讲话，深刻阐明了科学发展观提出的背景、意义，明确界定了“以人为本”“全面发展”“协调发展”“可持续发展”的深刻内涵和基本要求，并对如何树立和落实科学发展观提出了明确的要求，标志着科学发展观的形成。

以党的十七大为标志，科学发展观进一步走向成熟。2007年，党的十七大对科学发展观的理论定位、理论依据、理论内涵作了全面阐述。把科学发展观与邓小平理论、“三个代表”重要思想一道作为中国特色社会主义理论体系的重要组成部分，并把科学发展观与马克思列宁主义、毛泽东思想、邓小平理论和“三个代表”重要思想一道写入党章，成为党必须长期坚持的指导思想

2012年，十八大进一步强调：“科学发展观是马克思主义同当代中国实际和时代特征相结合的产物，是马克思主义关于发展的世界观和方法论的集中体现，对新形势下实现什么样的发展、怎样发展等重大问题作出了新的科学回答，把我们对中国特色社会主义规律的认识提高到新的水平，开辟了当代中国马克思主义发展新境界。科学发展观是中国特色社会主义理论体系最新成果，是中国共产党集体智慧的结晶，是指导党和国家全部工作的强大思想武器。科学发展观同马克思列宁主义、毛泽东思想、邓小平理论、‘三个代表’重要思想一道，是党必须长期坚持的指导思想。”

第二节　科学发展观的主要内容

推动经济社会发展是科学发展观的第一要义。发展是解决中国一切问题的“总钥匙”，在当代中国，坚持发展是硬道理的本质要求就是坚持科学发展。坚持科学发展，必须加快转变经济发展方式。促进经济增长由主要依靠投资、出口拉动向依靠消费、投资、出口协调拉动转变，由主要依靠第二产业带动向依靠第一、第二、第三产业协同带动转变，由主要依靠增加物质资源消耗向主要依靠科技进步、劳动者素质提高、管理创新转变，不断提高发展的全面性、协调性、可持续性。

以人为本是科学发展观的核心立场。以人为本是科学发展观的核心立场，集中体现了马克思主义历史唯物论的基本原理，体现了我们党全心全意为人民服务的根本宗旨和推动经济社会发展的根本目的。每一个共产党员都要把人民放在心中最高位置，尊重人民主体地位，尊重人民首创精神，拜人民为师，把政治智慧的增长、执政本领的增强深深扎根于人民的创造性实践之中。

全面协调可持续是科学发展观的基本要求，统筹兼顾是科学发展观的根本方法。要统筹城乡发展、区域发展、经济社会发展、人与自然和谐发展、

国内发展和对外开放，要统筹中央和地方关系，统筹个人利益和集体利益、局部利益和整体利益、当前利益和长远利益，统筹国内国际两个大局。

此外，科学发展观的主要内容还包括全面深化经济体制改革是加快转变经济发展方式的关键；实施创新驱动发展战略，是转变经济发展方式的重大战略决策；推动经济结构战略性调整，是提升国民经济整体素质、赢得国际经济竞争主动权的根本途径，是加快转变经济发展方式的主攻方向；推动城乡发展一体化，是解决“三农”问题的根本途径。

人民民主是社会主义的生命，社会主义民主政治的本质和核心是人民当家作主。

社会主义协商民主是中国共产党和中国人民在社会主义民主形式方面的伟大创造，是对马克思主义民主理论的丰富和发展，充分体现了社会主义民主的真实性、广泛性、包容性。要树立高度的文化自觉和文化自信，兴起社会主义文化建设新高潮，提高国家文化软实力。社会主义核心价值体系是兴国之魂，决定着中国特色社会主义发展方向。

社会和谐是中国特色社会主义的本质属性。建设生态文明，实质上就是要建设以资源环境承载力为基础、以自然规律为准则、以可持续发展为目标的资源节约型、环境友好型社会。要坚持节约资源和保护环境的基本国策，坚持节约优先、保护优先、自然恢复为主的方针，着力推进绿色发展、循环发展、低碳发展，形成节约资源和保护环境的空间格局。

新形势下全面提高党的建设科学化水平的总要求是：要增强紧迫感和责任感，牢牢把握加强党的执政能力建设、先进性和纯洁性建设这条主线，坚持解放思想、改革创新，坚持党要管党、从严治党，全面加强党的思想建设、组织建设、作风建设、反腐倡廉建设、制度建设，增强自我净化、自我完善、自我革新、自我提高能力，建设学习型、服务型、创新型的马克思主义执政党，确保党始终成为中国特色社会主义事业的坚强领导核心等。

科学发展观是中国特色社会主义理论体系的接续发展，科学发展观最鲜明的精神实质是解放思想、实事求是、与时俱进、求真务实，是发展中国特色社会主义必须长期坚持的指导思想。

第十三章　习近平新时代中国特色社会主义思想及其历史地位

在新时代，中国共产党人把马克思主义基本原理同新时代中国具体实际结合起来，团结带领人民进行伟大斗争、建设伟大工程、推进伟大事业、实现伟大梦想，推动党和国家事业取得全方位、开创性历史成就，发生深层次、根本性历史变革，中华民族迎来了从富起来到强起来的伟大飞跃。这一伟大飞跃以铁一般的事实证明，只有坚持和发展中国特色社会主义才能实现中华民族伟大复兴。

第一节　中国特色社会主义进入新时代

一、历史性成就和历史性变革

党的十八大以来，以习近平同志为核心的党中央以巨大的政治勇气和强烈的责任担当，提出一系列新理念新思想新战略，出台一系列重大方针政策，推出一系列重大举措，推进一系列重大工作，解决了许多长期想解决而没有解决的难题，办成了许多过去想办而没有办成的大事，推动党和国家事业取得了全方位的、开创性的历史性成就，发生了深层次的、根本性的历史性变革。主要表现在以下方面：

第一，经济建设取得重大成就。经济保持中高速增长，综合国力和国际影响力显著提升，经济总量稳居世界第二位，对世界经济增长贡献率超过30%。经济结构不断优化，推动经济迈向更高发展水平。第二，全面深化改革取得重大突破，全面深化改革的主体框架基本确立。第三，民主法治建设迈出重大步伐。中国特色社会主义法治理论实现新飞跃，中国特色社会主义法治体系日益完善。第四，思想文化建设取得重大进展。第五，人民生活不断改善。第六,生态文明建设成效显著。引导应对气候变化国际合作,成为全球生态文明建设的重要参与者、贡献者、引领者。第七,强军兴军开创新局面。着眼于实现中国梦强军梦,制定新形势下军事战略方针,全力推进国防和军队现代化。召开古田全军政治工作会议,恢复和发扬我党我军光荣传统和优良作风。第八,港澳台工作取得新进展。第九,全方位外交布局深入展开。全面推进中国特色大国外交,形成全方位、多层次、立体化的外交布局,为我国发展营造了良好外部条件。实施共建"一带一路"倡议,倡导构建人类命运共同体,促进全球治理体系变革,为世界和平与发展作出新的重大贡献。第十,全面从严治党成效卓著。增强政治意识、大局意识、核心意识、看齐意识,坚决维护党中央权威和集中统一领导。开展党的群众路线教育实践活动和"三严三实"专题教育,推进"两学一做"学习教育常态化制度化,全党理想信念更加坚定、党性更加坚强。贯彻新时期好干部标准,选人用人状况和风气明显好转。党的建设制度改革深入推进,党内法规制度体系不断完善。出台中央八项规定,严厉整治形式主义、官僚主义、享乐主义和奢靡之风,巡视利剑作用彰显。坚持反腐败无禁区、全覆盖、零容忍,坚定不移"打虎""拍蝇""猎狐",反腐败斗争压倒性态势已经形成并巩固发展。

二、社会主要矛盾的变化

对社会主要矛盾的科学判断,是制定党的路线方针政策的基本依据。党对我国社会主要矛盾的认识根据社会发展变化而不断调整和深化。1956年社会主义改造基本完成后,党的八大指出:"我们国内的主要矛盾,已经是人民对于建立先进的工业国的要求同落后的农业国的现实之间的矛盾,已经是人民对于经济文化迅速发展的需要同当前经济文化不能满足人民需要的状况之间的矛盾。"然而,由于各种主客观原因,党的八大关于社会主要矛盾的正确认识,未能很好地坚持下去。1978年十一届三中全会决定把党和国家的工作重点转移到社会主义现代化建设上来。1981年十一届六中全会通过的《历史决议》对我国社会主要矛盾作了科学表述:"在社会主义改造基本完成以后,我国所要解决的主要矛盾,是人民日益增长的物质文化需要同落后的社会生产之间的矛盾。"

党的十九大明确指出,我国社会主要矛盾已经转化为人民日益增长的

美好生活需要和不平衡不充分的发展之间的矛盾。主要依据有以下三个方面:

一是经过改革开放40年的发展,我国社会生产力水平总体上显著提高,很多方面进入世界前列。这说明,我国进入社会主义初级阶段以来的"落后的社会生产"已经发生了新的阶段性变化。二是人民生活水平显著提高,对美好生活的向往更加强烈,不仅对物质文化生活提出了更高要求,而且在民主、法治、公平、正义、安全、环境等方面的要求日益增长。这说明,人民群众对于日益增长的"物质文化需要"层次更高、内容范围更广,出现了阶段性的新特征。三是影响满足人们美好生活需要的因素很多,但主要是发展的不平衡不充分问题。发展不平衡,主要指各区域各领域各方面发展不平衡,制约了全国发展水平提升,是当前和今后一个时期制约我国发展和满足人民日益增长的美好生活需要的主要根源。

我国社会主要矛盾的变化是关系全局的历史性变化,对党和国家工作提出了许多新要求。我国社会主要矛盾的变化,没有改变我们对我国社会主义所处历史阶段的判断,我国仍处于并将长期处于社会主义初级阶段的基本国情没有变,我国是世界最大发展中国家的国际地位没有变。实现建成富强民主文明和谐美丽的社会主义现代化强国目标,还有很长的路要走。我们要牢牢把握社会主义初级阶段这个基本国情,牢牢立足社会主义初级阶段这个最大实际,牢牢坚持党在社会主义初级阶段的基本路线。

三、新时代的内涵和意义

经过长期努力,中国特色社会主义进入了新时代,这是我国发展新的历史方位。作出这个重大政治判断,是改革开放以来特别是党的十八大以来我国社会所取得的历史性成就和发生的历史性变革的必然结果,是我国社会主要矛盾运动的必然结果,也是党团结带领人民开创光明未来的必然要求。这个新时代,是中国特色社会主义新时代,而不是别的什么新时代。

第一,这个新时代是承前启后、继往开来,在新的历史条件下继续夺取中国特色社会主义伟大胜利的时代。第二,这个新时代是决胜全面建成小康社会、进而全面建设社会主义现代化强国的时代。第三,这个新时代是全国各族人民团结奋斗、不断创造美好生活、逐步实现全体人民共同富裕的时代。第四,这个新时代是全体中华儿女勠力同心、奋力实现中华民族伟大复兴中国梦的时代。第五,这个新时代是我国日益走近世界舞台中央、不断为人类作出更大贡献的时代。

中国特色社会主义进入新时代,在中华人民共和国发展史上、中华民族发展史上具有重大意义,在世界社会主义发展史上、人类社会发展史上也具有重大意义。第一,从中华民族复兴的历史进程看,中国特色社会主义进入新时代,意味着近代以来久经磨难的中华民族迎来了从站起来、富起来到强起来的伟大飞跃。第二,从科学社会主义发展进程看,中国特色社会主义进入新时代,意味着科学社会主义在21世纪的中国焕发出强大生机活力。第三,从人类文明进程看,中国特色社会主义进入新时代,意味着中国特色社会主义道路、理论、制度、文化不断发展,拓展了发展中国家走向现代化的途径。

第二节　习近平新时代中国特色社会主义思想的主要内容

一、习近平新时代中国特色社会主义思想的核心要义和丰富内涵

党的十八大以来,以习近平同志为核心的党中央坚持以马克思列宁主义、毛泽东思想、邓小平理论、“三个代表”重要思想、科学发展观为指导,坚持解放思想、实事求是、与时俱进、求真务实,以全新的视野深化对共产党执政规律、社会主义建设规律、人类社会发展规律的认识,创立了习近平新时代中国特色社会主义思想。习近平新时代中国特色社会主义思想是党和人民实践经验和集体智慧的结晶,其主要创立者是习近平。

坚持和发展中国特色社会主义,是改革开放以来我们党全部理论和实践的鲜明主题,也是习近平新时代中国特色社会主义思想的核心要义。历史已经并将继续证明,只有社会主义才能救中国,只有坚持和发展中国特色社会主义才能实现中华民族伟大复兴。党的十八大以来,我们党的全部理论和实践探索都是围绕这个主题来展开、深化和拓展的。对坚持和发展什么样的中国特色社会主义,习近平从理论渊源、历史根据、本质特征、独特优势、强大生命力等多方位多角度作出了深刻回答,强调中国特色社会主义是

既坚持科学社会主义基本原则，又具有鲜明实践特色、理论特色、民族特色、时代特色的社会主义，是中国特色社会主义道路、理论、制度、文化四位一体的社会主义，是统揽伟大斗争、伟大工程、伟大事业、伟大梦想的社会主义，是根植于中国大地、反映中国人民意愿、适应中国和时代发展进步要求的社会主义。

习近平新时代中国特色社会主义思想最重要、最核心的内容就是党的十九大报告概括的“八个明确”。第一，明确坚持和发展中国特色社会主义，总任务是实现社会主义现代化和中华民族伟大复兴，在全面建成小康社会的基础上，分两步走在本世纪中叶建成富强民主文明和谐美丽的社会主义现代化强国。第二，明确新时代我国社会主要矛盾是人民日益增长的美好生活需要和不平衡不充分的发展之间的矛盾，必须坚持以人民为中心的发展思想，不断促进人的全面发展、全体人民共同富裕。第三，明确中国特色社会主义事业总体布局是“五位一体”、战略布局是“四个全面”，强调坚定道路自信、理论自信、制度自信、文化自信。第四，明确全面深化改革总目标是完善和发展中国特色社会主义制度、推进国家治理体系和治理能力现代化。第五，明确全面推进依法治国总目标是建设中国特色社会主义法治体系、建设社会主义法治国家。第六，明确党在新时代的强军目标是建设一支听党指挥、能打胜仗、作风优良的人民军队，把人民军队建设成为世界一流军队。第七，明确中国特色大国外交要推动构建新型国际关系，推动构建人类命运共同体。第八，明确中国特色社会主义最本质的特征是中国共产党领导，中国特色社会主义制度的最大优势是中国共产党领导，党是最高政治领导力量，提出新时代党的建设总要求，突出政治建设在党的建设中的重要地位。这“八个明确”，高度凝练、提纲挈领地点明了习近平新时代中国特色社会主义思想的主要内容。

二、坚持和发展中国特色社会主义的基本方略

习近平新时代中国特色社会主义思想不但明确了新时代坚持和发展什么样的中国特色社会主义，也回答了新时代怎样坚持和发展中国特色社会主义，党的十九大概括为“十四个坚持”，即新时代中国特色社会主义基本方略。

坚持党对一切工作的领导。党政军民学，东西南北中，党是领导一切的。必须增强政治意识、大局意识、核心意识、看齐意识，自觉维护党中央权威和集中统一领导，自觉在思想上政治上行动上同党中央保持高度一致，完善坚持党的领导的体制机制，坚持稳中求进工作总基调，统筹推进“五位一体”总体布局，协调推进“四个全面”战略布局，确保党始终总揽全局、协调各方。

坚持以人民为中心。人民是历史的创造者，是决定党和国家前途命运的根本力量。必须坚持人民主体地位，坚持立党为公、执政为民，践行全心全意为人民服务的根本宗旨，把党的群众路线贯彻到治国理政全部活动之中，把人民对美好生活的向往作为奋斗目标，依靠人民创造历史伟业。

坚持全面深化改革。只有社会主义才能救中国，只有改革开放才能发展中国、发展社会主义、发展马克思主义。必须坚持和完善中国特色社会主义制度，不断推进国家治理体系和治理能力现代化，坚决破除一切不合时宜的思想观念和体制机制弊端，突破利益固化的藩篱，吸收人类文明有益成果，构建系统完备、科学规范、运行有效的制度体系，充分发挥我国社会主义制度优越性。

坚持新发展理念。发展是解决我国一切问题的基础和关键，发展必须是科学发展，必须坚定不移贯彻创新、协调、绿色、开放、共享的发展理念。必须坚持和完善我国社会主义基本经济制度和分配制度，毫不动摇巩固和发展公有制经济，毫不动摇鼓励、支持、引导非公有制经济发展，使市场在资源配置中起决定性作用，更好发挥政府作用，推动新型工业化、信息化、城镇化、农业现代化同步发展，主动参与和推动经济全球化进程，发展更高层次的开放型经济，不断壮大我国经济实力和综合国力。

坚持人民当家作主。坚持党的领导、人民当家作主、依法治国有机统一是社会主义政治发展的必然要求。必须坚持中国特色社会主义政治发展道路，坚持和完善人民代表大会制度、中国共产党领导的多党合作和政治协商制度、民族区域自治制度、基层群众自治制度，巩固和发展最广泛的爱国统一战线，发展社会主义协商民主。

坚持全面依法治国。全面依法治国是中国特色社会主义的本质要求和重要保障。必须把党的领导贯彻落实到依法治国全过程和各方面，坚定不移走中国特色社会主义法治道路，完善以宪法为核心的中国特色社会主义法律体系，建设中国特色社会主义法治体系，建设社会主义法治国家，发展中国特色社会主义法治理论，坚持依法治国、依法执政、依法行政共同推进，坚持法治国家、法治政府、法治社会一体建设，坚持依法治国和以德治国相结合，依法治国和依规治党有机统一，深化司法体制改革，提高全民族法治素养和道德素质。

坚持社会主义核心价值体系。文化自信是一个国家、一个民族发展中更基本、更深沉、更持久的力量。必须坚持马克思主义，牢固树立共产主义远大理想和中国特色社会主义共同理想，培育和践行社会主义核心价值观，不断增强意识形态领域主导权和话语权，推动中华优秀传统文化创造性转化、创新性发展，继承革命文化，发展社会主义先进文化，不忘本来、吸收外来、面向未来，更好构筑中国精神、中国价值、中国力量，为人民提供精神指引。

坚持在发展中保障和改善民生。增进民生福祉是发展的根本目的。必须多谋民生之利、多解民生之忧，在发展中补齐民生短板、促进社会公平正义，在幼有所育、学有所教、劳有所得、病有所医、老有所养、住有所居、弱有所扶上不断取得新进展，深入开展脱贫攻坚，保证全体人民在共建共享发展中有更多获得感，不断促进人的全面发展、全体人民共同富裕。建设平安中国，加强和创新社会治理，维护社会和谐稳定，确保国家长治久安、人民安居乐业。

坚持人与自然和谐共生。建设生态文明是中华民族永续发展的千年大计。必须树立和践行绿水青山就是金山银山的理念，坚持节约资源和保护环境的基本国策，像对待生命一样对待生态环境，统筹山水林田湖草系统治理，实行最严格的生态环境保护制度，形成绿色发展方式和生活方式，坚定走生产发展、生活富裕、生态良好的文明发展道路。

坚持总体国家安全观。统筹发展和安全，增强忧患意识，做到居安思危，是我们党治国理政的一个重大原则。必须坚持国家利益至上，以人民安全为宗旨，以政治安全为根本，统筹外部安全和内部安全、国土安全和国民安全、传统安全和非传统安全、自身安全和共同安全，完善国家安全制度体系，加强国家安全能力建设。

坚持党对人民军队的绝对领导。建设一支听党指挥、能打胜仗、作风优良的人民军队，是实现“两个一百年”奋斗目标、实现中华民族伟大复兴的战略支撑。

坚持“一国两制”和推进祖国统一。保持香港、澳门长期繁荣稳定，实现祖国完全统一，是实现中华民族伟大复兴的必然要求。

坚持推动构建人类命运共同体。必须统筹国内国际两个大局，始终不渝走和平发展道路、奉行互利共赢的开放战略，坚持正确义利观，树立共同、综合、合作、可持续的新安全观，谋求开放创新、包容互惠的发展前景，促进和而不同、兼收并蓄的文明交流，构筑尊崇自然、绿色发展的生态体系，始终做世界和平的建设者、全球发展的贡献者、国际秩序的维护者。

坚持全面从严治党。勇于自我革命，从严管党治党，是我们党最鲜明的品格。必须以党章为根本遵循，把党的政治建设摆在首位，思想建党和制度治党同向发力，统筹推进党的各项建设，抓住“关键少数”，坚持“三严三实”，坚持民主集中制，严肃党内政治生活，严明党的纪律，强化党内监督，发展积极健康的党内政治文化，全面净化党内政治生态，坚决纠正各种不正之风，以零容忍态度惩治腐败，不断增强党自我净化、自我完善、自我革新、自我提高的能力，始终保持党同人民群众的血肉联系。

新时代中国特色社会主义基本方略，是习近平新时代中国特色社会主义思想的重要组成部分，也是落实习近平新时代中国特色社会主义思想的实践要求。

“八个明确”是指导思想层面的表述，重点讲的是怎么看，回答的是新时代坚持和发展什么样的中国特色社会主义的问题；“十四个坚持”是行动纲领层面的表述，重点讲的是怎么办，回答的是新时代怎样坚持和发展中国特色社会主义的问题。

第三节 习近平新时代中国特色社会主义思想的历史地位

一、马克思主义中国化最新成果

习近平新时代中国特色社会主义思想与马克思列宁主义、毛泽东思想、邓小平理论、“三个代表”重要思想、科学发展观既一脉相承又与时俱进，是马克思主义中国化的新飞跃，是当代中国马克思主义、21世纪马克思主义。

习近平新时代中国特色社会主义思想开辟了马克思主义新境界，习近平新时代中国特色社会主义思想以一系列具有原创性的新思想新观点新论断，在理论上实现了重大突破、重大创新、重大发展，写出了马克思主义新版本，对马克思主义在21世纪的发展作出了重大原创性贡献，以全新视野深化了对共产党执政规律、社会主义建设规律和人类社会发展规律的认识，是当代最现实最鲜活的马克思主义。

习近平新时代中国特色社会主义思想开辟了中国特色社会主义新境界。中国特色社会主义是改革开放以来党的全部理论和实践的主题。以习近平同志为核心的党中央坚持和发展中国特色社会主义一以贯之，续写中国特色社会主义这篇大文章，形成了系统完备、逻辑严密、内在统一的科学体系，把中国特色社会主义和实现社会主义现代化、实现中华民族伟大复兴有机贯通起来，聚焦“从哪里来、到哪里去”的历史追问，系统阐述了民族复兴的深刻内涵、历史方位、实现路径和战略步骤，为实现中华民族伟大复兴的中国梦提供了强大精神力量，标注了正确前进方向。

二、新时代的精神旗帜

旗帜问题至关重要，事关党的正确方向，决定着党的凝聚力、引领力、战斗力，关乎国家前途命运和人民根本利益。新时代新任务新实践需要新思想来指引。习近平新时代中国特色社会主义思想扎根于960多万平方公里的广袤土地，立足于新中国成立以来特别是改革开放40年的伟大实践，聚合了13亿多中国人民的智慧和创造，具有无比深厚的现实基础、十分鲜明的实践特色，是新时代党和人民共同奋斗的精神旗帜。

这一思想坚持以社会主义现代化建设进程中的实际问题、以我们正在做的事情为中心，着眼统揽伟大斗争、伟大工程、伟大事业、伟大梦想，是实践探索、经验总结、理论升华凝结而成的思想结晶。这一思想既立足于现实的中国，又植根于历史的中国，是中华文化创造性转化和创新性发展的思想成果，具有无比深厚的历史底蕴。这一思想紧紧围绕强国梦想，贯通党的使命、国家的前途、人民的福祉、民族的命运，贯通中国的过去、现在和未来，体现了科学社会主义理论逻辑与中国社会发展历史逻辑的辩证统一，成为当今时代最富中国味、最具中国魂的科学理论。

党的十九大通过的党章修正案，把习近平新时代中国特色社会主义思想确立为党的指导思想，十三届全国人大一次会议把这一思想载入宪法。

三、实现中华民族伟大复兴的行动指南

习近平新时代中国特色社会主义思想是党和国家必须长期坚持的指导思想，是全党全国各族人民团结奋斗的共同思想基础，是决胜全面建成小康社会、建设社会主义现代化强国、实现中华民族伟大复兴中国梦的行动纲领。

习近平新时代中国特色社会主义思想，是党的意志、国家意志和人民意志的集中体现，为新时代坚持和发展中国特色社会主义提供了根本指引。习近平新时代中国特色社会主义思想为新时代治国理政提供了基本遵循。这一思想围绕什么是国家治理现代化，如何实现国家治理现代化，提出一系列重要观点，作出一系列重大部署。习近平新时代中国特色社会主义思想为全面从严治党、把党建设成为中国特色社会主义事业的坚强领导核心提供了强大思想武器。这一思想着眼保持党的先进性和纯洁性、克服“四大考验”“四种危险”，提出全面从严治党，明确新时代党的建设总要求，强调以政治建设为统领，坚持思想建党和制度治党同向发力，全面推进党的政治建设、思想建设、组织建设、作风建设、纪律建设，以零容忍态度惩治腐败，构建起体现马克思主义政党本质、符合时代发展和长期执政要求系统完备的党建理论体系。

第十四章　中国特色社会主义总任务初论

坚持和发展中国特色社会主义的总任务，是实现社会主义现代化和中华民族伟大复兴，在全面建成小康社会的基础上，分两步走在本世纪中叶建成富强民主文明和谐美丽的社会主义现代化强国。中国梦是中华民族伟大复兴的形象表达。

第一节　实现中华民族伟大复兴的中国梦

一、中华民族近代以来最伟大的梦想

2012年11月29日，习近平率中央政治局常委和中央书记处的同志来到国家博物馆，参观《复兴之路》展览。习近平指出：实现中华民族伟大复兴，就是中华民族近代以来最伟大的梦想。中华民族伟大复兴的中国梦一经提出，就产生了强大的号召力和感染力。

中华民族的昨天，“雄关漫道真如铁”；中华民族的今天，“人间正道是沧桑”；中华民族的明天，“长风破浪会有时”。这三句诗进一步揭示了中华民族的历史命运和当代中国的发展走向，指明了全党全国各族人民共同的奋斗目标。这一重要战略思想，是以习近平同志为核心的党中央对全体人民的庄严承诺，是党和国家面向未来的政治宣言，充分体现了我们党高度的历史担当和使命追求，为坚持和发展中国特色社会主义注入了崭新内涵。

二、中国梦的科学内涵

中国梦的本质是国家富强、民族振兴、人民幸福。国家富强、民族振兴是人民幸福的基础和保障。人民幸福是国家富强、民族振兴的题中之义和必然要求，人民幸福是国家富强、民族振兴的根本出发点和落脚点。这个梦

想，把国家的追求、民族的向往、人民的期盼融为一体，体现了中华民族和中国人民的整体利益，是中华民族团结奋斗的最大公约数。

中国梦是国家情怀、民族情怀、人民情怀相统一的梦。中国梦的最大特点，就是把国家、民族和个人作为一个命运共同体，把国家利益、民族利益和每个人的具体利益紧紧联系在一起，体现了中华民族的“家国天下”情怀。中国梦归根到底是人民的梦。人民是中国梦的主体，是中国梦的创造者和享有者。中国梦的深厚源泉在于人民，中国梦的根本归宿也在于人民。中国梦是国家的梦、民族的梦，也是每一个中国人的梦。“得其大者可以兼其小。”“宏大叙事”的国家梦，也是“具体而微”的个人梦。中国梦与世界各国人民的美好梦想相通。中国梦是和平、发展、合作、共赢的梦，与世界各国人民的美好梦想息息相通。

三、奋力实现中国梦

实现中国梦必须走中国道路，这就是中国特色社会主义道路。历史和现实充分证明，无论是封闭僵化的老路，还是改旗易帜的邪路，都是绝路、死路。只有中国特色社会主义道路才能发展中国、稳定中国，这是一条通往复兴梦想的康庄大道、人间正道。

实现中国梦必须弘扬中国精神，这就是以爱国主义为核心的民族精神和以改革创新为核心的时代精神。伟大的梦想，需要伟大的精神作支撑。以爱国主义为核心的民族精神和以改革创新为核心的时代精神，是凝心聚力的兴国之魂、强国之魂。爱国主义是中华民族的精神基因，改革创新体现了中华民族最深沉的民族禀赋。

实现中国梦必须凝聚中国力量，这就是全国各族人民大团结的力量。人民是历史的创造者，人民是真正的英雄。中华民族一家亲，同心共筑中国梦。各族人民大团结的力量，是克服各种困难、战胜风险挑战的决定性因素。

实现中华民族伟大复兴是海内外中华儿女的共同梦想。香港、澳门与祖国内地的命运始终紧密相连，实现中国梦需要香港、澳门与祖国内地坚持优势互补、共同发展，需要港澳同胞与内地人民坚持守望相助、携手共进。中国梦与台湾的前途息息相关，只要海内外中华儿女紧密团结起来，有力出力，有智出智，团结一心奋斗，就一定能够共同书写中华民族发展的时代华章。

实干才能梦想成真。实现中华民族伟大复兴，是一项光荣而艰巨的事业，需要每一个人付出艰苦努力，用实干托起中国梦。空谈误国，实干兴邦。靠的就是一代又一代人的顽强拼搏，靠的就是中华民族自强不息的奋斗精神。我们必须居安思危，艰苦奋斗，披荆斩棘、勇往直前。

第二节　建成社会主义现代化强国的战略安排

一、开启全面建设社会主义现代化强国的新征程

改革开放之后，我们党对我国社会主义现代化建设作出战略安排，提出“三步走”战略目标。经过全党全国各族人民共同努力，我们先后提前实现了第一步、第二步战略目标，2002年党的十六大正式宣布人民生活总体达到小康水平。在此基础上，党的十六大提出了全面建设小康社会的奋斗目标，党的十七大、十八大对全面建成小康社会提出了新的要求，作出了新的部署。这就是“两个一百年”的奋斗目标，即到建党100年时建成惠及十几亿人口的更高水平的小康社会，到新中国成立100年时基本实现现代化，建成社会主义现代化国家。

综合分析国际国内形势和我国发展条件，习近平在党的十九大报告中提出，我们要全面建成小康社会、实现第一个百年奋斗目标，然后再乘势而上开启全面建设社会主义现代化国家新征程，向第二个百年奋斗目标进军。全面建设社会主义现代化国家的进程分两个阶段来安排。第一个阶段，从2020年到2035年，在全面建成小康社会的基础上，再奋斗15年，基本实现社会主义现代化。第二个阶段，从2035年到本世纪中叶，在基本实现现代化的基础上，再奋斗15年，把我国建成富强民主文明和谐美丽的社会主义现代化强国。

从全面建成小康社会到基本实现现代化，再到全面建成社会主义现代化强国，是新时代中国特色社会主义发展的战略安排。这一战略安排，是在综合分析国际国内形势和我国发展条件之后作出的重大决策，也是我们党

适应我国发展实际作出的必然选择，对动员全党全国各族人民万众一心实现中华民族伟大复兴的中国梦具有重大意义。

二、实现社会主义现代化强国“两步走”战略的具体安排

1.从2020年到2035年，基本实现社会主义现代化的目标要求

改革开放40年来，我国经济持续较快发展，工业化城镇化快速推进，各项事业全面进步，国家面貌发生了前所未有的巨大变化。我们党原来提出的“三步走”战略的第三步即基本实现现代化，将提前15年，即在2035年实现。在这一阶段，主要目标要求是：

在经济建设方面，跻身创新型国家前列。基本建成现代化经济体系。在政治建设方面，法治国家、法治政府、法治社会基本建成，国家治理体系和治理能力现代化基本实现。党的领导、人民当家作主、依法治国达到高度有机统一。政府公信力和执行力大为增强，人民满意的服务型政府基本建成。依法治国得到全面落实，科学立法、严格执法、公正司法、全民守法的局面基本形成。在文化建设方面，国家文化软实力显著增强，中国梦和社会主义核心价值观深入人心，公共文化服务体系、现代文化产业体系和市场体系基本建成。在民生和社会建设方面，中等收入群体比例明显提高，基本公共服务均等化基本实现。实现幼有所育、学有所教、劳有所得、病有所医、老有所养、住有所居、弱有所扶。我国进入高收入国家行列，人口预期寿命和国民受教育程度达到世界先进水平。现代社会治理格局基本形成。在生态文明建设方面，生态环境根本好转，美丽中国目标基本实现。清洁低碳、安全高效的能源体系和绿色低碳循环发展的经济体系基本建立。绿色发展的生产方式和生活方式基本形成。

2.从2035年到本世纪中叶，建成社会主义现代化强国的目标要求

在这一阶段，我们将在基本实现现代化的基础上全面提升我国社会主义物质文明、政治文明、精神文明、社会文明、生态文明，建成富强民主文明和谐美丽的社会主义现代化强国。

这一阶段的目标要求是：一是我国核心竞争力名列世界前茅，经济总量和市场规模超越其他国家，建成富强的社会主义现代化强国。二是我国将形成又有集中又有民主、又有纪律又有自由、又有统一意志又有个人心情舒畅生动活泼的政治局面，依法治国和以德治国有机结合。三是我国将拥有

高度的精神文明，中国精神、中国价值、中国力量成为中国发展的重要影响力和推动力。四是我国城乡居民将普遍拥有较高的收入、富裕的生活、健全的基本公共服务，全体人民共同富裕基本实现。五是天蓝、地绿、水清的优美生态环境成为普遍常态。

第十五章 “五位一体”总体布局

中国特色社会主义是全面发展的社会主义。经济建设、政治建设、文化建设、社会建设、生态文明建设是一个有机整体。

第一节 建设现代化经济体系

一、贯彻新发展理念

党的十八届五中全会坚持以人民为中心的发展思想,鲜明提出了创新、协调、绿色、开放、共享的新发展理念。新发展理念是中国共产党关于发展理论的重大升华,是习近平新时代中国特色社会主义经济思想的主要内容。

新发展理念立足于当前我国的新发展环境、新发展条件,是符合我国国情、顺应时代潮流、厚植发展优势的重大抉择,具有战略性、纲领性、引领性。

创新是引领发展的第一动力。坚持创新发展,是应对发展环境变化、增强发展动力、把握发展主动权,更好引领新常态的根本之策。抓住了创新,就抓住了牵动经济社会发展全局的关键。坚持创新发展,就是把创新摆在国家发展全局的核心位置,不断推进理论创新、制度创新、科技创新、文化创新等各方面创新。

协调是持续健康发展的内在要求。协调既是发展手段又是发展目标,同时还是评价发展的标准和尺度;协调发展不是搞平均主义,而是更注重发展机会公平、更注重资源配置均衡;协调发展就是要找出短板,在补齐短板上多用力。坚持协调发展,要着力推动区域协调发展、城乡协调发展、物质文明和精神文明协调发展,推动经济建设和国防建设融合发展。

绿色是永续发展的必要条件。人类发展活动必须尊重自然、顺应自然、保护自然。绿色发展,就是要解决好人与自然和谐共生问题,坚定走生产发展、生活富裕、生态良好的文明发展道路,加快建设资源节约型、环境友好型社会,形成人与自然和谐发展现代化建设新格局,推进美丽中国建设。

开放是国家繁荣发展的必由之路。开放就是要顺应经济全球化潮流,充分运用人类社会创造的先进科学技术成果和有益管理经验。坚持开放发展,就要奉行互利共赢的开放战略,坚持内外需协调、进出口平衡、引进来和走出去并重、引资和引技引智并举,发展更高层次的开放型经济,积极参与全球经济治理和公共产品供给,提高我国在全球经济治理中的制度性话语权,构建广泛的利益共同体。

共享是中国特色社会主义的本质要求。其内涵主要有四个方面:全民共享、全面共享、共建共享和渐进共享。

创新、协调、绿色、开放、共享的新发展理念,相互贯通、相互促进,是具有内在联系的集合体。创新注重的是解决发展动力问题,协调注重的是解决发展不平衡问题,绿色注重的是解决人与自然和谐问题,开放注重的是解决发展内外联动问题,共享注重的是解决社会公平正义问题。

二、深化供给侧结构性改革

贯彻新发展理念、建设现代化经济体系必须坚持供给侧结构性改革。坚持质量第一、效益优先,以供给侧结构性改革为主线,推动经济发展质量变革、效率变革、动力变革,提高全要素生产率,提高供给体系质量,适应新需求变化,才能在更高水平上实现供求关系新的动态均衡,推动高质量发展。

第一,推进增长动能转换,以加快发展先进制造业为重点全面提升实体经济。推进中国制造向中国创造转变,中国速度向中国质量转变,制造大国向制造强国转变。第二,深化要素市场化配置改革,实现由以价取胜向以质取胜的转变。培育新动能,强化科技创新,积极推进军民融合深度发展。优化存量资源配置,提质升级存量供给,扩大优质增量供给,在各行各业开展产品质量、工程质量和服务质量提升行动,显著增强我国经济质量优势。第三,加大人力资本培育力度,更加注重调动和保护人的积极性。人是生产力中最活跃的因素。高素质的企业家、工匠和劳模是推动供给侧结构性改革、振兴实体经济发展的重要力量。要塑造良好社会文化生态，营造鼓励创新、终生学习和勇于冒险的社会氛围，厚植企业家精神土壤；厘清政府、市场边界，拓展企业家精神生长空间，激发和保护企业家精神。要建设知识型、技能型、创新型劳动者大军。要弘扬劳模精神和工匠精神，营造劳动光荣的社会风尚和精益求精的敬业风气。第四，持续推进“三去一降一补”，优化市场供求结构。坚持去产能、去库存、去杠杆、降成本、补短板，优化存量资源配置，扩大优质增量供给。打好防范化解重大风险攻坚战，防范化解金融风险。增强微观主体内生动力，扎实有效补短板。

三、建设现代化经济体系的主要任务

伴随中国特色社会主义进入新时代，我国经济已由高速增长阶段转向高质量发展阶段，正处在转变发展方式、优化经济结构、转换增长动力的攻关期。推动高质量发展是当前和今后一个时期确定发展思路、制定经济政策、实施宏观调控的根本要求。

建设现代化经济体系是党中央从党和国家事业全局出发，着眼于实现“两个一百年”奋斗目标、顺应中国特色社会主义进入新时代的新要求作出的重大决策部署。建设现代化经济体系是我国发展的战略目标，也是转变经济发展方式、优化经济结构、转换经济增长动力的迫切要求，是遵循经济发展规律、适应我国社会主要矛盾变化、保持经济持续健康发展的必然要求。

建设现代化经济体系，必须坚持质量第一、效益优先，推动经济发展质量变革、效率变革、动力变革，提高全要素生产率。建设创新引领、协同发展的产业体系。建设统一开放、竞争有序的市场体系，加快形成企业自主经营公平竞争、消费者自由选择自主消费、商品和要素自由流动平等交换的现代市场体系。建设体现效率、促进公平的收入分配体系，实现收入分配合理、社会公平正义、全体人民共同富裕，推进基本公共服务均等化，逐步缩小收入分配差距。建设彰显优势、协调联动的城乡区域发展体系，实现区域良性互动、城乡融合发展、陆海统筹整体优化，培育和发挥区域比较优势，加强区域优势互补，塑造区域协调发展新格局。建设资源节约、环境友好的绿色发展体系，实现绿色循环低碳发展、人与自然和谐共生，牢固树立和践行绿水青山就是金山银山理念，形成人与自然和谐发展现代化建设新格局。建设多元平衡、安全高效的全面开放体系，发展更高层次开放型经济。建设充分发挥市场作用、更好发挥政府作用的经济体制，实现市场机制有效、微观主体有活力、宏观调控有度。

以上六个体系是统一整体，要一体建设、一体推进。当前，要突出抓好以下几方面工作：

第一，大力发展实体经济。实体经济是一国经济的立身之本，是财富创造的根本源泉，是国家强盛的重要支柱，是现代化经济体系的坚实基础。推动实现经济发展由数量和规模扩张向质量和效益提升转变。

第二，加快实施创新驱动发展战略。努力实现到2035年跻身创新型国家前列的目标。建立以企业为主体、市场为导向、产学研深度融合的技术创新体系。

第三，激发各类市场主体活力。要推动国有资本做强做优做大，完善国企国资改革方案。加强国有企业党的领导和党的建设，推动国有企业完善现代企业制度，健全公司法人治理结构。

第四，积极推动城乡区域协调发展。优化现代化经济体系的空间布局，实施好区域协调发展战略，坚持协调发展理念，优化区域发展格局，实现基本公共服务均等化。推进西部大开发，加快东北等老工业基地振兴，推动中部地区崛起，支持东部地区率先推动高质量发展，推进长江经济带绿色发展，科学制定乡村振兴战略规划，建立健全城乡融合发展体制机制和政策体系，加快推进农业农村现代化，深化农业供给侧结构性改革。

第五，着力发展开放型经济。继续推进自由贸易试验区改革试点，有效引导支持对外投资。

第六，加快完善社会主义市场经济体制。必须毫不动摇巩固和发展公有制经济，毫不动摇鼓励、支持、引导非公有制经济发展。构建市场经济有效、微观主体有活力、宏观调控有度的经济体制。

第二节　发展社会主义民主政治

一、坚持中国特色社会主义政治发展道路

在中国特色社会主义新时代，我们要以更大的力度、更实的措施发展社会主义民主，坚持党的领导、人民当家作主、依法治国有机统一，建设社会主义法治国家，推进国家治理体系和治理能力现代化，巩固和发展最广泛的爱国统一战线。

走中国特色社会主义政治发展道路，必须坚持党的领导、人民当家作主、依法治国有机统一。党的领导是人民当家作主和依法治国的根本保证，人民当家作主是社会主义民主政治的本质特征，依法治国是党领导人民治理国家的基本方式，三者统一于我国社会主义民主政治伟大实践。

走中国特色社会主义政治发展道路，必须坚持正确政治方向。我们需要借鉴国外政治文明有益成果，但绝不能放弃中国政治制度的根本。要保持政治定力，坚持从国情出发、从实际出发，既要把握长期形成的历史传承，又要把握走过的发展道路、积累的政治经验、形成的政治原则，还要把握现实要求、着眼解决现实问题，不能割断历史，不能想象突然就搬来一座政治制度上的“飞来峰”。

要按照党的十九届三中全会通过的《中共中央关于深化党和国家机构改革的决定》，构建系统完备、科学规范、运行高效的党和国家机构职能体系，形成总揽全局、协调各方的党的领导体系，职责明确、依法行政的政府治理体系，中国特色、世界一流的武装力量体系，联系广泛、服务群众的群团工作体系，推动人大、政府、政协、监察机关、审判机关、检察机关、人民团体、企事业单位、社会组织等在党的统一领导下协调行动、增强合力，全面提高国家治理能力和治理水平。

二、健全人民当家作主制度体系

我国是工人阶级领导的、以工农联盟为基础的人民民主专政的社会主义国家，国家一切权力属于人民。我国社会主义民主是维护人民根本利益

的最广泛、最真实、最管用的民主。

人民代表大会制度是我国根本政治制度，是符合中国国情、体现中国社会主义国家性质、能够保证人民当家作主的根本政治制度和最高实现形式，也是党在国家政权中充分发扬民主、贯彻群众路线的最好实现形式。

发挥社会主义协商民主的重要作用。实行人民民主，保证人民当家作主，要求治国理政大政方针在人民内部各方面进行广泛商量。有事好商量，众人的事情由众人商量，是人民民主的真谛。协商民主是在中国共产党领导下，人民内部各方面围绕改革发展稳定重大问题和涉及群众利益的实际问题，在决策之前和决策实施中，开展广泛协商，努力形成共识的重要民主形式。协商民主是中国社会主义民主政治的特有形式和独特优势，是实现党的领导的重要方式，丰富了民主的形式和内涵，拓展了民主的渠道。发展协商民主，必须推进协商民主广泛、多层、制度化发展，统筹推进政党协商、人大协商、政府协商、政协协商、人民团体协商、基层协商及社会组织协商，加强协商民主制度建设，形成完整的制度程序和参与实践，保证人民在日常政治生活中有广泛持续深入参与的权利。

中国共产党领导的多党合作和政治协商制度是我国的一项基本政治制度，人民政协是具有中国特色的制度安排，是社会主义协商民主的重要渠道和专门协商机构。人民政协工作要聚焦党和国家中心任务，围绕团结和民主两大主题，把协商民主贯穿政治协商、民主监督、参政议政全过程。

民族区域自治制度是我国的一项基本政治制度。这一制度要求在统一而不可分离的中央政府领导下，在党的坚强领导下，其核心在于少数民族当家作主，管理本民族本地区的事务，坚持各民族平等、团结、共同繁荣的原则。

基层群众自治制度是我国的一项基本政治制度。完善基层群众自治制度，发展基层民主，是社会主义民主政治建设的基础。完善基层民主制度，畅通民主渠道，健全基层选举、议事、公开、述职、问责等机制，促进群众在城乡社区治理、基层公共事务和公益事业中依法自我管理、自我服务、自我教育、自我监督。

三、巩固和发展爱国统一战线

社会主义的建设事业必须依靠工人、农民和知识分子，团结一切可以团结的力量。在长期的革命、建设和改革过程中，已经结成了由中国共产党领导的，有各民主党派和各人民团体参加的，包括全体社会主义劳动者、社会主义事业的建设者、拥护社会主义的爱国者、拥护祖国统一和致力于中华民族伟大复兴的爱国者的广泛的爱国统一战线。要高举爱国主义、社会主义旗帜，牢牢把握大团结大联合的主题，坚持一致性和多样性统一，找到最大公约数，画出最大同心圆。

第一，坚持长期共存、互相监督、肝胆相照、荣辱与共。支持民主党派提高政治把握能力、参政议政能力、组织领导能力、合作共事能力、解决自身问题能力。

第二，深化民族团结进步教育，铸牢中华民族共同体意识。多民族是我国的一大特色。在历史演进中，我国各民族形成了你中有我、我中有你、谁也离不开谁的多元一体格局。处理好民族问题、做好民族工作，必须坚持中国共产党的领导，坚持维护祖国统一，坚持各民族一律平等，坚持和完善民族区域自治制度。牢固树立正确的祖国观、历史观、民族观。积极培养中华民族共同体意识，巩固和发展平等团结互助和谐的社会主义民族关系，促进各民族像石榴籽一样紧紧抱在一起，共同团结奋斗、共同繁荣发展。

第三，全面贯彻党的宗教工作基本方针，坚持我国宗教的中国化方向，积极引导宗教与社会主义社会相适应。要用社会主义核心价值观引领、用中华文化浸润我国各种宗教，引导宗教人士努力为促进经济发展、社会和谐、文化繁荣、民族团结、祖国统一服务。

第四，牢牢把握大团结大联合的主题，做好统战工作。构建亲清新型政商关系，促进非公有制经济健康发展和非公有制经济人士健康成长。广泛团结联系海外侨胞和归侨侨眷，共同致力于中华民族伟大复兴。

四、坚持“一国两制”，推进祖国统一

党的十八大以来，以习近平同志为核心的党中央全面准确贯彻“一国两制”方针，牢牢掌握宪法和基本法赋予的中央对香港、澳门全面管治权。当

前,"一国两制"事业正站在新的历史起点上,归根到底是要坚守方向、踩实步伐,全面准确理解和贯彻"一国两制""港人治港""澳人治澳"、高度自治的方针。

第一,必须始终准确把握"一国"和"两制"的关系。"一国两制"是一个完整的概念。"一国"是实行"两制"的前提和基础,"两制"从属和派生于"一国",并统一于"一国"之内。任何危害国家主权安全,挑战中央权力和特别行政区基本法权威,利用香港、澳门对内地进行渗透破坏的活动,都是对底线的触碰,都是绝不能允许的。第二,必须始终依照宪法和基本法办事。把维护中央对香港、澳门特别行政区全面管治权和保障特别行政区高度自治权有机结合起来,落实好中央依法行使权力和特别行政区履行主体责任。这是长期以来特别是党的十八大以来推进"一国两制"的成功经验,必须牢牢把握,始终坚持。第三,必须始终聚焦发展这个第一要务。发展是永恒的主题,是香港、澳门的立身之本,也是保持香港、澳门国际地位和解决香港、澳门各种问题的金钥匙。第四,必须始终维护和谐稳定的社会环境。要坚持爱国者为主体的"港人治港",发展壮大爱国爱港爱澳力量。

解决台湾问题、实现祖国完全统一,是全体中华儿女共同愿望,是中华民族根本利益所在,是新时代中国共产党、中国政府的三大历史任务之一。

以习近平同志为核心的党中央坚持对台大政方针,坚持一个中国原则和"九二共识",推动两岸关系和平发展,实现两岸领导人历史性会晤,加强两岸经济文化交流合作,妥善应对台湾局势变化,坚决反对和遏制"台独"分裂势力,有力维护了台海和平稳定。

坚持"和平统一、一国两制"方针。"和平统一、一国两制"是我们解决台湾问题的基本方针,也是实现国家统一的最佳方式。我们将以最大诚意、尽最大努力争取和平统一的前景。我们所追求的国家统一不仅是形式上的统一,更重要的是两岸同胞的心灵契合。秉持和践行"两岸一家亲"理念。两岸同胞是命运与共的骨肉兄弟,是血浓于水的一家人。

坚持一个中国原则和"九二共识"。一个中国原则是两岸关系的政治基础,体现一个中国原则的"九二共识",明确界定了两岸关系的根本性质,是确保两岸关系和平发展的关键。"九二共识"是两岸关系对"两岸同属一个中国"这一客观事实和现状的共同确认,是两岸双方授权认可的,不是哪一党哪一派的专利。在涉及两岸关系性质这一大是大非问题上，我们不会有任何动摇和妥协。

坚决反对和遏制任何形式的“台独”。“台独”分裂势力及其活动损害国家主权和领土完整，是两岸关系和平发展的最大障碍，是台海和平稳定的最大威胁。坚决维护国家主权和领土完整，绝不容忍国家分裂的历史悲剧重演，是我们对历史和人民的庄严承诺。我们有坚定的意志、充分的信心和足够的能力挫败任何形式的“台独”分裂图谋。我们绝不允许任何人、任何组织、任何政党、在任何时候、以任何形式、把任何一块中国领土从中国分裂出去。

第三节　推动社会主义文化繁荣兴盛

一、牢牢掌握意识形态工作领导权

掌握意识形态工作领导权，要旗帜鲜明坚持马克思主义指导地位。任何时候、任何情况下，坚持以马克思主义为指导不能有丝毫含糊，必须旗帜鲜明、毫不动摇。切不可马克思主义的“真经”没念好，总想着“西天取经”；也切不可离开当代中国实际，抽象空洞地谈论马克思主义。

掌握意识形态工作领导权，要加快构建中国特色哲学社会科学，要坚持正确的舆论导向。

掌握意识形态工作领导权，要建设好网络空间。互联网不是法外之地，要加强建设和管理。要本着对社会负责、对人民负责的态度，依法加强网络空间治理，建立网络综合治理体系。尤其要加强网络内容建设，做强网上正面宣传，加强网上舆论引导，把握好网上舆论引导的时、度、效，培育积极健康、向上向善的网络文化，营造一个风清气正的网络空间。

掌握意识形态工作领导权，要落实好意识形态工作责任制。落实意识形态责任制，根本在于加强组织领导，强化责任担当。

二、培育和践行社会主义核心价值观

核心价值观是一个民族赖以维系的精神纽带，是一个国家共同的思想

道德基础。核心价值观是一个国家的重要稳定器，能否构建具有强大感召力的核心价值观，关系社会和谐稳定，关系国家长治久安。

富强、民主、文明、和谐，自由、平等、公正、法治，爱国、敬业、诚信、友善的24字表达，把涉及国家、社会、公民三个层面的价值要求融为一体，既体现了社会主义本质要求，继承了中华优秀传统文化，也吸收了世界文明有益成果，体现了时代精神，回答了我们要建设什么样的国家、建设什么样的社会、培育什么样的公民的重大问题，是当代中国精神的集中体现，凝结着全体人民共同的价值追求，是社会主义核心价值观的基本内容。

社会主义核心价值观是在社会主义核心价值体系基础上提炼出来的。社会主义核心价值体系由马克思主义指导思想、中国特色社会主义共同理想、以爱国主义为核心的民族精神和以改革创新为核心的时代精神、社会主义荣辱观四个方面内容构成。社会主义核心价值观是社会主义核心价值体系的内核凝练和集中表达，体现着社会主义核心价值体系的根本性质和基本特征，反映着社会主义核心价值体系的丰富内涵和实践要求。

培育和践行社会主义核心价值观，要把社会主义核心价值观融入社会生活各个方面。一种价值观要真正发挥作用，必须通过强化教育引导、舆论宣传、文化熏陶、实践养成、制度保障等，将其融入社会生活，让人们在实践中感知它、领悟它。

培育和践行社会主义核心价值观，要坚持全民行动、干部带头，从家庭做起、从娃娃抓起。立足中华优秀传统文化和革命文化，利用好中华优秀传统文化蕴含的丰富的思想道德资源，推动中华传统文化创造性转化、创新性发展。革命文化是中国革命和建设光荣历史的见证，渗透着中国共产党人的崇高理想，凝聚着广大人民群众的高尚道德和优良品质，包含了体现社会主义、共产主义价值目标的精神形态，要大力予以传承和弘扬。

培育和践行社会主义核心价值观，还必须发扬中国人民在长期奋斗中培育、继承、发展起来的伟大民族精神，这就是习近平在十三届全国人大一次会议上概括的四种精神，即伟大创造精神、伟大奋斗精神、伟大团结精神和伟大梦想精神。

三、坚定文化自信，建设社会主义文化强国

文化是一个国家、一个民族的灵魂，是人民的精神家园，也是政党的精神旗帜。当今时代，文化在综合国力竞争中的地位日益重要,谁占据了文化发展的制高点，谁就能够更好地在激烈的国际竞争中掌握主动权。在新时代，我们要以更大的力度、更实的措施加快建设社会主义文化强国，培育和践行社会主义核心价值观，推动中华优秀传统文化创造性转化、创新性发展，让中华文明的影响力、凝聚力、感召力更加充分地展示出来。

文化强国是指一个国家具有强大的文化力量。这种力量既表现为具有高度文化素养的国民，也表现为发达的文化产业，还表现为强大的文化软实力。

建设社会主义文化强国，必须培养高度的文化自信。更好地把握文化发展的规律，以主动担当的精神加快文化发展步伐，在传承中华优秀传统文化的基础上发展社会主义先进文化，加快建设社会主义文化强国。

建设社会主义文化强国，必须大力发展文化事业和文化产业。发展文化事业和文化产业，要体现社会主义的制度特色。发展文化事业，要坚持政府主导，按照公益性、基本性、均等性、便利性的要求，加强文化基础设施建设，完善公共文化服务网络，让人民群众广泛享有免费或优惠的基本公共文化服务，在满足人民群众基本文化需求的基础上，提升国民素质。要坚持以人民为中心的导向深化文化体制改革，完善文化管理体制，加快构建把社会效益放在首位、社会效益和经济效益相统一的体制机制，激发全民族文化创造活力。

建设社会主义文化强国，必须提高国家文化软实力。首先要努力弘扬中华文化，推进中华文化创新发展，展示中华文化魅力，夯实国家文化软实力的根基；其次要讲好中国故事，传播好中国声音，阐释好中国特色，注重国家形象塑造，增强对外话语的创造力、感召力和公信力，提高国际话语权；最后要加强当代中国价值观念的提炼与阐释，拓展对外传播平台和载体，创新对外话语表达方式和传播渠道，使当代中国价值观念走向世界，提高当代中国价值观念的国际知晓率和认同度，实现文化软实力提升“形于中”“发于外”。

第四节 在发展中保障和改善民生

一、提高保障和改善民生水平

民生是人民幸福之基、社会和谐之本。坚持以人民为中心的发展思想，以保障和改善民生为重点，以更大的力度、更实的措施保障和改善民生，加强和创新社会治理，坚决打赢脱贫攻坚战，促进社会公平正义，在幼有所育、学有所教、劳有所得、病有所医、老有所养、住有所居、弱有所扶上不断取得新进展。

第一，优先发展教育事业。建设教育强国是中华民族伟大复兴的基础工程，必须把教育事业放在优先位置。第二，提高就业质量和人民收入水平。就业是最大的民生。鼓励勤劳守法致富，扩大中等收入群体，增加低收入者收入，调节过高收入，取缔非法收入。拓宽居民劳动收入和财产性收入渠道。履行好政府再分配调节职能，加快推进基本公共服务均等化，缩小收入分配差距。第三，加强社会保障体系建设。要全面建成覆盖全民、城乡统筹、权责清晰、保障适度、可持续的多层次社会保障体系。加快建立多主体供给、多渠道保障、租购并举的住房制度，让全体人民住有所居。第四，坚决打赢脱贫攻坚战。消除贫困、改善民生、逐步实现共同富裕，是社会主义的本质要求，是我们党的重要使命。注重扶贫同扶志、扶智相结合，深入实施东西部扶贫协作，重点攻克深度贫困地区脱贫任务，确保到2020年我国现行标准下农村贫困人口实现脱贫，贫困县全部摘帽，解决区域性整体贫困，做到脱真贫、真脱贫。第五，实施健康中国战略。

二、加强和创新社会治理

第一，创新社会治理体制。坚持完善党委领导、政府负责、社会协同、公众参与、法治保障的社会治理体制，提高社会治理社会化、法治化、智能化、专业化水平，推进社会治理精细化，打造共建共治共享的社会治理格局。在发挥好政府治理作用的基础上，健全利益表达、利益协调、利益保护机制。第二，改进社会治理方式。治理和管理一字之差，体现的是系统治理、依法治理、源头治理、综合施策。第三，加强预防和化解社会矛盾机制建设。健全重大决策社会稳定风险评估机制，完善矛盾纠纷多元化解机制，积极推动人民调解、行政调解、司法调解联动工作体系形成。第四，加强社会心理服务体系建设。推动全社会践行社会主义核心价值观，培育知荣辱、讲正气、作奉献、促和谐的良好风尚。完善惩恶扬善机制，培育风清气正的社会氛围。培育自尊自信、理性平和、积极向上的社会心态。第五，加强社区治理体系建设。社区是党和政府联系、服务居民群众的“最后一公里”，社会治理的重心要向基层下移落到城乡社区。

三、坚持总体国家安全观

总体国家安全观是指坚持国家利益至上，以人民安全为宗旨，以政治安全为根本，以经济安全为基础，以军事、文化、社会安全为保障，以促进国际安全为依托，维护各领域国家安全，构建国家安全体系，走中国特色国家安全道路。

第一，完善国家安全体系。全面贯彻落实总体国家安全观，要求统筹外部安全和内部安全；统筹国土安全和国民安全，统筹传统安全和非传统安全；统筹发展问题和安全问题；统筹自身安全和共同安全，打造命运共同体，推动各方朝着互利互惠、共同安全的目标相向而行。第二，健全公共安全体系。公共安全是国家安全的重要体现，是最基本的民生。第三，推进平安中国建设。第四，加强国家安全能力建设。第五，加强国家安全教育。维护国家安全是全党全国人民的共同责任。以每年4月15日“全民国家安全教育日”为契机，以总体国家安全观为指导，全面实施国家安全法，深入开展国家安全宣传教育，将国家安全教育纳入领导干部教育培训体系、公务员培训体系、国民教育体系，切实增强全民国家安全意识。

第五节　建设美丽中国

一、坚持人与自然和谐共生

生态文明的核心是坚持人与自然和谐共生。树立尊重自然、顺应自然、保护自然的生态文明理念，保护自然生态系统，维护人与自然之间形成的生命共同体。

尊重自然，是人与自然相处时应秉持的首要态度，人与自然不仅是共融共生的生命共同体，更是休戚与共的命运共同体。顺应自然，是人与自然相处时应遵循的基本原则，要求人顺应自然的客观规律，按自然规律办事。保护自然，是人与自然相处时应承担的重要责任。

建设社会主义生态文明就是要实现人与自然和谐发展，就是要建设以资源环境承载力为基础、以自然规律为准则、以可持续发展为目标的资源节约型、环境友好型社会，努力走向社会主义生态文明新时代。

二、形成人与自然和谐发展新格局

绿水青山就是金山银山；保护环境就是保护生产力，改善环境就是发展生产力。在生态环境保护上，一定要树立大局观、长远观、整体观，要坚持节约资源和保护环境的基本国策，像保护眼睛一样保护生态环境，像对待生命一样对待生态环境，推动形成绿色发展方式和生活方式。

第一，把节约资源放在首位。第二，坚持保护优先、自然恢复为主。实行最严格的生态环境保护制度，在环保工作中，把预防为主、源头治理放在首位；在生态系统保护和修复中，把利用自然力修复生态系统放在首位，这是我国生态文明建设的方向和重点。第三，着力推进绿色发展、循环发展、低碳发展。要注重经济发展与生态保护的和谐共进，坚持在保护中发展、在发展中保护，走经济发展和生态环境保护有机统一的绿色发展之路，走生产发展、生活富裕、生态良好的文明发展道路。第四，形成节约资源和保护环境的空间格局、产业结构、生产方式、生活方式。

三、加快生态文明体制改革

建设生态文明是一场涉及生产方式、生活方式、思维方式和价值观念的革命性变革。实现这样的根本性变革，必须深化生态文明体制改革，把生态文明建设纳入制度化、法治化轨道，用制度保障生态环境、推进生态文明建设。

第一，推进绿色发展。绿色发展，就其要义来讲，是要解决好人与自然和谐共生问题。第二，着力解决突出环境问题。第三，加大生态系统保护力度。实施重要生态系统保护和修复重大工程，优化生态安全屏障体系，构建生态廊道和生物多样性保护网络，提升生态系统质量和稳定性。完成生态保护红线、永久基本农田、城镇开发边界三条控制线划定工作。第四，改革生态环境监管体制。加强对生态文明建设的总体设计和组织领导，设立国有自然资源资产管理和自然生态监管机构，完善生态环境管理制度。构建国土空间开发保护制度，完善主体功能区配套政策，建立以国家公园为主体的自然保护地体系，坚决制止和惩处破坏生态环境行为。

第十六章　“四个全面”战略布局

“四个全面”战略布局，有一个逐步提出和成型的过程。党的十六大提出“全面建设惠及十几亿人口的更高水平的小康社会”；党的十七大重申这一奋斗目标，并把“全面建设小康社会”改为“全面建成小康社会”。党的十八大则提出全面建成小康社会和全面深化改革开放的目标。党的十八届三中全会，习近平总书记在《关于〈中共中央关于全面深化改革若干重大问题的决定〉的说明》中，提出《中共中央关于全面深化改革若干重大问题的决定》的起草体现了“全面建成小康社会、全面深化改革、全面推进依法治国这‘三个全面’的逻辑联系”。2014年12月，习近平总书记在江苏考察调研时提出：“要全面贯彻党的十八大和十八届三中、四中全会精神，落实中央经济工作会议精神，主动把握和积极适应经济发展新常态，协调推进全面建成小康社会、全面深化改革、全面推进依法治国、全面从严治党，推动改革开放和社会主义现代化建设迈上新台阶。”

强调“四个全面”协调推进，这在我们党的历史上是第一次，深刻表明我们党不断坚持和发展中国特色社会主义的历史自觉，彰显了马克思主义执政党勇于开拓创新的理论品质，必将开辟中国道路新境界，成为当代中国新航标，书写改革开放和社会主义现代化建设的新篇章。

第一节　全面建成小康社会

一、全面建成小康社会的内涵

党的十八大提出了到2020年全面建成小康社会的奋斗目标。全面建成小康社会标志着我们跨过了实现现代化建设第三步战略目标必经的承上启下的重要发展阶段。全面建成小康社会，更重要、更难做到的是“全面”。“小康”讲的是发展水平，“全面”讲的是发展的平衡性、协调性、可持续性。

全面小康，覆盖的领域要全面，是“五位一体”全面进步的小康。“五位一体”是一个整体性目标要求，它们之间相互联系、相互促进、不可分割。全面小康，覆盖的人口要全面，是惠及全体人民的小康。小康不小康，关键看老乡，没有全民小康，就没有全面小康。全面建成小康社会，是没有人掉队的小康。全面小康，覆盖的区域要全面，是城乡区域共同发展的小康。没有农村的全面小康和欠发达地区的全面小康，就没有全国的全面小康。

二、全面建成小康社会的目标要求

党的十八届五中全会顺应我国经济社会新发展和广大人民群众新期待，赋予“小康”更高的标准、更丰富的内涵，对全面建成小康社会进行了总体部署，规划和设计了未来美好生活的宏伟蓝图，体现了目标导向与问题导向相统一，体现了坚持战略性和操作性相结合。

经济保持中高速增长，在提高发展平衡性、包容性、可持续性基础上，到2020年国内生产总值和城乡居民人均收入比2010年翻一番。创新驱动成效显著，迈进创新型国家和人才强国行列。发展协调性明显增强，区域协调发展新格局基本形成，发展空间布局得到优化，国际收支基本平衡。人民生活水平和质量普遍提高，基本公共服务均等化水平稳步提高，就业比较充分，收入差距缩小，中等收入人口比重上升，我国现行标准下农村贫困人口实现脱贫，贫困县全部摘帽，解决区域性整体贫困。国民素质和社会文明程度显著提高。中国梦和社会主义核心价值观更加深入人心，公共文化服务体系基本建成，文化产业成为国民经济支柱性产业。生态环境质量总体改善，主要污染物排放总量大幅减少，主体功能区布局和生态安全屏障基本形成。

三、决胜全面建成小康社会

党的十九大进一步明确了决胜全面建成小康社会的战略安排。从现在到2020年是全面建成小康社会决胜期。

第一，坚决打好防范化解重大风险攻坚战。第二，坚决打好精准脱贫攻坚战。坚持精准扶贫、精准脱贫基本方略，坚持专项扶贫、行业扶贫、社会扶贫等“三位一体”大扶贫格局。第三,坚决打好污染防治攻坚战。推进绿色发展,坚持节约优先、保护优先、自然恢复为主,加快形成节约资源和保护环境的空间格局、产业结构、生产和生活方式。第四,确保经济社会持续健康发展。坚持深化供给侧结构性改革,促进“三去一降一补”重点任务取得更大成效,强化创新驱动,加快经济发展方式转变,提高发展质量和效益。

第二节 全面深化改革

一、坚定不移地全面深化改革

改革是一个国家、一个民族的生存发展之道。没有改革开放就没有当代中国的发展进步。改革只有进行时,没有完成时。

全面深化改革,是顺应当今世界发展大势的必然选择。全面深化改革,是解决中国现实问题的根本途径。全面深化改革,关系党和人民事业前途命运,关系党的执政基础和执政地位。全面深化改革必须坚持党对改革的集中统一领导。全面深化改革必须坚持改革往有利于维护社会公平正义、增进人民福祉方向前进。促进社会公平正义、增进人民福祉是全面深化改革的出发点和落脚点,是坚持党全心全意为人民服务根本宗旨的必然要求。全面深化改革必须坚持社会主义市场经济改革方向。

全面深化改革必须坚持改革沿着中国特色社会主义方向前进。方向决定道路,道路决定命运。我国改革开放之所以能取得巨大成功,关键是我们把党的基本路线作为党和国家的生命线,始终坚持把以经济建设为中心同四项基本原则、改革开放这两个基本点统一于中国特色社会主义伟大实践,既不走封闭僵化的老路,也不走改旗易帜的邪路,坚定不移走中国特色社会主义道路。改革是社会主义制度自我完善和发展,不是对社会主义制度改弦易张,不实行改革开放死路一条,搞否定社会主义方向的“改革开放”也是死路一条,不论怎么改革、怎么开放,都要始终坚持中国特色社会主义道路、中国特色社会主义理论体系、中国特色社会主义制度。

二、全面深化改革的总目标和主要内容

党的十八届三中全会通过了《中共中央关于全面深化改革若干重大问题的决定》，提出全面深化改革的总目标是完善和发展中国特色社会主义制度，推进国家治理体系和治理能力现代化。

完善和发展中国特色社会主义制度，推进国家治理体系和治理能力现代化，这两句话是一个整体，前一句规定了根本方向，后一句规定了实现路径。提高党科学执政、民主执政、依法执政水平，提高运用中国特色社会主义制度有效治理国家的能力，充分发挥我国社会主义制度的优越性。

国家治理体系和治理能力是一个国家的制度和制度执行能力的集中体现，两者相辅相成。国家治理体系是在党领导下管理国家的制度体系，包括经济、政治、文化、社会、生态文明和党的建设等各领域体制机制、法律法规安排，即一整套紧密相连、相互协调的国家制度。

推进国家治理体系和治理能力现代化，必须解决好价值体系问题。能否构建具有强大感召力的核心价值观，关系社会和谐稳定，关系国家长治久安。要大力培育和弘扬社会主义核心价值体系和核心价值观，加快构建充分反映中国特色、民族特性、时代特征的价值体系，努力抢占价值体系的制高点。

总之，我们要勇于推进理论创新、实践创新、制度创新以及其他各方面的创新，让制度更加成熟定型，让发展更有质量，让治理更有水平，让人民更有获得感。

三、正确处理全面深化改革中的重大关系

全面深化改革要攻坚涉险，必须坚持正确的思想方法，不断探索和把握全面深化改革的内在规律，特别是要把握和处理好全面深化改革中的一些重大关系。

处理好解放思想和实事求是的关系。处理好顶层设计和摸着石头过河的关系。摸着石头过河就是坚持边实践边总结，从实践中获得真知，这是富有中国特色、符合中国国情的改革方法，也是符合马克思主义认识论和实践论的方法。我国改革开放是先试验、后总结、再推广不断积累的过程。处理

好整体推进和重点突破的关系。处理好胆子要大、步子要稳的关系。处理好改革、发展、稳定的关系。改革是经济社会发展的强大动力,发展是解决一切经济社会问题的关键,稳定是改革发展的前提。坚持把改革的力度、发展的速度和社会可承受的程度统一起来,把改善人民生活作为正确处理改革、发展、稳定关系的结合点,在保持社会稳定中推进改革发展,通过改革发展促进社会稳定。

第三节　全面依法治国

一、全面依法治国方略的形成发展

党的十一届三中全会明确提出"发展社会主义民主、健全社会主义法制"的重大方针。十五大明确把依法治国确立为治理国家的基本方略,把建设社会主义法治国家确定为社会主义现代化建设的重要目标。1999年3月,九届全国人大二次会议通过的《中华人民共和国宪法修正案》将"依法治国"正式写入宪法。2010年,中国已经形成了以宪法为核心的中国特色社会主义法律体系,为改革开放和社会主义现代化建设提供了有力的法治保障。

党的十八大明确提出"加快建设社会主义法治国家",把"全面推进依法治国"作为政治改革和政治发展的重要目标和重要任务。2012年12月4日,首都各界隆重纪念我国宪法公布施行30周年,习近平明确提出"捍卫宪法尊严""保证宪法实施"。十八届三中全会进一步提出推进法治中国建设。2014年十八届四中全会通过了《关于全面推进依法治国若干重大问题的决定》,明确提出全面推进依法治国,加快建设法治中国,开启了中国特色社会主义法治道路的新征程。十九大明确提出,全面依法治国是中国特色社会主义的本质要求和重要保障。必须把党的领导贯彻落实到依法治国全过程和各方面,坚定不移走中国特色社会主义法治道路。

二、中国特色社会主义法治道路

坚持中国共产党的领导。党的领导和依法治国是高度统一的。党的领导是社会主义法治最根本的保证,必须坚持党领导立法、保证执法、支持司法、带头守法，把依法治国同依法执政统一起来。

坚持人民在全面依法治国中的主体地位。坚持法治为了人民、依靠人民、造福人民、保护人民。充分调动人民群众投身依法治国实践的积极性和主动性，使全体人民都成为社会主义法治的忠实崇尚者、自觉遵守者、坚定捍卫者。

坚持法律面前人人平等。任何组织和个人都必须尊重宪法法律权威，都必须在宪法法律范围内活动，都必须依照宪法法律行使权力或权利、履行职责或义务，都不得有超越宪法法律的特权，任何人违反宪法法律都要受到追究。

坚持依法治国和以德治国相结合。法律是成文的道德，道德是内心的法律。法律和道德都具有规范社会行为、调节社会关系、维护社会秩序的作用，在国家治理中都有其地位和功能。法安天下，德润人心。法律有效实施有赖于道德支持，道德践行也离不开法律约束。治理国家、治理社会必须一手抓法治、一手抓德治，实现法律和道德相辅相成、法治和德治相得益彰。一方面发挥好法律的规范作用，以法治体现道德理念、强化法律对道德建设的促进作用，同时充分发挥好道德的教化作用，以道德滋养法治精神、强化道德对法治文化的支撑作用。

坚持从中国实际出发。全面依法治国，必须从我国实际出发，同推进国家治理体系和治理能力现代化相适应，突出中国特色、实践特色、时代特色，既不能罔顾国情、超越阶段，也不能因循守旧、墨守成规。要学习借鉴世界上优秀的法治文明成果，但必须坚持以我为主、为我所用，认真鉴别、合理吸收，不能搞"全盘西化"，不能搞"全面移植"，不能照搬照抄。

三、深化依法治国实践的重点任务

第一，推进中国特色社会主义法治体系建设。建设中国特色社会主义法治体系，首先是要完善以宪法为核心的中国特色社会主义法律体系，维护宪法尊严、权威，健全宪法实施和监督制度；其次是要建立严密的法治监督体系；再次是要进一步健全法制保障体系；最后是要加强党内法规制度建设。构建以党章为根本、若干配套党内法规为支撑的党内法规制度体系，提高党内法规执行力。

第二，深化依法治国实践。推进科学立法、民主立法、依法立法，以良法促进发展、保障善治。建设法治政府，推进依法行政，严格规范公正文明执法。加大全民普法力度，建设社会主义法治文化，树立宪法法律至上、法律面前人人平等的法治理念。

第四节　全面从严治党

一、新时代党的建设总要求

进入新时代，党面临的执政考验、改革开放考验、市场经济考验、外部环境考验具有长期性和复杂性，党面临的精神懈怠危险、能力不足危险、脱离群众危险、消极腐败危险具有尖锐性和严峻性。新时代党的建设总要求是：坚持和加强党的全面领导，坚持党要管党、全面从严治党，以加强党的长期执政能力建设、先进性和纯洁性建设为主线，以党的政治建设为统领，以坚定理想信念宗旨为根基，以调动全党积极性、主动性、创造性为着力点，全面推进党的政治建设、思想建设、组织建设、作风建设、纪律建设，把制度建设贯穿其中，深入推进反腐败斗争，不断提高党的建设质量，把党建设成为始终走在时代前列、人民衷心拥护、勇于自我革命、经得起各种风浪考验、朝气蓬勃的马克思主义执政党。

“坚持党要管党、全面从严治党”是新时代党的建设的根本方针。“全面”是基础。体现为管党治党对象全覆盖、领域全范围、责任全担负，人人、处处、时时纳入其中，无一例外。“严”是关键。“世间事，做于细，成于严。”共产党人最讲认真，全面从严治党讲认真，就是坚持严字当头，把严的要求贯彻全过程，做到真管真严、敢管敢严、长管长严。“治”是要害。坚持标本兼治，以猛药去疴、重典治乱的决心，以刮骨疗毒、壮士断腕的勇气，拔“烂树”、治“病树”、正“歪树”。

把党建设成为始终走在时代前列、人民衷心拥护、勇于自我革命、经得起各种风浪考验、朝气蓬勃的马克思主义执政党是新时代党的建设目标，集中体现了党的性质、宗旨、纲领，体现了新时代共产党人的价值取向、政治定力、使命担当。

二、把党的政治建设摆在首位

党的十九大首次把党的政治建设纳入党的建设总体布局，并强调“以党的政治建设为统领”“把党的政治建设摆在首位”，凸显党的政治建设的极端重要性，这是党的建设理论和实践的重大创新。

第一，旗帜鲜明讲政治是我们党作为马克思主义政党的根本要求。政治问题，任何时候都是根本性的大问题。全面从严治党，必须注重政治上的要求。第二，党的政治建设是党的根本性建设，决定党的建设方向和效果。政治属性是政党第一位的属性，政治建设是政党建设的内在要求。第三，注重抓党的政治建设是党的十八大以来全面从严治党的成功经验。党内存在的很多问题，原因都是党的政治建设没有抓紧、没有抓实、没有抓好。要解决当前党内存在的突出矛盾和问题，必须把党的政治建设摆在首位，营造风清气正的政治生态。

党的政治建设的基本内容是：保证全党服从中央，坚持党中央权威和集中统一领导，是党的政治建设的首要任务。全党要坚定执行党的政治路线，严格遵守政治纪律和政治规矩，同党中央保持高度一致。要尊崇党章，严格执行新形势下党内政治生活若干准则，增强党内政治生活的政治性、时代性、原则性、战斗性，完善和落实民主集中制的各项制度，坚持民主基础上的集中和集中指导下的民主相结合。要加强党性锻炼，不断提高政治觉悟和政治能力，把对党忠诚、为党分忧、为党尽职、为民造福作为根本政治担当，永葆共产党人政治本色。

三、全面从严治党永远在路上

第一，加强党的思想建设。思想建设是党的基础性建设。坚持以科学理论引领、用科学理论武装，是我们党永葆先进性、纯洁性的根本保证。深入学习领会习近平新时代中国特色社会主义思想，用党的创新理论武装全党、指导实践、推动工作，是全党的重大政治任务。理想指引人生方向，信念决定事业成败。共产党人要牢记党的宗旨，挺起精神脊梁，解决好世界观、人生观、价值观这个“总开关”问题。革命理想高于天，共产主义远大理想和中国特色社会主义共同理想，是中国共产党人的精神支柱和政治灵魂，也是保持党的团结统一的思想基础。

第二，加强党的组织建设。党的组织建设主要包括民主集中制建设、党的基层组织建设、干部队伍建设和党员队伍建设等内容。

第三，持之以恒正风肃纪。作风建设的核心是保持党同人民群众的血肉联系。我们党的最大政治优势是密切联系群众。党风问题、党同人民群众联系问题是关系党生死存亡的问题。作风建设就要发扬钉钉子精神，一锤接着一锤敲，打赢作风建设持久战，不能让享乐主义和奢靡之风卷土重来，要以更大力度整治形式主义和官僚主义。

第四，将制度建设贯穿党的各项建设之中。要让权力在阳光下运行，把权力关进制度的笼子。

第五，深化标本兼治，夺取反腐败斗争压倒性胜利。要依据十三届全国人大一次会议通过的《中华人民共和国宪法修正案》，组建国家、省、市、县监察委员会，同党的纪律检查机关合署办公，加强党对反腐败工作的统一领导，实现对所有行使公权力的公职人员监察全覆盖。

第十七章　习近平强军思想和中国特色大国外交

中国共产党成立以来，坚持把马克思主义基本原理同中国革命战争和人民军队建设实践相结合，形成了毛泽东军事思想、邓小平新时期军队建设思想、江泽民国防和军队建设思想、胡锦涛国防和军队建设思想等具有中国特色的马克思主义军事理论成果，为人民军队从胜利走向胜利提供了科学指引。党的十八大以来，习近平着眼坚持和发展中国特色社会主义、实现中华民族伟大复兴，立足国家安全和发展战略全局，围绕强军兴军作出一系列重要论述，提出一系列重大战略思想、重大理论观点、重大决策部署，形成了习近平强军思想。

中国共产党是为中国人民谋幸福的党，也是为人类进步事业而奋斗的党。中国共产党是世界上最大的政党。中国共产党所做的一切，就是为中国人民谋幸福、为中华民族谋复兴、为人类谋和平与发展。我们要把自己的事情做好，这本身就是对构建人类命运共同体的贡献。我们也要通过推动中国发展给世界创造更多机遇，通过深化自身实践探索人类社会发展规律并同世界各国分享。我们不"输入"外国模式，也不"输出"中国模式，不会要求别国"复制"中国的做法。

第一节　习近平强军思想

习近平强军思想深刻回答了"新时代建设一支什么样的强大人民军队、怎样建设强大人民军队"的时代课题，其主要内容有：一是强国必须强军，巩固国防和强大人民军队是新时代坚持和发展中国特色社会主义、实现中华民族伟大复兴的战略支撑。二是党在新时代的强军目标是建设一支听党指挥、能打胜仗、作风优良的人民军队，必须同国家现代化进程相一致，力争到

2035年基本实现国防和军队现代化,到本世纪中叶把人民军队全面建成世界一流军队。三是党对军队绝对领导是人民军队建军之本、强军之魂,必须全面贯彻党领导军队的一系列根本原则和制度,确保部队绝对忠诚、绝对纯洁、绝对可靠。四是军队是要准备打仗的,必须聚焦能打仗、打胜仗,创新发展军事战略指导,构建中国特色现代作战体系。五是作风优良是我军鲜明特色和政治优势,必须加强作风建设、纪律建设。六是推进强军事业必须坚持政治建军、改革强军、科技兴军、依法治军。七是改革是强军的必由之路。八是创新是引领发展的第一动力,建设创新型人民军队。九是现代化军队必须构建中国特色军事法治体系,推进治军方式根本性转变,提高国防和军队建设法治化水平。十是军民融合发展是兴国之举、强军之策,必须坚持发展和安全兼顾、富国和强军统一,形成全要素、多领域、高效益军民融合深度发展格局,构建一体化的国家战略体系和能力。

党的领导是人民军队战无不胜的根本保证。人民军队从诞生之日起,就始终在党的绝对领导下行动和战斗。毛泽东曾经指出:“我们的原则是党指挥枪,而决不容许枪指挥党。”党对军队绝对领导的根本原则和制度,发端于南昌起义,奠基于三湾改编,定型于古田会议,是人民军队完全区别于一切旧军队的政治特质和根本优势。

党对军队的绝对领导,其基本内容是:军队必须完全地无条件地置于中国共产党的领导之下,在思想上政治上行动上始终与党中央、中央军委保持高度一致,坚决维护党中央、中央军委权威,任何时候任何情况下都坚决听从党中央、中央军委指挥。这准确深刻地反映了中国共产党对军队的绝对领导,是唯一的独立的领导,是直接领导、直接指挥,是包括政治领导、思想领导、组织领导在内的全面领导,涵盖军事、政治、后勤、装备建设各个领域,贯穿于完成各项任务的全过程。

坚持党对军队绝对领导不是抽象的原则要求,而是有一整套制度作保证的。这些制度主要包括:军队最高领导权和指挥权属于党中央和中央军委,中央军委实行主席负责制;实行党委制、政治委员制、政治机关制;实行党委统一的集体领导下的首长分工负责制;实行支部建在连上。

习近平指出:“中华民族实现伟大复兴,中国人民实现更加美好生活,必须加快把人民军队建设成为世界一流军队。”这是实现中华民族伟大复兴中国梦在国防和军队建设领域的具体化，进一步明确了国防和军队建设的目标引领，体现了新时代对强军的战略要求。党的十九大对全面推进国防和军队现代化作出新的战略安排：到2020年，国防和军队建设要基本实现机械化，信息化建设取得重大进展，战略能力有大的提升；到2035年，基本实现国防和军队现代化；到本世纪中叶，把人民军队全面建成世界一流军队。这一部署，绘就了建设强大人民军队的路线图、时间表。

坚持富国和强军相统一是我们党的一贯主张。毛泽东提出："中国必须建立强大的国防军，必须建立强大的经济力量，这是两件大事。"党的十八大以来，习近平强调，我们要实现中华民族伟大复兴，必须坚持富国和强军相统一，努力建设巩固国防和强大军队。坚持富国和强军相统一是经济建设和国防建设协调发展规律的内在要求。

走军民融合式发展路子，是实现富国和强军统一的重要途径。军民融合，源于我们党的"军民结合、寓军于民"的思想，其目的就是在更广范围、更高层次、更深程度上把国防和军队现代化建设有机融入经济社会发展体系之中。

第二节　中国特色大国外交

一、世界正处于大发展大变革大调整时期

进入21世纪以来，世界格局正处在一个加快演变的历史性进程中。国际力量对比正在发生前所未有的积极变化，新兴市场国家和发展中国家群体性崛起正在改变全球政治经济版图，世界多极化和国际关系民主化大势难逆，以西方国家为主导的全球治理体系出现变革迹象。

多极化格局有利于遏制霸权主义和强权政治，有利于推动建立公正合理的国际政治经济新秩序。经济全球化有利于促进资本、技术、知识等生产要素在全球范围内的优化配置，为全球经济和社会发展提供了前所未有的物质技术条件，给各国各地区提供了新的发展机遇。文化多样化是人类文明进步的重要动力，维护和促进世界文化多样化是大多数国家的共同愿望。社会信息化的一个重要标志是互联网的飞速发展和广泛应用。

二、坚持独立自主和平外交政策

实现和平发展,是中国人民的真诚愿望和不懈追求。新中国成立近70年来特别是改革开放40年来,中国奉行独立自主的和平外交政策,成功地走上了一条与本国国情和时代特征相适应的和平发展道路。

中国坚定不移地奉行独立自主的和平外交政策,走和平发展道路,这是由我国的社会主义性质和在国际上的地位所决定的,是从历史、现实、未来的客观判断中得出的结论,是思想自信和实践自觉的有机统一。中国走和平发展道路的自信和自觉,来源于中华文明的深厚渊源,来源于对实现中国发展目标条件的认知,来源于对世界发展大势的把握。

三、推动建立新型国际关系

维护世界和平、促进共同发展,是中国外交政策的宗旨。推动建设相互尊重、公平正义、合作共赢的新型国际关系。新型国际关系,"新"在相互尊重,"新"在公平正义,特别是"新"在合作共赢。合作共赢强调把本国利益同各国共同利益结合起来,努力扩大各方共同利益的汇合点,积极树立双赢、多赢、共赢的新理念,摒弃赢者通吃的旧思维。和平而不是战争,合作而不是对抗,共赢而不是零和,才是人类社会和平、进步、发展的永恒主题。合作共赢使双方或多方在合作中互惠互利、相得益彰,从而实现各方的共同受益。中国倡导建立相互尊重、公平正义、合作共赢的新型国际关系,核心是维护联合国宪章的宗旨和原则,维护不干涉别国内政和尊重国家主权、独立、领土完整等国际关系基本准则,维护联合国及其安理会对世界和平承担的首要责任,开展对话、合作而不是对抗,实现双赢、共赢而不是单赢。

推动建立新型国际关系,要坚决维护国家核心利益。中国始终把坚决维护国家主权、安全、发展利益作为外交工作的基本出发点和落脚点,稳妥应对涉我领土主权和海洋权益争端,坚决维护国家的领土主权。坚决在国际上遏制"台独""藏独""东突"等分裂势力的破坏活动,防范国际暴力恐怖活动向境内渗透,维护国家主权和安全。中国决不会以牺牲别国利益为代价来发展自己,也决不放弃自己的正当权益,任何人不要幻想让中国吞下损害自身利益的苦果。中国反对以大欺小、以强凌弱,反对把自己的意志强加于人，反对干涉别国内政。

推动建立新型国际关系，要在和平共处五项原则基础上发展同世界各国的友好合作。要按照大国是关键、周边是首要、发展中国家是基础、多边是舞台的外交工作布局，发展与各国的友好关系。重视各大国的地位和作用，推进大国协调和合作，构建总体稳定、均衡发展的大国关系框架，致力于同各大国发展全方位合作关系，积极推动中美关系稳定发展，同俄罗斯发展全面战略协作伙伴关系，同欧洲发展和平、增长、改革、文明伙伴关系；按照亲诚惠容理念和与邻为善、以邻为伴周边外交方针深化同周边国家关系；坚持把发展中国家作为对外政策的基础，秉持正确义利观和真实亲诚理念加强同发展中国家团结合作，永远做发展中国家的可靠朋友和真诚伙伴。

推动建立新型国际关系，要积极参与全球治理体系改革和建设。中国秉持共商共建共享的全球治理观，倡导国际关系民主化，坚持国家不分大小、强弱、贫富一律平等，支持扩大发展中国家在国际事务中的代表性和发言权。积极倡导和践行多边主义，积极参与多边事务，高度重视联合国的作用，支持二十国集团、亚太经合组织、上海合作组织、金砖国家等发挥积极作用，推动国际秩序和国际体系朝着公正合理的方向发展。扎实推进公共外交和人文交流，开展同各国政党和政治组织的友好往来，加强人大、政协、地方、民间团体的对外交流，夯实国家关系发展社会基础。中国将继续发挥负责任大国作用，积极参与全球治理体系改革和建设，不断贡献中国智慧和力量。

此外，推动建立新型国际关系，要加强涉外法律工作，完善涉外法律法规体系。推动建立新型国际关系，还要把相互尊重、公平正义、合作共赢理念体现到政治、经济、安全、文化等对外合作的方方面面，推动构建人类命运共同体。

四、构建人类命运共同体思想的内涵

2012年党的十八大明确提出，要倡导人类命运共同体意识，在追求本国利益时兼顾他国合理关切，在谋求本国发展中促进各国共同发展，建立更加平等均衡的新型全球发展伙伴关系，同舟共济，权责共担，增进人类共同利益。习近平出席博鳌亚洲论坛2015年年会时提出了“通过迈向亚洲命运共同体，推动建设人类命运共同体”的倡议。当今世界，各国相互依存、休戚与共。我们要继承和弘扬联合国宪章的宗旨和原则，构建以合作共赢为核心的新型国际关系，打造人类命运共同体。

提出构建人类命运共同体思想，具有鲜明的时代背景。从国际上看，一方面，世界格局正处在加快演变进程之中，经济全球化、社会信息化极大解放和发展了社会生产力，创造了前所未有的发展机遇；人类生活在同一个地球村，各国相互联系、相互依存、相互合作、相互促进的程度空前加深，国际社会日益成为一个你中有我、我中有你的命运共同体。另一方面，世界发展面临各种问题和挑战，经济全球化遭遇逆风，世界经济长期低迷，发展鸿沟日益突出，地区冲突频繁发生，恐怖主义、难民潮等全球性挑战此起彼伏，各种社会政治思潮交锋激荡。从国内来看，党的十八大以来，在新中国成立特别是改革开放以来我国发展取得重大成就的基础上，党和国家事业发生历史性变革，我国发展站到了新的历史起点上，中国特色社会主义进入了新时代，中国的治理理念和实践受到高度赞赏和广泛认同，国际影响力、感召力、塑造力进一步提高。中国有信心、有能力为世界作出更大贡献。

构建人类命运共同体思想，是一个科学完整、内涵丰富、意义深远的思想体系，其核心就是“建设持久和平、普遍安全、共同繁荣、开放包容、清洁美丽的世界”。

第一，政治上，要相互尊重、平等协商，坚决摒弃冷战思维和强权政治，走对话而不对抗、结伴而不结盟的国与国交往新路。建设一个持久和平的世界，根本要义在于国家之间要构建平等相待、互商互谅、互学互鉴的伙伴关系。大国要尊重彼此核心利益和重大关切，管控矛盾分歧，努力构建不冲突不对抗、相互尊重、合作共赢的新型关系。国家间出现矛盾、分歧和争端，要通过平等协商以和平方式处理，以最大诚意和耐心，坚持对话解纷争、对话促安全。第二，安全上，要坚持以对话解决争端、以协商化解分歧，统筹应对传统和非传统安全威胁，反对一切形式的恐怖主义。各国应树立共同、综合、合作、可持续的新安全观。第三，经济上，要同舟共济，促进贸易和投资自由化便利化，推动经济全球化朝着更加开放、包容、普惠、平衡、共赢的方向发展。第四，文化上，要尊重世界文明多样性，以文明交流超越文明隔阂、文明互鉴超越文明冲突、文明共存超越文明优越。第五，生态上，要坚持环境友好，合作应对气候变化，保护好人类赖以生存的地球家园。

构建人类命运共同体思想顺应了历史潮流，回应了时代要求，凝聚了各国共识，为人类社会实现共同发展、持续繁荣、长治久安绘制了蓝图。这一思想继已被多次写入联合国文件，对中国的和平发展、世界的繁荣进步都具有重大和深远的意义。

五、促进“一带一路”国际合作

推进“一带一路”建设是习近平深刻思考人类前途命运及中国和世界发展大势所提出的宏伟构想和中国方案。2013年9月和10月，习近平在出访中亚和东南亚国家期间，先后提出共建“丝绸之路经济带”和“21世纪海上丝绸之路”的重大倡议，得到了国际社会的高度关注和积极回应。

中国政府倡议，共建“一带一路”恪守联合国宪章的宗旨和原则，坚持开放合作、和谐包容、市场运作、互利共赢。秉持和平合作、开放包容、互学互鉴、互利共赢的理念，全方位推进务实合作，打造政治互信、经济融合、文化包容的利益共同体、命运共同体和责任共同体，以政策沟通、设施联通、贸易畅通、资金融通、民心相通为主要内容加强合作。

党的十九大提出要以“一带一路”建设为重点，坚持引进来和走出去并重，遵循共商共建共享原则，加强创新能力开放合作，形成陆海内外联动、东西双向互济的开放格局。一是要坚持引进来和走出去并重，深化双向投资合作。二是坚持共商共建共享原则。三是加强创新能力开放合作，主要是加强技术创新合作、理论创新交流互鉴、创新人才资源交流合作。四是把“一带一路”与构建人类命运共同体更加紧密结合起来，与落实2030年可持续发展议程紧密结合起来，打造国际合作新平台，增添共同发展新动力，把“一带一路”建成和平之路、繁荣之路、开放之路、创新之路、文明之路。

第十八章　坚持和加强党的领导

历史表明，历史和人民选择中国共产党领导中华民族伟大复兴的事业是正确的，必须长期坚持、永不动摇；中国共产党领导中国人民开辟的中国特色社会主义道路是正确的，必须长期坚持、永不动摇；中国共产党和中国人民扎根中国大地、吸纳人类文明优秀成果、独立自主实现国家发展的战略是正确的，必须长期坚持、永不动摇。

第一节　实现中华民族伟大复兴关键在党

中国共产党的领导是中国特色社会主义最本质的特征，这是十八大以来习近平提出的一个重要论断。这一论断符合科学社会主义的基本原则，反映中国特色社会主义的历史经验，适应新时代历史使命的实践要求。

第一，这是由科学社会主义的理论逻辑所决定的。坚持无产阶级政党的领导是无产阶级革命和社会主义建设取得胜利的根本保证。第二，这是由中国特色社会主义产生与发展的历史逻辑所决定的。中国特色社会主义不是从天上掉下来的，而是在改革开放40年的伟大实践中得来的，是在中华人民共和国成立近70年的持续探索中得来的，是在我们党领导人民进行伟大社会革命90多年的实践中得来的。第三，这是由中国特色社会主义迈向新征程的实践逻辑所决定的。实现中华民族伟大复兴，关键在党。

十三届全国人大一次会议审议通过的宪法修正案，把“中国共产党的领导是中国特色社会主义最本质的特征”载入宪法总纲，以国家根本大法的形式强调党的领导在中国特色社会主义中的核心地位，使党的领导在国家运行机制和各项制度中具有更强的制度约束力和更高的法律效力，有利于把党的领导贯彻落实到国家政治生活和社会生活的各个领域，确保中国特色社会主义事业始终沿着正确轨道前进。

中国共产党的领导是中国特色社会主义制度的最大优势。中国特色社会主义制度是中国共产党领导人民创建的，党的领导是中国特色社会主义制度优势发挥的根本保障，党的优势是中国特色社会主义制度优势之源。

新时代中国共产党的历史使命，就是统揽伟大斗争、伟大工程、伟大事业、伟大梦想，在全面建成小康社会的基础上全面建成社会主义现代化强国，实现中华民族伟大复兴的中国梦。

实现伟大梦想，必须进行具有许多新的历史特点的伟大斗争。坚决反对一切削弱、歪曲、否定党的领导和社会主义制度的言行，更加自觉地坚持党的领导和中国特色社会主义制度。要充分认识这场伟大斗争的长期性、复杂性、艰巨性，发扬斗争精神，提高斗争本领，有效应对重大挑战、抵御重大风险、克服重大阻力、解决重大矛盾，不断夺取伟大斗争新胜利。

实现伟大梦想，必须深入推进党的建设新的伟大工程。没有中国共产党的领导，民族复兴必然是空想。办好中国的事情关键在党，实现中华民族伟大复兴关键在党。要更加自觉地坚定党性原则，不断增强党的政治领导力、思想引领力、群众组织力、社会号召力，确保我们党永葆旺盛生命力和强大战斗力。

实现伟大梦想，必须推进中国特色社会主义伟大事业。中国特色社会主义是改革开放以来党的全部理论和实践的主题，是党和人民历尽千辛万苦、付出巨大代价取得的根本成就。中国特色社会主义道路是实现社会主义现代化、创造人民美好生活的必由之路，中国特色社会主义理论体系是指导党和人民实现中华民族伟大复兴的正确理论，中国特色社会主义制度是当代中国发展进步的根本制度保障，中国特色社会主义文化是激励全党全国各族人民奋勇前进的强大精神力量。中国特色社会主义既坚持科学社会主义基本原则，又根据时代条件赋予其鲜明的中国特色，是21世纪的科学社会主义。我们要更加自觉地增强道路自信、理论自信、制度自信、文化自信，既不走封闭僵化的老路，也不走改旗易帜的邪路，保持政治定力，坚持实干兴邦，始终坚持和发展中国特色社会主义。

伟大斗争、伟大工程、伟大事业、伟大梦想是一个紧密联系、相互贯通、相互作用、有机统一的整体，统一于新时代坚持和发展中国特色社会主义伟大实践。伟大梦想是目标,指引前进方向;伟大斗争是手段,激发前进动力;伟大工程是保障,提供前进保证;伟大事业是主题,开辟前进道路。其中,起决定性作用的是党的建设伟大工程。因此,必须把党建设好,把伟大工程建设好,确保党在世界形势深刻变化的历史进程中始终走在时代前列,在应对国内外各种风险和考验的历史进程中始终成为全国人民的主心骨,在坚持和发展中国特色社会主义的历史进程中始终成为坚强领导核心。

第二节 坚持党对一切工作的领导

一、确保党始终总揽全局协调各方

党是最高政治领导力量,这是马克思主义政党学说的基本原则,是对历史经验的深刻总结,是推进伟大事业的根本保证。

第一,这是马克思主义政党的基本要求。无产阶级执政党必须坚持党对国家政权的最高领导权,这是马克思主义政党学说的基本原则。动摇了这个原则,共产党就会失去政权,社会主义就会蜕化质变。第二,这是对党领导革命、建设和改革历史经验的深刻总结。党的十八大以来,以习近平同志为核心的党中央强化了党的领导,带领全党全国人民解决了许多长期想解决而没有解决的难题,办成了许多过去想办而没有办成的大事,推动党和国家事业发生历史性变革。习近平指出,只要我们深入了解中国近代史、中国现代史、中国革命史,就不难发现,如果没有中国共产党领导,我们的国家、我们的民族不可能取得今天这样的成就,也不可能具有今天这样的国际地位。在坚持党的领导这个重大原则问题上,绝不能有任何含糊和动摇。第三,这是推进伟大事业的根本保证。党的建设和党领导的事业是统一的。

坚持党总揽全局、协调各方的领导核心地位,是党作为最高政治力量在治国理政中的重要体现。确保党始终总揽全局、协调各方,必须增强政治意识、大局意识、核心意识、看齐意识,自觉维护党中央权威和集中统一领导,自觉在思想上政治上行动上同党中央保持高度一致。确保党始终总揽全局、协调各方,必须坚持和完善党的领导的体制机制。确保党始终总揽全局、协调各方,必须坚持党的民主集中制原则。

二、全面增强党的执政本领

中国共产党是世界上最大的政党，要领导13亿多人的社会主义大国，我们党既要政治过硬，也要本领高强。

一是增强学习本领。要坚持用习近平新时代中国特色社会主义思想武装头脑、指导实践、推动工作，全面、系统、富有探索精神地学习。二是增强政治领导本领。我们党必须着力增强政治领导本领，不断提高把方向、谋大局、定政策、促改革的能力，提高保持政治定力、驾驭政治局面、防范政治风险的能力。要坚持战略思维、创新思维、辩证思维、法治思维、底线思维。三是增强改革创新本领。四是增强科学发展本领。五是增强依法执政本领。六是增强群众工作本领。七是增强狠抓落实本领。八是增强驾驭风险本领。

党的领导地位和执政地位不是与生俱来的，也不是一劳永逸的，过去拥有不等于现在拥有，现在拥有不等于永远拥有。昨天的成功并不代表着今后能够永远成功，过去的辉煌并不意味着未来可以永远辉煌。中国共产党要把新时代坚持和发展中国特色社会主义这场伟大社会革命进行好，党必须勇于进行自我革命，全面增强党的执政本领，以领导人民进行的伟大社会革命。

总之，坚持党的领导，是党和国家的根本所在、命脉所在，是全国各族人民的利益所系、幸福所系。

第三编

中国近现代史纲要初论

导　　言

中国的近现代史，是指1840年以来中国的历史。其中从1840年鸦片战争爆发到1949年中华人民共和国成立前夕的历史，是中国的近代史；1949年中华人民共和国成立以来的历史，是中国的现代史。

中国的近现代史，就其主流和本质来说，是中国一代又一代的志士仁人和人民群众为救亡图存和实现中华民族的伟大复兴而英勇奋斗、艰苦探索的历史；尤其是全国各族人民在中国共产党的领导下，进行伟大的艰苦的斗争，经过新民主主义革命，创建中华人民共和国，赢得民族独立和人民解放的历史；经过社会主义革命、建设、改革，把一个极度贫弱的旧中国逐步变成一个持续走向繁荣富强、充满生机和活力的社会主义新中国的历史。

“中国近现代史纲要”主要是要认识近现代中国社会发展和革命、建设、改革的历史进程及其内在的规律性，了解国史、国情，深刻领会历史和人民是怎样选择了马克思主义，选择了中国共产党，选择了社会主义道路，选择了改革开放。

具体说来，应当达到以下的目的与要求：

第一，了解外国资本-帝国主义入侵中国及其与中国封建势力相结合给中华民族和中国人民带来的深重苦难，了解近代以来中国面临的争取民族独立、人民解放和实现国家富强、人民富裕这两项历史任务，懂得必须首先推翻半殖民地半封建的社会制度，争得民族独立、人民解放，才能为集中力量进行现代化建设开辟道路，认识革命的必要性、正义性、进步性；自觉地继承和发扬近代以来中国人民的爱国主义精神和革命传统，进一步增强实现中华民族伟大复兴的责任感和使命感。

第二，了解近代以来中国的先进分子和人民群众为救亡图存而进行艰苦探索、顽强奋斗的历程及其经验教训；注意比较地主买办资产阶级、民族资产阶级和工人阶级政党的政治方案，懂得旧民主主义革命让位给新民主主义革命、资产阶级共和国让位给人民共和国的原因；认识历史和人民怎样选择了中国共产党、选择了马克思主义，进一步增强拥护共产党的领导和接受马克思主义指导的自觉性。

第三，联系新中国成立以后的国内外环境，了解中国人民走上以共产党为领导力量的社会主义道路的历史必然性；了解实行改革开放和搞好现代化建设的重大意义，联系中国现代化建设事业取得的巨大成就，懂得中国选择社会主义的正确性；了解中国特色社会主义是改革开放以来中国共产党的全部理论和实践的主题，增强中国特色社会主义的道路自信、理论自信、制度自信、文化自信；进一步树立“只有社会主义才能救中国，只有中国特色社会主义才能发展中国”的信念，坚定不移地坚持和发展中国特色社会主义。

第四，紧密结合中国革命、建设、改革的实际，了解马克思主义中国化的历史进程，深刻认识毛泽东思想、邓小平理论、“三个代表”重要思想、科学发展观、习近平新时代中国特色社会主义思想的形成及其重大和深远的意义，自觉地以之作为自己的行动指南。

第五，紧密结合中国近现代的历史实际，通过对有关历史进程、事件和人物的分析，进一步明确中国近现代历史的主题、主线和主流、本质，懂得珍惜中国人民英勇奋斗的历史，尤其是中国共产党领导中国人民进行革命、建设、改革的历史。

一、中国近代史的起点

1840年，英国发动了侵略中国的鸦片战争，中国历史的发展从此发生重大转折。1842年8月29日，清政府与英国签订了中国近代史上第一个不平等条约《南京条约》。接着，1843年10月，签订了中英《虎门条约》。美国、法国等西方列强趁火打劫，逼迫清政府与之签订不平等条约，如1844年7月签订的中美《望厦条约》，10月签订的中法《黄埔条约》。

通过这一系列不平等条约，英国等西方列强在中国攫取了大量侵略特权。如：割占香港岛，破坏了中国的主权和领土完整；外国船舰可在中国领海自由航行，破坏了中国的领海主权；外国人在华不受中国法律管束，享受领事裁判权，破坏了中国的司法主权；协定关税，则破坏了中国的关税主权；等等。

随着外国资本主义的入侵，中国的封建社会逐步变成了半殖民地半封建社会。中国人民逐渐开始了反帝反封建的资产阶级民主革命。正因为如此，鸦片战争就成为中国近代史的起点。

二、中国社会的半殖民地半封建性质

认清国情，是认识中国近代一切社会问题和革命问题的最基本的依据。

鸦片战争以后，资本-帝国主义列强通过发动侵略战争，强迫中国签订一系列不平等条约，中国已经丧失了完全独立的地位，在相当程度上被殖民地化了。但是由于中国长期以来一直是一个统一的大国，特别是中国人民顽强、持久的反抗，同时也由于帝国主义列强间争夺中国的矛盾无法协调，使得它们中的任何一个国家都无法单独征服中国，也使得它们不可能共同瓜分中国。

外国资本主义列强用武力打开中国的门户，把中国卷入世界资本主义经济体系和世界市场之中。一方面，破坏了中国自给自足的自然经济的基础；另一方面，则促进了中国城乡商品经济的发展，给中国资本主义的产生造成了某些客观条件。破产的农民和手工业者成了产业工人的后备军。一批官僚、买办、地主、商人投资兴办新式工业。中国出现了资本主义生产关系。中国已经不是完全的封建社会了。

然而，资本-帝国主义列强并不容许中国成为独立的资本主义国家。中国的民族资本主义经济虽然有了某些发展，但是并没有也不可能成为中国社会经济的主要形式。而在中国的资本主义经济中，外国资本及依附于它的官僚资本居于主要和支配的地位。

从近代中国的历史进程，可以看到中国半殖民地半封建社会有以下一些基本特征：

第一，资本-帝国主义侵略势力不但逐步操纵了中国的财政和经济命脉，而且逐步控制了中国的政治，日益成为支配中国的决定性力量（根本原因）。

第二，中国的封建势力日益衰败并同外国侵略势力勾结，成为资本-帝国主义压迫、奴役中国人民的社会基础和统治支柱（主要原因）。

第三，中国自然经济的基础虽然遭到破坏，但是封建剥削制度的根基即封建地主的土地所有制依然在广大地区内保持着，成为中国走向现代化和民主化的严重障碍(经济基础决定上层建筑)。

第四，中国新兴的民族资本主义经济虽然已经产生，并在政治、文化生活中起了一定的作用，但是在帝国主义和封建主义的压迫下，它的发展很缓慢，力量很软弱，而且它的大部分与外国资本-帝国主义和本国封建主义都有或多或少的联系。(由地主转化而来，机器依赖于国外，轻工业为主)

第五，由于近代中国处于资本-帝国主义列强的争夺和间接统治之下，加上中国地域广大，以及在地方性的农业经济的基础上形成的地方割据势力的存在，近代中国各地区经济、政治和文化的发展是极不平衡的。后来，帝国主义列强还分别支持不同的政治势力以分裂中国，使中国处于不统一状态(也是军阀屡次割据的原因之一)。

第六，在资本-帝国主义和封建主义的双重压迫下(后来还加上官僚资本主义的压迫)，中国的广大人民尤其是农民日益贫困化以至大批破产，过着饥寒交迫和毫无政治权利的生活。

中国半殖民地半封建社会及其特征，是随着资本-帝国主义侵略的扩大，资本-帝国主义与中国封建势力结合的加深而逐渐形成的。它有一个演变的过程，而且在不同历史阶段和不同地区有所差别。在某些时期，中国的某些地区甚至沦为帝国主义直接统治的殖民地。

三、社会阶级关系的变动

随着近代中国从封建社会逐步演变为半殖民地半封建社会，中国社会的阶级关系也发生了深刻的变动，不仅旧的阶级发生了变化，还有新的阶级产生出来。

地主阶级本身也发生了某些变化。简言之，开明派，以魏源、林则徐为代表，主张师夷长技以制夷；洋务派，以李鸿章、曾国藩等为代表，主张师夷长技以自强，中体西用；还有顽固派，保守势力等。一般意义上来说，地主阶级是革命的主要对象，但在某些特定时期，部分特定地主可以短暂地成为革命的动力，如抗战期间，对于开明地主和爱国地主的政策，包括减租减息。

农民阶级，仍是近代中国社会人数最多的被剥削阶级。基本可以分为：贫农、中农和富农，其中，贫雇农是农民阶级中人口最多的部分，他们一无所有，只能出卖自己的劳动力，是工人阶级最可靠的同盟军；中农自给自足，是可靠的同盟者（城市小资产阶级可以看作城市中的“中农”）。富农拥有较多土地，雇佣一部分农民劳动，但自己参加劳动，具有浓厚的半封建性，类似于农村中的民族资产阶级。因此，依靠贫农，联合中农，限制富农，没收地主土地归农民所有。农民阶级是中国革命的主力军，任何革命不依靠农民阶级是一定会失败的，但农民阶级有着小农阶级的局限性，因此不能充当领导者，农民领导农民的战争也会失败。只有工人阶级和农民阶级才是天然的同盟军。

近代中国诞生的新兴的被压迫阶级是工人阶级。它的来源主要是城乡破产失业的农民、手工业者和城市贫民。中国工人阶级最早出现于19世纪40至50年代外国资本主义在华企业中。因此，它是先于中国的资产阶级而产生的。也是伴随着帝国主义入侵中国而产生的，分布在沿海，较为集中，便于组织和领导。受到“三重压迫”，革命性最强，最先进的阶级。

中国资产阶级也是近代中国新产生的阶级。主要由一些买办、商人、地主、官僚投资新式企业转化而成。从19世纪70年代开始，中国民族资本兴办的新式企业逐步发展起来。中国资产阶级的来源不同，构成比较复杂。其中有一部分是官僚买办资本家。他们是利用政治特权和与外国资本的紧密联系，在剥削劳动人民和挤压民族资本的过程中，逐渐形成和发展起来的。

中国资产阶级的另一部分是民族资本家。他们经营的企业由于原始积累不足，大多数规模小、设备落后，并受到外国资本主义和本国封建主义及官僚买办资产阶级的压迫，发展缓慢，始终未能在中国社会经济中占主要地位。民族资产阶级同外国资本主义、本国封建主义仍然有着千丝万缕的联系。由于工业不发达，商业畸形发展，工业资本家未能成为资产阶级的主体。有的资本家同时在农村占有大量土地，兼营封建剥削。正因为如此，中国的民族资产阶级在政治上表现出两面性。他们与外国资本主义和本国封建主义既有矛盾、斗争的一面，又有依赖、妥协的一面。

近代中国半殖民地半封建社会的矛盾，占支配地位的主要矛盾，是帝国主义和中华民族的矛盾，封建主义和人民大众的矛盾。这两对主要矛盾及其斗争贯穿整个中国半殖民地半封建社会的始终，并对中国近代社会的发展变化起着决定性的作用。而帝国主义和中华民族的矛盾，是最主要的矛盾。因此，必须要先反帝，后反封建，革命才能成功，才是真正的认清国情，才是正确的革命纲领。

一般来说，当资本-帝国主义向中国发动侵略战争时，中国内部各阶级，除一些叛国分子外，能够暂时地团结起来举行民族战争去反对外国侵略。这时，民族矛盾特别尖锐，阶级矛盾暂时降到次要和服从的地位。例如，鸦片战争、第二次鸦片战争、中法战争、中日甲午战争、义和团反帝运动，都有过这种情形。而当资本-帝国主义与中国的反动统治阶级结成同盟，用战争以外的形式共同压迫中国人民，尤其是封建主义统治特别残酷的时候，中国人民往往采取国内战争的形式去反对资本-帝国主义和封建主义的同盟，而斗争的矛头主要直接地指向中国的封建政权，这时阶级矛盾就上升为主要矛盾，民族矛盾退居次要地位。

例如，太平天国农民战争和辛亥革命，就是这种情况。当国内战争发展到从根本上威胁资本-帝国主义及其代理人中国封建地主阶级统治的时候，外国侵略势力甚至直接出兵，镇压中国人民，援助中国的反动派。这时，外国侵略者和国内封建统治者完全公开站在一条战线上。例如，太平天国后期，清政府向外国侵略者"借师助剿"，共同镇压太平天国农民起义，就属于这种情况。

中国近代社会的发展和演变，是上述两对主要矛盾互相交织和交替作用的结果。近代以来伟大的中国革命，是在这些主要矛盾及其激化的基础之上发生和发展起来的。

从1840年反对英国侵略的战争直到抗日战争以前，无不以中国失败、被迫接受丧权辱国的条约而告结束。其根本原因，正如毛泽东所说，"一是社会制度腐败，二是经济技术落后"。正因为如此，为了使中国在世界上站起来，为了使中国人民过上幸福、富裕的生活，就必须推翻帝国主义、封建主义联合统治的半殖民地半封建的社会制度，争得民族独立和人民解放；就必须改变中国经济技术落后的面貌，实现国家富强和人民富裕。

第十九章　反侵略斗争和对国家出路的早期探索

第一节　资本-帝国主义对中国的侵略和反侵略斗争

资本-帝国主义列强对中国的侵略，首先和主要的是进行军事侵略。它们依仗先进的武器和军事技术，或者进行武力威胁，或者发动侵略战争，或者武装干涉中国的内政，甚至直接出兵镇压中国革命。这种军事侵略是逐步升级的，从骚扰、蚕食中国沿海、边疆，到割占中国大片领土，甚至企图瓜分中国。

资本-帝国主义列强发动战争来侵略中国、屠杀中国人民，并向中国勒索巨额赔款，造成中国严重的财政危机，直接破坏和阻碍中国的经济发展。为了统治中国，资本-帝国主义列强在政治上采取的主要方式，是控制中国政府，操纵中国的内政、外交，把中国当权者变成自己的代理人和驯服工具。

资本-帝国主义列强对中国进行经济侵略的方式，除了强迫中国支付巨额的战争赔款外，主要是利用其与清政府签订的不平等条约赋予的特权，进一步扩大对中国的商品倾销和资本输出，进行掠夺和榨取，逐步把中国卷入资本主义的世界市场，成了西方大国的经济附庸。除了沿海、沿江少数城市的经济得到畸形繁荣以外，中国广大地区特别是农村的经济都濒临破产。外国帝国主义和中国封建主义的联合统治，导致了近代中国经济的落后和人民的贫困。

资本-帝国主义列强在对中国实行军事侵略、政治控制、经济掠夺的同时，还对中国进行文化渗透。其目的是宣扬殖民主义奴化思想，麻醉中国人民的精神，摧毁中国人的民族自尊心和自信心。

一是披着宗教外衣，进行侵略活动。资本-帝国主义的文化渗透活动，有许多是披着宗教外衣、在传教的名义下进行的。一部分西方传教士积极参与了对中国的侵略活动。二是为侵略中国制造舆论。外国教会中的某些势力还利用宣传宗教和西学的名义，为资本-帝国主义的侵略制造舆论。它们在中国所办的某些报纸、杂志，所翻译、出版的某些书刊，基本上反映了当时外国侵略者对中国的态度和要求。帝国主义者为了制造侵略有理的舆论，还大肆宣扬"种族优劣论"。

但是，与他们的主观愿望相反，帝国主义的侵略激起了中国人民的反抗，刺激了中国人民的觉醒，促使中国人民投入反对帝国主义侵略的斗争。

资本-帝国主义侵略、压迫中国人民的过程，同时也是中国人民反抗它们的侵略、压迫的过程。

人民群众的反侵略斗争。英国发动侵略中国的鸦片战争时，中国人民即奋起抵抗。1841年三元里人民的抗英斗争，是中国近代史上中国人民第一次大规模的反侵略武装斗争，显示了中国人民不甘屈服和敢于斗争的英雄气概。太平天国农民战争后期，太平军曾多次重创英、法侵略军。在外国侵略中国台湾的过程中，台湾人民也奋起反抗侵略者。1867年，美国派海军入侵台湾，1874年，日军侵犯台湾琅峤地区，都遭到了中国人民反对。1884年，中法战争期间，香港中国造船工人举行罢工。1895年《马关条约》签订后，台湾人民与总兵刘永福所率领的黑旗军共同抗击日本侵略。1900年八国联军侵华时，义和团及部分清军与之展开殊死战斗，义和团与清军还在东北抗击沙俄侵略军。

爱国官兵的反侵略斗争。在历次反抗外国侵略的战争中，爱国官兵表现了英勇顽强的战斗精神。1859年6月，英法联军大举进攻大沽炮台，守军沉着应战。中法战争期间，1884年8月，法舰进犯台湾，被督办台湾事务大臣刘铭传指挥守军击退。1885年老将冯子材大败法军，取得镇南关大捷。在抗击外国侵略的战争中，许多爱国官兵英勇献身。如关天培、邓世昌、林永升等都以身殉国。

19世纪70至80年代，列强从侵占中国周边邻国发展到蚕食中国边疆地区，使中国陷入"边疆危机"。英国从印度侵入西藏，又从缅甸入侵云南。法国则从越南侵犯广西。俄国从中亚入侵新疆。日本吞并琉球，侵犯中国台湾。

帝国主义列强对中国的争夺和瓜分的图谋,在1894年中日甲午战争爆发后达到高潮。1895年中日《马关条约》规定把台湾、澎湖列岛和辽东半岛割让给日本,更大大刺激了帝国主义列强瓜分中国领土的野心,并激化了列强争夺中国的矛盾。俄、德、法三国又以干涉还辽“有功”为由,要求租借中国港湾作为报酬。德、俄、英、法、日等国于1898年至1899年竞相租借港湾和划分势力范围,掀起了瓜分中国的狂潮。

第二节　反侵略战争的失败与民族意识的觉醒

一、反侵略战争的失败及其原因

从1840年至1919年的80年间,中国人民对外来侵略进行了英勇顽强的反抗,这些斗争具有重大的历史作用。但是,历次的反侵略战争,都是以中国失败、中国政府被迫签订丧权辱国的条约而告结束的。其原因,从中国内部因素来分析,主要有以下两个方面:一是社会制度的腐败,一是经济技术的落后。而前者则是更根本的原因,因为正是由于社会制度的腐败,才使得经济技术落后的状况长期得不到改变。

二、民族意识的觉醒

外国资本-帝国主义的侵略给中华民族带来了巨大的灾难。但是,列强发动的侵华战争以及中国反侵略战争的失败,从反面教育了中国人民,极大地促进了中国人的思考、探索和奋起。鸦片战争以后,先进的中国人开始睁眼看世界了;中日甲午战争以后,中国人民的民族意识开始普遍觉醒。

林则徐是近代中国睁眼看世界的第一人,他主持节译了英国人慕瑞的《世界地理大全》,编成《四洲志》一书。魏源在1843年1月编成《海国图志》,在《海国图志》中,魏源提出了“师夷长技以制夷”的思想,主张学习外国先进的军事和科学技术,以期富国强兵,抵御外国侵略。

19世纪70年代以后,王韬、薛福成、马建忠、郑观应等人不仅主张学习西方的科学技术,同时也要求吸纳西方的政治、经济学说。他们的共同特点,就是具有比较强烈的反对外国侵略、追求中国独立富强的爱国思想,以及具有一定程度反对封建专制的民主思想。如郑观应在所著《盛世危言》中提出大力发展民族工商业，同西方国家进行“商战”，设立议院，实行“君民共主”制度等主张。这些主张具有重要的思想启蒙意义。

鸦片战争以后，中国还只是少数人有朦胧的民族觉醒意识。中日甲午战争以后，当中华民族面临生死存亡的关头时，中国人才开始有了普遍的民族意识的觉醒。

1895年，严复就写了《救亡决论》一文，响亮地喊出了“救亡”的口号。《天演论》对中国人无异是振聋发聩的警世钟。1898年有人绘制的一幅《时局图》，更是形象地表现了当时中国面临的瓜分危局。孙中山1894年11月在创立革命团体兴中会时喊出了“振兴中华”这个时代的最强音。

第三节　对国家出路的早期探索

农民阶级、地主阶级洋务派、资产阶级维新派、资产阶级革命派，他们从各自的阶级立场出发，对国家的出路进行探索，先后提出了不同的主张和方案。

一、太平天国农民起义

农民是外国侵略者和本国封建统治者的主要的压迫对象和反抗力量。1851年1月，洪秀全发动起义，建号太平天国。太平军所进行的战争，是一次反对清政府腐朽统治和地主阶级压迫、剥削的正义战争。《天朝田亩制度》是最能体现太平天国社会理想和这次农民起义特色的纲领性文件。它确立了平均分配土地的方案，即根据“凡天下田，天下人同耕”的原则。太平天国的领导者们希望通过施行这样的方案，建立“有田同耕，有饭同食，有衣同穿，有钱同使，无处不均匀，无人不饱暖”的理想社会。所以，《天朝田亩制度》实际上是一个以解决土地问题为中心的比较完整的社会改革方案。

《天朝田亩制度》的主张，从根本上否定了封建社会的基础即封建地主的土地所有制，体现了广大农民要求平均分配土地的强烈愿望，是对以往农民战争中“均贫富”“等贵贱”和“均平”“均田”思想的发展和超越，具有进步意义。但这种社会理想，在很大程度上具有不切实际的空想性质。实际上，

《天朝田亩制度》中的平分土地方案即使在太平军占领地区也并未能付诸实行。

《资政新篇》是太平天国后期颁布的社会发展方案。《资政新篇》是一个具有资本主义色彩的方案，但是限于当时的历史条件，未能付诸实施。

太平天国起义沉重打击了封建统治阶级，强烈撼动了清政府的统治根基。太平天国起义是中国旧式农民战争的最高峰，它把千百年来农民对拥有土地的渴望在《天朝田亩制度》中比较完整地表达了出来。《资政新篇》是中国近代历史上第一个比较系统的发展资本主义的方案。因此，太平天国起义具有了不同于以往农民战争的新的历史特点。太平天国起义不仅冲击了孔子和儒家经典的正统权威，还有力地打击了外国侵略势力。在19世纪中叶的亚洲民族解放运动中，太平天国起义是其中时间最久、规模最大、影响最深的一次。

农民阶级不是新的生产力和生产关系的代表，无法克服小生产者所固有的阶级局限性，缺乏科学思想理论的指导，没有先进阶级的领导，因而无法从根本上提出完整的、正确的政治纲领和社会改革方案。

太平天国起义及其失败表明，在半殖民地半封建的中国，农民具有伟大的革命潜力；但它自身不能担负起领导反帝反封建斗争取得胜利的重任。单纯的农民战争不可能完成争取民族独立和人民解放的历史任务。

二、洋务运动

洋务运动是在19世纪60年代初清政府镇压太平天国起义的过程中和第二次鸦片战争结束后兴起的。为了挽救清政府的统治危机，封建统治阶级中的部分成员如奕䜣、曾国藩、李鸿章、左宗棠、张之洞等，主张引进、仿造西方的武器装备和学习西方的科学技术，创设近代企业，兴办洋务。这些官员被称为“洋务派”。

洋务派兴办洋务事业，首先是为了购买和制造洋枪洋炮以镇压农民起义，同时也有借此加强海防、边防，并乘机发展本集团的政治、经济、军事实力的意图。对洋务派兴办洋务事业的指导思想最先作出比较完整表述的是冯桂芬。他在《校邠庐抗议》一书中说：“以中国之伦常名教为原本，辅以诸国富强之术。”这个思想后来被进一步概括为“中学为体，西学为用”。所谓“中体西用”,就是以中国封建伦理纲常所维护的统治秩序为主体,用西方的近代工业和技术为辅助,并以前者来支配后者。

洋务派首先兴办的是军用工业,这些企业都是官办的。其中规模较大的有5个:1865年,曾国藩支持、李鸿章筹办的上海江南制造总局,是当时国内最大的兵工厂;同年,李鸿章在南京设立金陵机器局;1866年,左宗棠在福建创办的福州船政局(附设有船政学堂)是当时国内最大的造船厂;1967年,崇厚在天津建立天津机器局;1890年,张之洞在汉阳创办湖北枪炮厂。

后因为资金匮乏,洋务派还兴办了一些民用企业。这些企业除少数采取官办或官商合办的方式外,多数都采取官督商办的方式。其中最重要的官督商办企业有轮船招商局、开平矿务局、天津电报局和上海机器织布局,都是李鸿章筹办或控制的。这些官督商办的民用企业,虽然受官僚的控制,发展受到很大限制,但基本上是资本主义性质的近代企业。

洋务派还建立新式海陆军,其中北洋水师是清政府的海军主力。洋务派还创办新式学堂,派遣留学生。洋务派创办的新式学堂主要有三种:翻译学堂、工艺学堂和军事学堂。在创办新式学堂的同时,还先后派遣赴美幼童和官费赴欧留学生200多人。

洋务派提出“自强”“求富”的主张,通过所掌握的国家权力集中力量优先发展军事工业,同时也试图“稍分洋商之利”,发展若干民用企业,在客观上对中国的早期工业和民族资本主义的发展起了某些促进作用。但是,洋务派兴办洋务新政,主要是为了维护封建统治,并不是要使中国朝着独立的资本主义方向发展。

洋务运动时期,为了培养通晓洋务的人才,开办了一批新式学堂,派出了最早的官派留学生,这是中国近代教育的开始。与此同时,还翻译了一批近代自然科学书籍,给当时的中国带来了新的知识,使人们开阔了眼界。

甲午战争一役,洋务派经营多年的北洋海军全军覆没,标志着以“自强”“求富”为目标的洋务运动的失败。洋务运动失败的原因主要是:一是洋务运动具有封建性。洋务运动的指导思想是“中学为体,西学为用”,企图以吸取西方近代生产技术为手段,来达到维护和巩固中国封建统治的目的,这就决定了它必然失败的命运。因为新的生产力是同封建主义的生产关系及其上层建筑不相容的,是不可能在封建主义的桎梏下充分地发展起来的。二是洋务运动对列强具有依赖性。三是洋务企业的管理具有腐朽性。

三、戊戌维新运动

19世纪90年代以后,中国民族资本主义有了初步发展。甲午战争的惨败,造成了新的民族危机,激发了新的民族觉醒。在内忧外患的冲击和中西文化的碰撞过程中,人们逐步形成了一个共识:要救国,只有维新,要维新,只有学外国。

以康有为、梁启超、谭嗣同、严复等为主要代表人物的资产阶级维新派,采取了一系列行动宣传维新主张,即:(一)向皇帝上书。(二)著书立说。如康有为写了《新学伪经考》《孔子改制考》,梁启超写了《变法通议》,谭嗣同写了《仁学》,严复翻译了赫胥黎的《天演论》等。(三)介绍外国变法的经验教训。如康有为向光绪皇帝进呈了《日本变政考》《俄彼得变政记》《波兰分灭记》等书。(四)办学会。著名的有强学会、南学会、保国会等。(五)设学堂。重要的有康有为主持的广州万木草堂、梁启超任中文总教习的长沙时务学堂等。(六)办报纸。影响最大的有梁启超任主笔的上海《时务报》、严复主办的天津《国闻报》以及湖南的《湘报》等。维新派以各种方式宣传变法主张,制造维新舆论,培养变法骨干,组织革新力量,而重点则放在争取光绪皇帝及其周围的帝党官员的支持上,希望通过他们自上而下地实行变法主张。

当时,维新派与守旧派之间展开了一场激烈论战。论战主要围绕以下三个问题展开:第一,要不要变法。第二,要不要兴民权、设议院,实行君主立宪。第三,要不要废八股、改科举和兴西学。维新派与守旧派的这场论战,实质上是资产阶级思想与封建主义思想在中国的第一次正面交锋。

戊戌维新运动虽然失败了,但它在中国近代史上仍然有着重大的历史意义。第一,戊戌维新运动是一次爱国救亡运动。第二,戊戌维新运动是一场资产阶级性质的政治改良运动。第三,戊戌维新运动更是一场思想启蒙运动。

戊戌维新运动的失败,主要是由于维新派自身的局限和以慈禧太后为首的强大的守旧势力的反对。根本原因是维新派本身不敢否定封建主义,对帝国主义抱有幻想,惧怕人民群众。

戊戌维新作为中国民族资产阶级登上政治舞台的第一次表演,不但暴露了这个阶级的软弱性，同时也说明在半殖民地半封建的旧中国，企图通过统治者走自上而下的改良的道路，是根本行不通的。要想争取国家的独立、民主、富强，必须用革命的手段，推翻帝国主义、封建主义联合统治的半殖民地半封建的社会制度。

四、辛亥革命

戊戌维新运动失败后，以孙中山为代表的革命派在中国掀起了一场资产阶级革命运动。这场革命的发生，是当时民族危机加深、社会矛盾激化的结果，具有历史的必然性。它是当时中国人民争取民族独立、振兴中华深切愿望的集中反映，是当时中国人民为救亡图存而前赴后继顽强斗争的集中体现。

革命酝酿之际，正是清政府处于内外交困之时。1901年《辛丑条约》的签订，标志着以慈禧太后为首的清政府已经彻底放弃了抵抗外国侵略者的念头，甘当"洋人的朝廷"；同时也使国人对清政府更为失望，国内要求变革的呼声日渐高涨。为了摆脱困境，清政府于1901年4月成立督办政务处，宣布实行"新政"。此后，陆续推行了一些方面的改革，包括：设立商部、学部、巡警部等中央行政机构；裁撤象营，建立新军；颁布商法商律，奖励工商；鼓励留学，颁布新的学制，并下令从1906年起正式废除科举考试。迫于内外压力，清政府又于1906年宣布"预备仿行宪政"，并于1908年颁布了《钦定宪法大纲》，制定了一个仿效日本实行君主立宪的方案，但又规定了9年的预备立宪期限。

预备立宪并没有能够挽救清王朝，反而激化了社会矛盾，加重了危机。主要原因在于清政府改革的根本目的是为了延续其反动统治。

19世纪末20世纪初，中国民族资本主义得到了初步的发展。资产阶级革命派的骨干是一批资产阶级、小资产阶级知识分子。1894年，孙中山到檀香山组建了第一个革命团体兴中会，立誓"驱除鞑虏，恢复中国，创立合众政府"。以孙中山为首的资产阶级革命派在踏上革命道路之时，就高举起民主革命的旗帜，并选择了以武装起义推翻清王朝统治的斗争方式。这也是中国资产阶级革命派与改良派的根本不同之处。

1903年，章炳麟发表了《驳康有为论革命书》，反对康有为的保皇观点，歌颂革命为“启迪民智，除旧布新”的良药，强调中国人民完全有能力建立民主共和制度。邹容写了《革命军》，以“革命军中马前卒”的名义，热情讴歌革命，号召人民推翻清朝统治，建立“中华共和国”。陈天华写了《警世钟》《猛回头》两本小册子，痛陈帝国主义侵略给中国带来的深重灾难，揭露清政府已经成了帝国主义统治中国的工具，号召人民奋起革命，推翻清政府这个“洋人的朝廷”。

在资产阶级革命思想的传播过程中，资产阶级革命团体也在各地次第成立。从1904年开始，出现了十多个革命团体，其中重要的有华兴会、科学补习所、光复会、岳王会等。1905年8月20日，孙中山和黄兴、宋教仁等人以兴中会和华兴会为基础，在日本东京以兴中会和华兴会为基础成立中国同盟会，以《民报》为机关报，并确定了革命纲领。这是近代中国第一个领导资产阶级革命的全国性政党，它的成立标志着中国资产阶级民主革命进入了一个新的阶段。

同盟会的政治纲领是“驱除鞑虏，恢复中华，创立民国，平均地权”。1905年11月，在同盟会机关报《民报》发刊词中，孙中山将同盟会的纲领概括为三大主义，即民族主义、民权主义、民生主义，后被称为三民主义。

民族主义没有从正面鲜明地提出反对帝国主义的主张。民权主义虽然强调了要建立民主共和国，却忽略了广大劳动群众在国家中的地位，因而难以使人民的民主权利得到真正的保证。民生主义没有正面触及封建土地所有制，不能满足广大农民的土地要求。

1905年至1907年间，围绕中国究竟是采用革命手段还是改良方式这个问题，革命派与改良派分别以《民报》《新民丛报》为主要舆论阵地，展开了一场大论战。要不要以革命手段推翻清王朝；要不要推翻帝制，实行共和；要不要进行社会革命。通过这场论战，划清了革命与改良的界限，传播了民主革命思想，促进了革命形势的发展。但这场论战也暴露了革命派在思想理论方面的弱点。比如，他们希望通过“有秩序的革命”来避免动乱和帝国主义的干涉。他们所说的“国民”，主要还是指资产阶级及其知识分子，而不是广大的劳动群众。他们对封建地主土地所有制是否应该改革的问题也是语焉不详。

孙中山领导的同盟会不仅提出了革命纲领，而且从事实际的革命活动，先后发动了多次武装起义。这些起义虽然相继失败，但是产生了广泛的影响。其中影响最大的是1911年4月27日举行的广州起义，又称"黄花岗起义"。

武昌起义掀起了辛亥革命的高潮，打开了清王朝统治的缺口。1912年1月1日，孙中山在南京宣誓就职，改国号为中华民国，定1912年为民国元年，并成立中华民国临时政府。

南京临时政府是一个资产阶级共和国性质的革命政权。资产阶级革命派在这个政权中占有领导和主体的地位。南京临时政府制定的各项政策措施，集中代表和反映了中国民族资产阶级的愿望和利益，在相当程度上也符合广大中国人民的利益。

南京临时政府也有它的局限性。例如，在南京临时政府的《告友邦书》中，就企图用承认清政府与列强所订的一切不平等条约和清政府所欠的一切外债，来换取列强承认中华民国。

1912年3月，临时参议院颁布《中华民国临时约法》（以下简称《临时约法》）。这是中国历史上第一部具有资产阶级共和国宪法性质的法典。《临时约法》就以根本大法的形式废除了两千多年来的封建君主专制制度，确认了资产阶级共和国的政治制度。毛泽东说："民国元年的《中华民国临时约法》，在那个时期是一个比较好的东西；当然，是不完全的、有缺点的，是资产阶级性的，但它带有革命性、民主性。"

辛亥革命的历史意义：辛亥革命是资产阶级领导的以反对封建君主专制制度、建立资产阶级共和国为目的的革命，是一次比较完全意义上的资产阶级民主革命。正如毛泽东指出的："中国反帝反封建的资产阶级民主革命，正规地说起来，是从孙中山先生开始的。"

在近代历史上，辛亥革命是中国人民为救亡图存、振兴中华而奋起革命的一个里程碑，它使中国发生了历史性的巨变，具有伟大的历史意义。

第一，辛亥革命推翻了封建势力的政治代表、帝国主义在中国的代理人——清王朝的统治，沉重打击了中外反动势力，使中国反动统治者在政治上乱了阵脚。在这以后，帝国主义和封建势力在中国再也不能建立起比较稳定的统治，从而为中国人民斗争的发展开辟了道路。

第二，辛亥革命结束了中国两千多年封建社会的君主专制制度，建立了中国历史上第一个资产阶级共和政府，使民主共和的观念开始深入人心。

第三，辛亥革命推动了中国人民的思想解放，打开了禁锢思想进步的闸门。

第四，辛亥革命推动了中国的社会变革，促使中国的社会经济、思想习惯和社会风俗等方面发生了新的积极变化。

第五，辛亥革命不仅在一定程度上打击了帝国主义的侵略势力，而且推动了亚洲各国民族解放运动的高涨。

北洋军阀的专制统治袁世凯窃夺辛亥革命的果实之后，建立了代表大地主和买办资产阶级利益的北洋军阀反动政权。首先，在政治上，北洋政府实行军阀官僚的专制统治。其次，在经济上，北洋政府竭力维护帝国主义、地主阶级和买办资产阶级的利益。最后，在文化思想方面，尊孔复古思潮猖獗一时。

在1916年袁称帝败亡之后，中国陷入了军阀割据的局面。这种局面之所以形成，其深刻的原因：一方面是由于中国主要是地方性的农业经济而没有形成统一的资本主义市场，另一方面是由于帝国主义国家在中国采取划分势力范围的分裂剥削政策。总之，北洋政府从政治上、经济上和文化思想上对辛亥革命进行了全面的反攻倒算，中国重新落入了黑暗的深渊。

护法运动的失败，标志着中国旧民主主义革命已经陷入绝境，中国民族资产阶级再也不能领导中国革命前进了。毛泽东指出，辛亥革命"有它胜利的地方，也有它失败的地方。你们看，辛亥革命把皇帝赶跑，这不是胜利了吗？说它失败，是说辛亥革命只把一个皇帝赶跑，中国仍旧在帝国主义和封建主义的压迫之下，反帝反封建的革命任务并没有完成"。

辛亥革命为什么会失败？从根本上说，是因为在帝国主义时代，在半殖民地半封建的中国，资本主义的建国方案是行不通的。从主观方面来说，在于它的领导者资产阶级革命派本身存在着许多弱点和错误。主要是：第一，没有提出彻底的反帝反封建的革命纲领。第二，不能充分发动和依靠人民群众。正如毛泽东所说，国民革命需要一个大的农村变动。辛亥革命没有这个变动，所以失败了。第三，不能建立坚强的革命政党，作为团结一切革命力量的强有力的核心。

资产阶级革命派的这些弱点、错误，根源于中国民族资产阶级的软弱性和妥协性。但辛亥革命也为中国共产党的产生准备了思想条件、阶级基础和干部准备，中国共产党人继承和发展了孙中山的革命事业，并把它推进到了新的阶段。

五、两个中国之命运

1.三种政治力量，三种建国方案

在1921年中国共产党诞生至1949年新中国成立以前的时期，中国存在着三种主要的政治力量：一是地主阶级和买办性的大资产阶级他们是反动势力（有时称顽固势力）、民主革命的对象。其政治代表先是北洋政府，以后主要是国民党统治集团。二是民族资产阶级，他们是中间势力、民主革命的力量之一，其政治代表是民主党派的某些领导人物和若干无党派民主人士。三是工人阶级、农民阶级和城市小资产阶级，他们是进步势力、民主革命的主要力量，其政治代表是中国共产党。三种政治力量分别提出了三种不同的建国方案：

第一种是地主阶级和买办性的大资产阶级的方案。

在长时间里，地主阶级与买办性的大资产阶级是半殖民地半封建的中国社会中占统治地位的力量。他们同广大人民处于尖锐对立的地位，因而主张继续实行地主阶级、买办性的大资产阶级的军事独裁统治，使中国继续走半殖民地半封建社会的道路。

国民党统治集团的首领蒋介石认为，社会主义制度、资产阶级民主主义制度，都是不能行之于中国的。他主张，“领导素无政治经验之民族”，“非藉经过较有效能的统治权之行施不可”，而法西斯主义即为“统治最有效能者”。他们就是据此实行反革命军事独裁统治，来维护帝国主义和地主阶级与买办性的大资产阶级的利益的。

第二种是民族资产阶级的方案。

在旧中国，民族资产阶级在政治上始终没有占据统治地位。他们的基本政治主张，是建立一个名副其实的资产阶级共和国，以便使资本主义得到自由的和充分的发展，使中国成为一个独立的资本主义社会。

尽管辛亥革命的流产已经宣告了资产阶级共和国方案在中国行不通，中国的资产阶级及其代表人物还是一次又一次地把这个方案重新提了出来。抗日战争胜利以后的一个时期内，一些民主党派的领导人物和若干无党派人士更大力鼓吹过“中间路线”或“第三条道路”，企图在国民党坚持的地主阶级与买办性的大资产阶级专政和共产党主张的无产阶级领导的各革命阶级联合专政的政权之外，另找一条道路，实际上就是资产阶级共和国的道路。这种方案，对于地主阶级与买办性的大资产阶级专政的政治现实是一种批判，但在实际上却并不具备现实的可行性。

第三种是工人阶级和其他进步势力的方案。

工人、农民和城市小资产阶级是中国民主革命的基本动力和主要依靠。他们的政治代表中国共产党主张，中国人民应当在工人阶级及其政党的领导下，首先进行一场彻底的反帝反封建的新式资产阶级民主革命，即新民主主义革命，以便建立一个工人阶级领导的人民共和国，即人民民主专政的国家，再经过这个人民共和国，逐步到达社会主义和共产主义。

革命的根本问题是国家政权问题。建立一个工人阶级领导的、以工农联盟为基础的、团结一切可以团结的力量的人民民主专政的人民共和国，这就是中国共产党领导中国人民进行新民主主义革命所要达到的基本目标。

2. 两种基本的选择，两个中国之命运

尽管在长时期里，上列三种建国方案始终摆在中国人民的面前，由他们在自己的政治实践中去作出选择，但是，从根本上说，由于资产阶级共和国的方案并不具备现实性，可供中国人民选择的方案主要是两个：或者是继续半殖民地半封建的旧中国，或者是创建新民主主义的新中国。

资产阶级共和国的方案之所以行不通，是由当时中国所处的时代条件和国内阶级关系的状况所决定的。

毛泽东指出：“资产阶级的共和国，外国有过的，中国不能有，因为中国是受帝国主义压迫的国家。”帝国主义列强来到中国，不是为了使中国成为一个独立、富强的资本主义国家，而是为了掠夺中国，发展它们自己的资本主义。对于它们来说，政治上、经济上不独立的中国，乃是理想的倾销商品的市场、投资的场所与廉价原料、廉价劳动力的供应地。如果中国成为独立、富强的资本主义国家，它就要在平等的基础上与西方发达国家建立和发展关系，这是它们不能容忍的。它们既不愿意失去在中国的殖民主义利益，更不愿意看到中国在国际市场上成为它们的竞争对手。正因为如此，毛泽东指出："帝国主义侵略中国，反对中国独立，反对中国发展资本主义的历史，就是中国的近代史。"五四以来的情况，仍然是如此。

民族资产阶级是真诚地希望中国通过建立资产阶级共和国走上独立、富强之路的。但是，它的力量过于软弱。它没有勇气和能力去领导人民进行彻底反帝反封建的革命斗争，从而为建立资产阶级共和国扫清障碍。代表这个阶级要求的中间派，由于提不出彻底的土地革命的纲领，无法动员农民这个最广大的群众；由于不敢进行革命的武装斗争，根本不掌握军队。因此，他们在政治上没有很大的分量。在这种情况下，他们往往把实现民主政治的希望，寄托在统治阶级让步这种幻想之上。而中国的反动统治者由于自身社会基础的极其狭窄，其统治是十分残暴、同时又是十分虚弱的，它不能容忍、更经受不住任何的民主改革。它绝不会对中间势力关于建立民主共和国的要求作出原则性的让步。某些中间党派、中间人士虽然一再声称自己要"以民主的方法争取民主，以合法的手段争取合法地位"，反动统治者还是不断地用暴力对他们施行迫害，直至取缔他们的组织，监视、逮捕以至杀害他们个人。严酷的事实教育了他们，使他们逐步放弃了走中间路线的幻想，站到了拥护共产党主张的新民主主义革命的立场上来。在反对蒋介石独裁统治的斗争中，中国各民主党派和无党派民主人士都作出了自己的贡献。

总体上说，地主阶级与买办性的大资产阶级的方案由于违背中国人民的根本利益，遭到了广大中国人民的唾弃，他们的反动统治也在根本上被推翻了。民族资产阶级的方案由于脱离中国实际，也没有得到中国广大群众的拥护，连提出这种方案的多数人最终也承认这个方案是行不通的。只有中国共产党提出的关于建立人民共和国的方案，逐步地获得了工人、农民、城市小资产阶级乃至民族资产阶级及其政治代表的拥护，由此成了中国最广大人民的共同选择。

在新中国成立前夕，毛泽东指出："就是这样，西方资产阶级的文明，资产阶级的民主主义，资产阶级共和国的方案，在中国人民的心目中，一齐破了产。资产阶级的民主主义让位给工人阶级领导的人民民主主义，资产阶级共和国让位给人民共和国。"这段话，是对近代以来中国人民斗争历史经验的总结，它揭示了广大中国人民在长期探索、艰苦奋斗的基础上共同确认的一个历史性的真理。

第二十章　开天辟地的大事变

第一节　新文化运动和五四运动

近代以来，为了挽救国家的危亡，中国的先进分子曾经历尽千辛万苦，向西方国家寻找真理。但是，中国人学习西方的努力在实践中却一而再、再而三地碰壁。辛亥革命的失败和北洋军阀统治的建立，更使人们陷入了深深的绝望、苦闷和彷徨之中。

1919年五四运动以前的新文化运动是资产阶级民主主义的新文化反对封建主义的旧文化的斗争。这个运动是从1915年9月陈独秀在上海创办《青年杂志》（后改名《新青年》）开始的。李大钊、鲁迅、胡适等参加编辑部成为主要撰稿人。《新青年》杂志和北京大学成了新文化运动的主要阵地。《新青年》提出的基本口号是民主和科学。新文化运动的倡导者提倡民主、反对专制，提倡科学、反对迷信盲从，是切中时弊的。新文化运动的倡导者们在社会上掀起了一股思想解放的潮流。

五四以前的新文化运动也存在着一些弱点。第一，从根本上说，提倡资产阶级民主主义，并不能为人们提供一种有效的思想武器去认识中国，对中国社会进行改造。第二，他们把改造国民性置于优先的地位。但是，离开改造产生封建思想的社会环境的革命实践，仅仅依靠少数人的呐喊，依靠有限的宣传手段，要根本改造由这种社会环境产生的思想、所造成的国民性，是不可能的。第三，那时的许多领导人物，还没有马克思主义的批判精神，他们中有的人看问题很片面，坏就是绝对的坏，好就是绝对的好。

十月革命是一个具有划时代意义的世界性的历史事件。十月革命给予中国人的一个启示是：经济文化落后的国家也可以用社会主义思想指引自己走向解放之路。十月革命诞生的社会主义俄国号召反对帝国主义，并以新的平等的态度对待中国，有力地推动了社会主义思想在中国的传播。十月革命中俄国工人、农民和士兵群众的广泛发动并由此赢得胜利的事实，给予中国的先进分子以新的革命方法的启示，推动他们去研究这个革命所遵循的主义。

在中国大地上率先举起马克思主义旗帜的，是李大钊。他于1919年9月、11月，他发表了《我的马克思主义观》一文，明确地把马克思主义称为“世界改造原动的学说”，并且对马克思的唯物史观、剩余价值学说和阶级斗争理论作了比较系统的介绍。这篇文章对马克思主义的介绍已经具有相当完整的形态，而且作出了基本正确的阐释。这表明，李大钊已经成为中国的第一个马克思主义者。

1919年5月爆发的五四运动，是中国近代史上一个划时代的事件。这个运动是在新的时代条件和社会历史条件下发生的。首先，是新的社会力量的成长、壮大。其次，是新文化运动掀起的思想解放的潮流。再次，是俄国十月革命对中国的影响。五四运动的直接导火线，是巴黎和会上中国外交的失败。6月5日起，上海六七万工人为声援学生先后自动举行罢工。斗争的主力由学生转向了工人，运动的中心由北京转到了上海。五四运动的直接斗争目标得到了实现。

由于五四运动是在新的社会历史条件下发生的，它具有以辛亥革命为代表的旧民主主义革命所不具备的一些特点。主要是：第一，五四运动表现了反帝反封建的彻底性。第二，五四运动是一次真正的群众运动。第三，五四运动促进了马克思主义在中国的传播及其与中国工人运动的结合。五四运动就为1921年中国共产党的成立作了思想上和干部上的准备。

正因为五四运动具备了上述新的历史特点，它也就成了中国革命的新阶段即新民主主义革命阶段的开端。

五四运动以后，社会主义思潮在中国蓬勃兴起，马克思主义开始在知识界中得到传播。

中国早期信仰马克思主义的人物，主要有三种类型：一是五四以前的新文化运动的精神领袖，其代表除李大钊以外，就是陈独秀。二是五四爱国运动的左翼骨干，其代表为毛泽东等。三是一部分原中国同盟会会员、辛亥革命时期的活动家,其代表为董必武等。

早期马克思主义思想运动的特点:第一,重视对马克思主义基本理论的学习,明确地同第二国际的社会民主主义划清界限。第二,注意从中国的实际出发,学习、运用马克思主义理论。第三,开始提出知识分子应当同劳动群众相结合的思想。

如果说,五四以前的新文化运动主要是资产阶级民主主义的新文化反对封建主义的旧文化的斗争,那么,五四以后的新文化运动已经发展到了一个新阶段,马克思主义开始逐步地在思想文化领域中发挥指导作用。

随着中国工人阶级开始作为独立的政治力量登上历史舞台和马克思主义在中国逐步传播,建立一个以马克思主义理论为指导的工人阶级政党的任务被提上了日程。中国工人阶级政党最早的组织,是在中国工人阶级最密集的中心城市上海建立的。在建党过程中,陈独秀起着重要的作用。他在上海创建的共产党早期组织,实际上是中国共产党的发起组,是各地共产主义者进行建党活动的联络中心。

中国共产党早期组织成立以后,着重进行了以下几方面的工作:第一,研究和宣传马克思主义,包括与自由主义、社会主义、无政府主义三次大论战等。第二,到工人中去进行宣传和组织工作。各地共产党的早期组织创办了一批专门供工人阅读的进行马克思主义启蒙教育的刊物,如上海有《劳动界》、北京有《劳动音》和《工人月刊》、济南有《济南劳动月刊》等。同时,还创办了各种形式的工人学校,其中影响最大的是邓中夏在北京长辛店、李启汉在沪西小沙渡分别开办的劳动补习学校。经过宣传教育,觉悟的工人有了组织起来的要求。1920年11月,共产党早期组织领导的第一个工会——上海机器工会宣告成立。第三,进行关于建党问题的讨论和实际组织工作。在共产党早期组织的领导下,1920年11月,社会主义青年团在上海成立。

第二节　中国共产党的成立

中国共产党第一次全国代表大会于1921年7月23日在上海法租界望志路106号举行。参加大会的有12名代表。他们是:李达、李汉俊(上海),张国焘、刘仁静(北京),毛泽东、何叔衡(长沙),董必武、陈潭秋(武汉),王尽美、邓恩铭(济南),陈公博(广州),周佛海(日本东京)。陈独秀、李大钊因分别在广州和北京有事,未出席会议。包惠僧受陈独秀派遣,出席了会议。出席会议的还有共产国际代表马林和尼科尔斯基。

大会确定党的名称为中国共产党。党的纲领是:以无产阶级革命军队推翻资产阶级,采用无产阶级专政以达到阶级斗争的目的——消灭阶级,废除资本私有制,以及联合第三国际等。

大会在讨论实际工作计划时,决定首先集中精力组织工人。鉴于当时的党"几乎完全由知识分子组成",大会决定"要特别注意组织工人,以共产主义精神教育他们"。

大会选举产生了由陈独秀、张国焘、李达组成的党的领导机构——中央局,以陈独秀为书记。

中共一大正式宣告了中国共产党的成立。中国共产党的成立,是中华民族发展史上一个开天辟地的大事变。

中国共产党的诞生,是近现代中国历史发展的必然产物,是中国人民在救亡图存斗争中顽强求索的必然产物。

中国共产党成立的历史特点和意义:中国共产党是在特定的社会历史条件下成立的。一方面,它成立于俄国十月革命取得胜利,第二国际社会民主主义、修正主义遭到破产之后。它所接受的,是没有被修正主义阉割的马克思主义的完整的科学世界观和社会革命论,是在帝国主义和无产阶级革命时代发展了的马克思主义即列宁主义,是在斗争中同资产阶级、小资产阶级社会主义划清了界限的科学社会主义。另一方面,它是在半殖民地半封建中国的工人运动的基础上产生的。所以,中国共产党一开始就是一个以马克思列宁主义理论为基础的党,是一个区别于第二国际旧式社会改良党的新型工人阶级革命政党。

中国人民从来就勤劳勇敢,富于斗争传统。他们的斗争之所以屡遭挫折和失败,重要原因之一,是由于没有一个先进的坚强的政党作为凝聚自己力量的领导核心。自从有了中国共产党,这种局面就开始从根本上改变了。

中国共产党人的初心和使命,就是为中国人民谋幸福,为中华民族谋复兴。这个初心和使命是激励中国共产党人不断前进的根本动力。一代又一代中国共产党人不忘初心、牢记使命，弘扬建党时期的“红船精神”，即开天辟地、敢为人先的首创精神，坚定理想、百折不挠的奋斗精神，立党为公、忠诚为民的奉献精神，取得一个又一个胜利。

分清敌友，这是革命的首要问题。以往的斗争之所以成效甚少，一个重要的原因，就在于不能团结真正的朋友，以攻击真正的敌人。对于这个在长时间里没有得到解决的问题，中国共产党成立不久，就给予了一个基本的解决。

1922年7月召开的中国共产党第二次全国代表大会通过对中国社会经济政治状况的分析，明确地指出，党的最高纲领是实现社会主义、共产主义。党在当前阶段的纲领应当是：打倒军阀，推翻国际帝国主义的压迫，统一中国为真正民主共和国。这是在半殖民地半封建社会的条件下，走向社会主义、共产主义不可逾越的一个阶段。

同时，党开始采取民族资产阶级、小资产阶级的政党和政治派别没有采取过、也不可能采取的革命方法，即群众路线的方法。

是不是相信群众、依靠群众，这是关系革命成败的一个大问题。以往的斗争之所以成效甚少，一个重要的原因，就在于未能充分地发动群众。这种情况，在中国共产党成立之后不久，也有了一个根本的改变。

在中国共产党的领导、组织、推动下，从1922年1月香港海员罢工到1923年2月京汉铁路工人罢工，中国掀起了第一个工人运动的高潮。在集中力量领导工人运动的同时，中国共产党也开始从事发动农民的工作。1921年9月，经过共产党人的努力，浙江萧山县衙前村成立了中国第一个农民协会，开展反抗地主压迫的斗争。1922年6月，彭湃来到家乡广东海丰县赤山约，经过艰苦的工作，成立了农会。次年元旦，召开海丰全县农民代表大会，海丰总农会宣告成立，全县范围的农民运动轰轰烈烈地开展了起来。这种新式的农民运动，在中国共产党成立之前是不曾有过的。

1923年2月7日京汉铁路罢工遭到北洋政府的血腥镇压之后，中国工人运动暂时转入了低潮。中国共产党由此认识到，中国无产阶级虽是一个最有觉悟性和最有组织性的阶级，但是如果单凭自己一个阶级的力量，是不能取得胜利的。而要胜利，他们就必须在各种不同的情形下团结一切可能团结的革命的阶级和阶层，组织革命的统一战线。所以在二七惨案之后，中国共产党决定采取更为积极的步骤去联合孙中山领导的中国国民党。

1923年6月召开的中国共产党第三次全国代表大会，就国共合作的方针和办法作出了正式的决定。1924年1月，中国国民党第一次全国代表大会在孙中山主持下在广州举行。大会通过的宣言对三民主义作出了新的解释：在民族主义中突出了反帝的内容；在民权主义中强调了民主权利应“为一般平民所共有”，不应为“少数人所得而私”；把民生主义概括为“平均地权”和“节制资本”两大原则（后来又提出了“耕者有其田”的主张）。这个新三民主义的政纲同中共在民主革命阶段的纲领基本一致，因而成为国共合作的政治基础。大会实际上确定了联俄、联共、扶助农工三大革命政策。这样，国民党一大的成功召开，就标志着第一次国共合作的正式形成。

1925年5月，以五卅运动为起点，掀起了全国范围的大革命高潮。1926年7月，以推翻北洋军阀统治为目标的北伐战争开始。国民革命军在工农群众的支援下，采取各个击破的战略，在不到半年的时间里，基本上摧毁了北洋军阀吴佩孚、孙传芳的主力，革命势力发展到了长江流域和黄河流域的大部分地区。1925年至1927年中国反帝反封建的革命，比以往任何一次革命，包括辛亥革命和五四运动，群众的动员程度更为广泛，斗争的规模更加宏伟，革命的社会内涵更其深刻，因此被称作大革命。

大革命是在反对帝国主义、反对军阀的政治口号下进行的，而提出这个口号的，正是中国共产党。大革命是在以国共合作为基础的统一战线的组织形式下进行的，而中国共产党正是国共合作的倡导者和统一战线的组织者。大革命是近代中国历史上空前广泛而深刻的群众运动，而中国共产党正是人民群众的主要发动者和组织者。大革命的主要斗争形式是革命战争，共产党人不仅帮助和推动了国民革命军的建立，而且在军队中进行了卓有成效的政治工作，积极提高国民革命军的素质，增强它的凝聚力和战斗力；共产党员在战斗中更是身先士卒，起着先锋作用和表率作用。

1927年4月12日，蒋介石在上海发动反共政变，以“清党”为名，在东南各省大规模捕杀共产党员和革命群众。同年7月15日，时任武汉国民政府主席汪精卫在武汉召开“分共”会议，并在其辖区内对共产党员和革命群众实行搜捕和屠杀。国共合作全面破裂，大革命最终失败。

大革命失败的原因，从客观方面来讲，是由于反革命力量的强大，是由于资产阶级发生严重的动摇、统一战线出现剧烈的分化，是由于蒋介石集团、汪精卫集团先后被帝国主义势力和地主阶级、买办资产阶级拉进反革命营垒里去了。从主观方面来说，是由于中国共产党的中央领导机关在大革命的后期犯了以陈独秀为代表的右倾机会主义错误，放弃了无产阶级对于农民群众、城市小资产阶级和民族资产阶级的领导权，尤其是武装力量的领导权，使大革命遭到了失败。当时的中国共产党还处在幼年时期，没有经验，缺乏对中国社会和中国革命基本问题的深刻认识，还不善于将马克思列宁主义的基本原理和中国革命的实践结合起来。所以，右倾机会主义在大革命后期才在中共中央领导机关中占据了统治地位。

1922年7月，中共二大决定加入共产国际，作为共产国际的一个支部，当时直接受共产国际的领导。共产国际及其在中国的代表虽然对这次大革命起了积极的作用，所出的主意有些是正确的，但由于并不真正了解中国的情况，也出了一些错误的主意。幼年的中国共产党还难以摆脱共产国际的那些错误的指导思想，这对酿成陈独秀右倾机会主义错误有直接影响。

大革命虽然失败了，它的历史意义仍然是不可磨灭的。它使中国共产党认识到了领导权问题是中国革命的中心问题，对统一战线的领导权，特别是对军队和农民的领导权至关重要；同时，一定要坚持武装斗争，有一支党领导下的坚强的军队。党一定要注意加强自身的思想建设、政治建设、组织建设，一定要注意把马列主义与中国实际情况相结合。大革命虽然失败了，但它为党开展土地革命奠定了基础，提高了党的威望，提升了群众的觉悟和革命热情，为党建立根据地也打下了基础。

第二十一章　中国革命新道路的探索

大革命失败后，在国民党的统治下，中国社会的半殖民地半封建性质没有改变，白色恐怖笼罩着全国城乡，中国革命转入低潮。中国共产党遇到了前所未有的困难。

敢不敢坚持革命？怎样坚持革命？这是中国共产党人和革命群众必须回答的两个根本性的问题。

在严峻的考验面前，中国共产党人表现了坚定的革命立场和大无畏的英雄气概。他们并没有被吓倒、被征服、被杀绝。他们从地下爬起来，揩干净身上的血迹，掩埋好同伴的尸首，又继续投入战斗了。但是，怎样坚持革命，即坚持革命应当走什么道路？为了回答这个问题，中国共产党人开始了长时间的艰苦探索。

第一节　农村包围城市　武装夺取政权

在革命的危急关头，1927年7月中旬，中共中央临时政治局常委会决定了三件大事：将党所掌握和影响的部队向南昌集中，准备起义；组织湘、鄂、赣、粤四省的农民，在秋收季节举行暴动；召集中央会议，讨论和决定新时期的方针和政策。同年8月7日，中共中央在汉口秘密召开紧急会议（即八七会议），彻底清算了大革命后期的陈独秀右倾机会主义错误，确定了土地革命和武装反抗国民党反动统治的总方针，并选出了以瞿秋白为首的中央临时政治局。毛泽东在会上着重阐述了党必须依靠农民和掌握枪杆子的思想，强调党“以后要非常注意军事，须知政权是由枪杆子中取得的”。会议还提出了“整顿改编自己的队伍，纠正过去严重的错误，而找着新的道路”的任务。八七会议使中国共产党在政治上大大前进了一步，开始了从大革命失败到土地革命战争兴起的转折。

1927年8月1日，以周恩来为书记的前敌委员会及贺龙、叶挺、朱德、刘伯承等人，率领共产党掌握或影响下的北伐军2万多人在南昌举行起义，打响了武装反抗国民党反动统治的第一枪。这是中国共产党独立领导革命战争、创建人民军队和武装夺取政权的开端。9月9日，毛泽东等领导的湘赣边界秋收起义爆发。起义军公开打出了“工农革命军”的旗帜；在攻打长沙的计划受挫后，起义部队决定南下，向敌人控制比较薄弱的农村区域转移，并于10月7日抵达江西省宁冈县茅坪，开始了创建井冈山农村革命根据地的斗争。12月11日，中共广东省委书记张太雷和叶挺、叶剑英等领导了广州起义，对国民党的屠杀政策发动了又一次英勇的反击。

为了坚持中国革命，在当时的条件下，必须进行武装斗争。但是，中国共产党领导的武装斗争的主攻方向究竟是应当指向城市，还是指向农村呢？这个问题，只有遵循马克思列宁主义与中国实际相结合的原则，依靠实践经验的积累，才能予以回答。

1928年6月召开的中国共产党第六次全国代表大会，在继续把城市工作的复兴视为革命高潮到来的决定条件的同时，肯定了农村根据地和红军是决定革命新高潮的更大的发展基础和重要力量。1929年9月，中共中央给红四军前委的指示信更指出：先有农村红军，后有城市政权，这是中国革命的特征，这是中国经济基础的产物。

毛泽东不仅在实践中首先把革命的进攻方向指向了农村，而且从理论上阐明了武装斗争的极端重要性和农村应当成为党的工作中心的思想。早在1928年10月和11月，毛泽东就写了《中国的红色政权为什么能够存在?》和《井冈山的斗争》两篇文章，明确地指出以农业为主要经济的中国革命；同时还科学地阐述了共产党领导的土地革命、武装斗争与根据地建设这三者之间的辩证统一关系，强调工农武装割据的思想，是共产党和割据地方的工农群众必须具备的一个重要思想。1930年1月，毛泽东在《星星之火，可以燎原》一文中进一步指出：红军、游击队和红色区域的建立和发展，是半殖民地中国在无产阶级领导之下的农民斗争的最高形式，和半殖民地农民斗争发展的必然结果，并且是促进全国革命高潮的最重要因素。以毛泽东为书记的红四军前敌委员会还明确提出“农村工作是第一步，城市工作是第二步”

的思想。

农村包围城市、武装夺取政权的理论，是对1927年革命失败后中国共产党领导的红军和根据地斗争经验的科学概括。它是在以毛泽东为主要代表的中国共产党人同当时党内盛行的把马克思主义教条化、把共产国际决议和苏联经验神圣化的错误倾向作坚决斗争的基础上逐步形成的。

1930年5月，毛泽东在《反对本本主义》一文中，阐明了坚持辩证唯物主义的思想路线即坚持理论与实际相结合的原则的极端重要性，提出了“没有调查，没有发言权”和“中国革命斗争的胜利要靠中国同志了解中国情况”的重要思想，表现了毛泽东开辟新道路、创造新理论的革命首创精神。农村包围城市、武装夺取政权理论的提出，标志着中国化的马克思主义即毛泽东思想的初步形成。这是马克思主义在中国的创造性的运用和发展。

1929年12月下旬，红四军党的第九次代表大会在福建上杭县古田村召开。这次会议史称古田会议。会议通过的毛泽东起草的决议案，确立了思想建党、政治建军原则，规定红军是一个执行革命的政治任务的武装集团，必须绝对服从共产党的领导，必须担负打仗、筹款和做群众工作的任务，必须加强政治工作。决议案强调，必须加强思想和政治路线的教育，纠正党内的错误思想。

古田会议决议创造性地解决了在农村环境中、在党组织和军队以农民为主要成分的环境下，如何从加强思想建设入手，保持党的无产阶级先锋队性质和建设党领导的新型人民军队的问题，这是人民军队完全区别于一切旧军队的政治特质和根本优势，对于中国革命新道路的开辟和坚持具有重要的意义。

随着革命新道路的开辟，中国革命开始走向复兴。中国共产党领导的红军和根据地逐步发展起来。到1930年初，共产党领导人民群众建立了大小十几块农村根据地，红军发展到7万人，连同地方武装共约10万人。重要的根据地有赣南、闽西、湘鄂西、鄂豫皖、闽浙赣、湘鄂赣、湘赣、广西的左右江、广东的东江和琼崖等。红军游击战争实际上已经成为中国革命的主要形式，农村根据地成为积蓄和锻炼革命力量的主要战略阵地。

第二节　错误中迎来复兴

中国革命的复兴和发展并不是一帆风顺的。大革命失败后，在纠正陈独秀右倾机会主义错误的同时，由于对中国情况的复杂性和中国革命的长期性缺乏认识，中国共产党党内开始滋长一种“左”的急躁情绪。从1927年7月大革命失败到1935年1月遵义会议召开之前，“左”倾错误先后三次在党中央的领导机关取得统治地位。

第一次是1927年11月至1928年4月的“左”倾盲动错误，认为革命形势在不断高涨，盲目要求“创造总暴动的局面”。

第二次是1930年6月至9月以李立三为代表的“左”倾冒险主义，错误地认为中国革命乃至世界革命进入高潮，盲目要求举行全国暴动和集中红军力量攻打武汉等中心城市。

第三次是1931年1月至1935年1月以陈绍禹（王明）为代表的“左”倾教条主义。其主要错误是：在革命性质和统一战线问题上，混淆民主革命与社会主义革命的界限，将反帝反封建与反资产阶级并列，将民族资产阶级视为中国革命最危险的敌人，一味排斥和打击中间势力。在革命道路问题上，继续坚持以城市为中心，将准备城市工人的总同盟罢工和武装起义作为中国共产党最主要的任务；指令根据地的红军采取“积极进攻的策略”，配合攻打中心城市。在土地革命问题上，提出坚决打击富农和“地主不分田，富农分坏田”的主张。在军事斗争问题上，实行进攻中的冒险主义、防御中的保守主义、退却中的逃跑主义。在党内斗争和组织问题上，推行宗派主义和“残酷斗争，无情打击”的方针。

这几次“左”倾错误，尤其是以王明为代表的“左”倾教条主义错误，使中国革命受到严重挫折。在20世纪30年代前期、中期，中国共产党内屡次出现严重的“左”倾错误，其原因是多方面的。一句话，不善于把马克思列宁主义与中国实际全面地、正确地结合起来。王明等人的“左”倾教条主义错误，对中国革命造成了极其严重的危害。其最大的恶果，就是使红军在第五次反“围剿”作战中遭到失败，不得不退出南方根据地实行战略转移——长征。这次错误使红军和根据地损失了90%，国民党统治区党的力量几乎损失了100%,其教训是极其惨痛而又深刻的。

历史的经验表明:革命的政党,革命的人民,总是要反复地经过正反两方面的教育,经过比较和对照,才能够锻炼得成熟起来,才有赢得胜利的保证。

遵义会议集中解决了当时具有决定意义的军事问题和组织问题。会议增选毛泽东为中央政治局常务委员。会后不久,中共中央政治局常务委员分工,根据毛泽东的提议,决定由张闻天代替博古负总的责任;博古任红军总政治部代理主任;成立了由周恩来、毛泽东、王稼祥组成的新的"三人团",全权负责红军的军事行动。会议的一系列重大决策,是在中国共产党同共产国际的联系中断的情况下,独立自主地作出的。

遵义会议开始确立以毛泽东为主要代表的马克思主义的正确路线在党中央的领导地位,从而在极其危急的情况下挽救了中国共产党、挽救了中国工农红军、挽救了中国革命,成为中国共产党历史上一个生死攸关的转折点。这为党和革命事业转危为安、不断打开新局面提供了最重要的保证。

遵义会议表明:作为一个严肃的、对人民负责任的马克思主义政党,中国共产党是敢于正视自己的错误,并注意从自己所犯的错误中学习并吸取教训的。在领导中国革命全过程的某一个时期内,由于经验不足以及其他原因,党和党的领导人难免会犯这样那样的错误甚至严重的错误。但是,错误有两重性。它一方面损害党的事业,损害人民利益;另一方面又从反面教育了党,教育了人民。在大革命失败以后到遵义会议的这个时期内,中国共产党正是通过总结成功的经验和挫折、失败的教训,一方面反对右倾机会主义,又一方面反对"左"倾机会主义,使自己从两条战线斗争中巩固和壮大起来,从而把党领导的革命事业坚持下来并推向前进的。

红军长征宣告了国民党统治集团消灭中国共产党和红军的图谋彻底失败,宣告了中国共产党和红军肩负着民族希望胜利实现了北上抗日的战略转移,实现了中国共产党和中国革命事业从挫折走向胜利的伟大转折。

中国工农红军的长征是一部伟大的革命英雄主义的史诗。它向全中国和全世界宣告,中国共产党及其领导的人民军队,是一支不可战胜的力量。中国共产党人和红军将士用生命和热血铸就了伟大的长征精神,这就是:把全国人民和中华民族的根本利益看得高于一切,坚定革命的理想和信念,坚信正义事业必然胜利的精神；就是为了救国救民，不怕任何艰难险阻，不惜付出一切牺牲的精神；就是坚持独立自主、实事求是，一切从实际出发的精神；就是顾全大局、严守纪律、紧密团结的精神；就是紧紧依靠人民群众，同人民群众生死相依、患难与共、艰苦奋斗的精神。伟大的长征精神，是中国共产党人及其领导的人民军队革命风范的生动反映，是中华民族自强不息的民族品格的集中展示，是以爱国主义为核心的民族精神的最高体现。长征精神为中国革命不断从胜利走向胜利提供了强大精神动力。

1935年12月，毛泽东作了《论反对日本帝国主义的策略》的报告，阐明党的抗日民族统一战线的新政策，批判党内的关门主义和对于革命的急性病，系统地解决了党的政治路线上的问题。1936年12月，他写了《中国革命战争的战略问题》这部著作，总结土地革命战争中党内在军事问题上的大争论，系统地说明了有关中国革命战争战略方面的诸问题。1937年夏，他在延安抗日军政大学讲授《实践论》《矛盾论》，从马克思主义认识论的高度，总结中国共产党的历史经验，揭露和批评党内的主观主义尤其是教条主义错误，深入论证马克思列宁主义基本原理同中国具体实际相结合的原则，科学地阐明了党的马克思主义的思想路线。

以毛泽东为主要代表的中共中央所进行的理论工作，对党的政治路线、军事路线和思想路线进行了拨乱反正，从思想上、理论上武装了中国共产党人，使中国共产党人满怀信心地去迎接即将到来的伟大的抗日民族解放战争。

第二十二章　中华民族的抗日战争

1931年9月18日，日本关东军发动九一八事变，日本变中国为其独占殖民地的阶段由此开始。面对日本的大举侵略，国民党政府一再退让。蒋介石在1931年7月已提出“攘外必先安内”的方针。九一八事变发生后，国民党政府电告东北军：“日本此举不过寻常寻衅性质，为免除事件扩大起见，绝对抱不抵抗主义。”这种态度，使日本侵略者更加无所顾忌地用武力大规模进攻中国。

日本占领中国东北以后，随即开始入侵中国华北地区。1935年，日本在华北制造一系列事端，向中国政府提出使华北政权“特殊化”的要求。接着，日方又策动华北五省（河北、察哈尔、绥远、山西、山东）两市（北平、天津）“防共自治运动”，制造傀儡政权，这就是华北事变。华北事变后，日本加紧发动全面侵华战争的部署，中华民族面临亡国灭种的危机。

第一节　日本全面侵华和中国人民奋起反抗

1937年7月7日，卢沟桥事变发生，日本全面侵华战争由此开始。卢沟桥事变以后，日本动员几乎全部军事力量，采取“速战速决”的战略，向华北、华东、华中地区发起战略进攻。日军相继占领了北平（今北京）、天津、太原、上海、南京、广州、武汉等一大批城市。

由于遭到中国军民的顽强抵抗，日军在1938年10月占领广州、武汉以后，被迫停止对正面战场的战略性进攻。在坚持灭亡中国的总方针下，日本调整侵华政策，实施“以华制华”和“以战养战”策略，对国民党政府采取政治诱降为主、军事打击为辅的方针；在占领区加紧扶植傀儡政权，建立和发展汉奸组织；逐步将主要兵力用于对共产党领导的敌后抗日根据地进行“扫荡”。1944年4月至1945年1月，日本发动打通中国大陆交通线的豫湘桂战役，占领20多万平方公里的中国领土。这是日军在中国的最后一次大规模进攻。

日本的大举进攻，使中国的大片土地沦为日本的殖民地。日本在这些地方实行残暴的殖民统治。

早在1895年《马关条约》签订后，日本就开始了在台湾长达50年的殖民统治。日本在台湾进行疯狂的经济掠夺，攫取台湾的资源和财富，推行“农业台湾、工业日本”的殖民经济模式，使台湾成为日本的稻米供应地。殖民当局还竭力推行奴化教育和同化政策，开展“皇民化”运动。

1931年日军占领中国东北后，开始了对东北长达14年的殖民统治。1932年，在日军扶持下拼凑的伪“满洲国”（以清朝末代皇帝溥仪为“执政”，两年后改称“皇帝”），是日本军国主义侵略势力和中国封建复辟残余势力相结合而催生的一个怪胎。

1935年华北事变后，日军策动、拼凑了一些地方性傀儡政权。1938年12月，中国国民党副总裁汪精卫投降日本。1940年3月，汪精卫在南京成立伪“中华民国国民政府”。在关内占领区，日本军国主义者允许“中华民国”国号的存在，但是，这些地区实质上仍然是日本的独占殖民地。

日本对中国的大规模侵略和在中国部分地区的殖民统治，犯下了空前严重的罪行，给中华民族造成了极为深重的灾难。

首先，制造惨绝人寰的大屠杀。1937年12月，日军制造了震惊中外的“南京大屠杀”，是骇人听闻的反人类罪行。日军对中国共产党领导的八路军、新四军及其抗日根据地开展大规模的“扫荡”，实行“杀光其居民、烧光其房屋、抢光其粮食”的“三光”政策。日军还悍然实行细菌战、化学战，对中国军民实行惨无人道的人体活体试验。日军还在其占领区掳掠和残害中国劳工，强迫一些中国妇女充当“慰安妇”。其次，疯狂掠夺中国的资源与财富。再次，强制推行奴化教育。日本侵略者按照“思想战”的方针，在其占领区大力推行奴化教育，企图以此达到泯灭中国民众的民族意识和反抗精神、维护其殖民统治的目的。

日本侵略者在中国犯下的罪行罄竹难书。据不完全统计，战争期间，中国军民伤亡人数超过3 500万；按1937年的比价，中国直接经济损失1 000多亿美元，间接经济损失5 000多亿美元。

面对日本的野蛮侵略，中国人民毅然奋起、英勇抵抗，进行了长达十四年艰苦卓绝的抗日战争。中国人民在九一八事变后开始的抗日战争，揭开了世界反法西斯战争的序幕。

在中华民族处于生死存亡的危急关头，与当时国民党当局采取的不抵抗主义形成鲜明的对照，中国共产党率先举起了武装抗日的旗帜。在九一八事变后，9月20日，中共中央即发表宣言，揭露日本帝国主义侵占东北的目的是使中国完全变成它的殖民地。中共中央发布一系列文告，号召全国工农武装起来，进行民族的自卫战争。中国共产党不仅积极参加和推动各地的抗日救亡运动，而且直接领导了东北人民的抗日武装斗争。1934年，各抗日游击队先后改编为东北人民革命军；1936年2月以后，又陆续改建为东北抗日联军。东北抗日联军同日军进行了艰苦卓绝的斗争，沉重打击了日本侵略者。

国民党军队中的部分爱国官兵自发进行了抗战，中国共产党人开始了同这部分国民党官兵的抗日合作。

1932年一·二八事变后，国民党第十九路军奋起抗击进攻上海的日军，中共中央号召各界民众组织义勇军，并发动沪西日商纱厂工人罢工，以支援十九路军的抗日作战。1933年5月，原西北军将领冯玉祥在张家口成立察哈尔民众抗日同盟军，并谋求同共产党合作。同年11月，国民党第十九路军将领蔡廷锴、蒋光鼐以及国民党内爱国人士李济深、陈铭枢等在福州发动反蒋抗日事变。这就是福建事变。

华北事变后，中日民族矛盾进一步激化。在中国共产党关于救亡图存、全民抗战的号召和中共地下党组织的领导下，1935年12月9日，北平学生举行声势浩大的抗日游行，喊出“反对华北自治”“打倒日本帝国主义”“停止内战，一致对外”等口号，遭到国民党军警镇压。12月16日，北平学生和市民1万多人在天桥召开市民大会。会后，举行了更大规模的示威游行。这就是一二·九运动。它促进了中华民族的觉醒，标志着中国人民抗日救亡运动新高潮的到来。

在全国抗日救亡运动高涨之际，中国共产党及时提出了抗日民族统一战线的新政策。1935年8月1日，中共驻共产国际代表团起草了《为抗日救国告全体同胞书》，同年10月1日以中国苏维埃政府、中国共产党中央的名义在法国巴黎出版的《救国报》发表，呼吁全国各党派、各界同胞、各军队都应有“兄弟阋墙外御其侮”的真诚觉悟，捐弃前嫌，停止内战，集中一切国力，为抗日救国的神圣事业而奋斗。12月，中共中央在陕北瓦窑堡召开政治局会议，提出了在抗日的条件下与民族资产阶级重建统一战线的新政策，批评了党内长期存在的“左”倾冒险主义、关门主义的错误倾向。中国共产党在新的历史时期即将到来时掌握了政治上的主动权。

1936年5月，毛泽东、朱德联名发布《停战议和一致抗日通电》，公开放弃了反蒋的口号。9月1日，中共中央发出党内指示，明确提出党的总方针是“逼蒋抗日”。这是中国共产党根据国内阶级关系变化的实际状况作出的一个重大政策调整。

1936年12月12日凌晨，爱国将领张学良、杨虎城为了实现停止内战、共同抗日，毅然实行“兵谏”，扣留了蒋介石。这就是西安事变。西安事变的和平解决成为时局转换的枢纽，十年内战的局面由此结束，国内和平基本实现。

为了促进国共两党的合作，1937年2月，中共中央致电国民党五届三中全会，提出停止内战、一致对外等五项要求。如果国民党将这五项要求定为国策，共产党愿意实行四项保证：停止武力推翻国民党政府的方针；苏维埃政府改名为中华民国特区政府，红军改名为国民革命军；特区实行彻底的民主制度；停止没收地主土地的政策。在国民党五届三中全会上，全会表示同意国共两党进行谈判，并在会议文件上第一次写上了“抗日”的字样。

1937年8月，国共两党达成将红军主力改编为国民革命军第八路军（简称八路军，不久改称第十八集团军）等协议。八路军由朱德任总指挥，彭德怀任副总指挥，叶剑英任参谋长，左权任副参谋长，任弼时任政治部主任，邓小平任政治部副主任。下辖三个师：第一一五师，师长林彪、副师长聂荣臻；第一二〇师，师长贺龙、副师长萧克；第一二九师，师长刘伯承、副师长徐向前。全军共4.6万人。接着，南方的红军和游击队，除琼崖红军游击队外，改编为国民革命军新编第四军（简称新四军），叶挺任军长，项英任副军长，下辖四个支队，全军1.03万人。9月，原陕甘宁根据地的苏维埃政府改称陕甘宁特区政府，陕甘宁根据地仍是中共中央所在地。

9月22日，国民党中央通讯社发表《中共中央为公布国共合作宣言》；23日，蒋介石发表实际承认共产党合法地位的谈话。以国共两党第二次合作为基础的抗日民族统一战线正式形成。

中国共产党领导开辟的敌后战场和国民党指挥的正面战场协力合作，形成了共同抗击日本侵略者的战略局面。

从1937年7月卢沟桥事变，到1938年10月广州、武汉失守，中国抗战处于战略防御阶段。在战略防御阶段，日本侵略者以国民党军队为主要作战对象。以国民党军队为主体的正面战场，担负了抗击日军战略进攻的主要任务。国民党军队组织了淞沪、忻口、徐州、武汉会战等一系列大战役。1938年3月，李宗仁等部进行台儿庄战役，取得大捷，歼灭日军1万余人。

在这个时期，国民党政府的对日作战是比较努力的，其政策的重点还是放在反对日本侵略者身上。但是，正面战场除了台儿庄战役取得大捷外，其他战役几乎都是以退却、失败而结束的。造成这种状况的客观原因，是由于在敌我力量对比上，日军占很大的优势；主观原因，则是国民党战略指导方针上的失误。蒋介石集团在决心抗战的同时，却又害怕群众的广泛动员可能危及自身的统治，因而实行的是片面抗战的路线，即不敢放手发动和武装民众，将希望单纯寄托在政府和正规军的抵抗上；在战略战术上，没有采取积极防御的方针，而是进行单纯的阵地防御战。这就使得大多数作战未能给敌人以更大的消耗，并在短时间内丧失了大片国土。

抗日战争进入相持阶段后，日本对国民党政府采取以政治诱降为主、军事打击为辅的方针。国民党在重申坚持持久抗战的同时，其对内对外政策发生重大变化。1939年1月，国民党五届五中全会决定成立"防共委员会"，确定了"防共、限共、溶共、反共"的方针。蒋介石还将抗战到底的含义解释为"恢复到卢沟桥事变以前的状态"。这标志着国民党政府逐步转变为消极抗战。

第二节　中国共产党成为抗日战争的中流砥柱

中国共产党确信，只有动员和依靠群众，才能坚持抗战，并使抗战的胜利成为人民的胜利。与国民党实行的片面抗战路线不同，中国共产党一开始就主张实行全面抗战，即人民战争路线。这两条不同的抗战路线的存在，就是一切中国问题的关键所在。

1937年8月，中国共产党在陕北洛川召开政治局扩大会议，制定了抗日救国十大纲领，强调要打倒日本帝国主义，关键在于使已经发动的抗战成为全面的全民族的抗战。为此，必须实行全国军事的总动员、全国人民的总动员；必须改革政治机构，给人民以充分的抗日民主权利，并适当改善工农大众的生活。会议强调，必须坚持统一战线中无产阶级的领导权，在敌人后方放手发动独立自主的山地游击战争，在国民党统治区放手发动抗日的群众运动。

在中国，农民是民主革命的主要力量。进行人民战争，首先和主要的就是要深入敌后，发动和组织广大的农民，开展游击战争和群众工作，创建抗日民主政权，逐步把落后的农村建设成为先进的革命阵地。中国共产党把工作的重点放在敌后农村，在新的抗日民族解放战争条件下，继续走农村包围城市的道路。

1938年5月至6月间，毛泽东发表《论持久战》的讲演，总结抗战10个月来的经验，集中全党智慧，系统地阐明了持久抗战的总方针。

毛泽东指出，中日战争是半殖民地半封建的中国和帝国主义的日本之间在20世纪30年代进行的一个决死的战争。一方面，日本是强国，中国是弱国，强国弱国的对比，决定了抗日战争只能是持久战。另一方面，日本是小国，发动的是退步的、野蛮的侵略战争，在国际上失道寡助；而中国是大国，进行的是进步的、正义的反侵略战争，在国际上得道多助。中国已经有了代表中华民族和中国人民根本利益的、在政治上成熟的中国共产党及其领导的抗日根据地和人民军队。因此，最后胜利又将是属于中国的。

毛泽东强调"兵民是胜利之本"。战胜日本的侵略，必须进行人民战争。

毛泽东还科学地预测了抗日战争的发展进程。即抗日战争将经过战略防御、战略相持、战略反攻三个阶段。其中，战略相持阶段，是中国抗日战争取得最后胜利的最关键的阶段。只要坚持持久抗战、坚持抗日民族统一战线，中国将在这个阶段中获得转弱为强的力量。

毛泽东阐明的持久战战略思想，揭示了抗日战争的发展规律和坚持抗战、争取抗战胜利必须实行的战略方针，对全国抗战的战略指导产生了积极的影响。

为了贯彻执行全面抗战路线，中国共产党作出了开辟敌后战场的战略决策。

八路军刚开赴前线时，主要是直接在战役上配合国民党军队作战。1937年9月，八路军第一一五师主力在晋东北平型关附近伏击日军，取得全民族抗战以来中国军队的第一次重大胜利，粉碎了日军不可战胜的神话。接着，又参加忻口会战。八路军第一二〇师在雁门关以南伏击日军，第一二九师还以一营兵力担任主攻，夜袭阳明堡日军机场，削弱了忻口当前之敌的空中突击和运输力量，有力地配合了国民党军队在正面战场的作战。

1937年11月太原失陷后，按照中共中央的部署，八路军在敌后实施战略展开，发动独立自主的敌后游击战争，先后开辟晋察冀、晋西北、晋冀豫、山东和大青山等抗日根据地。

在华北，以国民党为主体的正规战争结束，以共产党为主体的游击战争上升到主要地位。新四军则挺进长江南北，开赴苏南、皖南、皖中地区，创建华中抗日根据地。到1938年10月，共产党领导的抗日武装发展到近20万人。到1940年底，人民抗日武装部队发展到50万人，还建立了大量的地方武装和民兵；在华北、华中、华南创建了16块根据地（晋察冀、晋冀豫、晋绥、冀鲁豫、豫鄂边、山东、皖东北、皖东、皖南、皖中、苏南、苏中、苏北、豫皖苏、东江、琼崖），加上中共中央所在的陕甘宁边区，共产党领导的抗日根据地拥有1亿人口。1944年春季，敌后战场人民军队转入攻势作战，他们已经抗击着全部侵华日军的64%。

在敌后军民的艰苦抗战中，涌现出无数可歌可泣的民族英雄。他们中有在作战中以身殉国的八路军副参谋长左权、东北抗日联军第一路军总司令兼政治委员杨靖宇、东北抗日联军第二路军副总指挥赵尚志、新四军第四师师长彭雪枫等抗日将领，以及八路军“狼牙山五壮士”、新四军“刘老庄连”、东北抗日联军八位女战士等英雄群体。他们伟大的英雄气概和崇高的民族气节，鼓舞了全国军民，连敌人也为之震惊。

游击战争的战略地位和作用：在抗日战争的初期和中期，游击战被提到了战略的地位，具有全局性的意义。

在战略防御阶段，从全局看，国民党正面战场的正规战是主要的，敌后的游击战是辅助的。但是，游击战在敌后广泛开展和敌后抗日根据地的开辟，迫使敌人不得不把用于进攻的兵力抽调回来保守其占领区，从而对阻止日军的进攻、减轻正面战场压力、使战争转入相持阶段起了关键性的作用。

在战略相持阶段，敌后游击战争成为主要的抗日作战方式。日军逐步将主要兵力用于打击敌后战场的人民军队，以保持和巩固其占领地。人民军队在大部分时间里所进行的，主要是游击战。削弱敌人、壮大自己，逐步改变敌强我弱的态势、为实行战略反攻准备条件，这个任务主要是由人民军队进行的游击战来完成的。

在全民族抗战的过程中，中国共产党发挥了中流砥柱作用，领导全国人民，指挥八路军、新四军和华南抗日武装等全国各地的革命抗日武装力量，为坚持抗战、夺取抗战的最后胜利作出了永远辉耀史册的贡献。

抗日民族统一战线是以国共合作为基础的。由于国共两党代表不同的阶级利益，参加抗战的目的不尽相同，实行的是不同的抗战路线，统一战线内部不可避免地存在着矛盾和斗争。所以，全民族抗战一开始，中共中央就明确提出了“在统一战线中，是无产阶级领导资产阶级呢，还是资产阶级领导无产阶级？是国民党吸引共产党呢，还是共产党吸引国民党？”这个问题。

中国共产党强调，必须在统一战线中坚持独立自主原则，既统一，又独立。为此，共产党必须保持在思想上、政治上和组织上的独立性，放手发动群众，壮大人民力量，必须坚持对人民军队的绝对领导，必须对国民党采取又团结又斗争、以斗争求团结的方针。这样做的目的，实质上就是力争中国共产党对抗日战争的领导权，使自己成为团结全民族抗战的中坚力量。这是把抗日战争引向胜利的中心一环。

抗日战争相持阶段到来以后，由于以蒋介石为代表的国民党亲英美派开始推行消极抗日、积极反共的政策，团结抗战的局面逐步发生严重危机，出现了中途妥协和内部分裂两大危险。针对这种情况，1939年7月，中国共产党明确提出“坚持抗战到底——反对中途妥协”“巩固国内团结——反对内部分裂”“力求全国进步——反对向后倒退”三大口号，坚决揭露打击汪精卫集团的叛国投降活动，继续争取同蒋介石集团合作抗日。

1939年冬至1940年春，国民党顽固派发动第一次反共高潮。国民党军队侵犯陕甘宁边区，并在山西、河北进攻中国共产党领导的军队和根据地，人民军队给予了坚决的还击。1941年1月,国民党顽固派发动第二次反共高潮,制造皖南事变。1943年春,国民党顽固派策划发动第三次反共高潮,由于中国共产党及时进行揭露和斗争而被制止。

巩固抗日民族统一战线的策略总方针:为了抗日民族统一战线的坚持、扩大和巩固,中国共产党总结反"摩擦"斗争的经验,制定了"发展进步势力,争取中间势力,孤立顽固势力"的策略总方针。

进步势力主要是指工人、农民和城市小资产阶级。他们是统一战线的基础,抗日战争的主要依靠力量。中间势力主要是指民族资产阶级、开明绅士和地方实力派。争取中间势力需要一定的条件:一是共产党要有充足的力量;二是尊重他们的利益;三是要同顽固派作坚决的斗争,并能一步一步地取得胜利。

顽固势力是指大地主大资产阶级的抗日派,即以蒋介石集团为代表的国民党亲英美派。他们采取两面政策,既主张抗日,又限共、溶共、反共并摧残进步势力。为此,共产党必须以革命的两面政策来对付他们,即贯彻又联合又斗争的政策。同顽固派作斗争时,坚持有理、有利、有节的原则。

抗日民主根据地是认真贯彻和实现中国共产党全面抗战路线、坚持抗战和争取胜利的坚强阵地。1941年5月,中共中央批准颁布的《陕甘宁边区施政纲领》,全面地体现了中国共产党关于根据地建设的基本方针。

加强政权建设,是抗日根据地建设的首要的、根本的任务。中国共产党提出,根据地政权是共产党领导的抗日民族统一战线性质的政权,是一切赞成抗日又赞成民主的人们的政权,是几个革命阶级联合起来对于汉奸和反动派的民主专政。抗日民主政府在工作人员分配上实行"三三制"原则,即共产党员、非党的左派进步分子和不左不右的中间派各占1/3。这样做,可以容纳各方面的代表,团结一切赞成抗日又赞成民主的各阶级、阶层。

毛泽东在回答中国共产党能否跳出"其兴也勃焉""其亡也忽焉"这个历史兴亡周期律的问题时讲过:"我们已经找到新路,我们能跳出这周期律。这条新路,就是民主。只有让人民来监督政府,政府才不敢松懈。只有人人起来负责,才不会人亡政息。"

各地抗日民主政权十分重视根据地的经济建设。根据地内停止实行没收地主土地的政策,普遍实行减租减息政策,以减轻农民所受的封建剥削,提高他们的抗日和生产的积极性;同时实行交租交息,以利于联合地主阶级抗日。

为了克服根据地面临的严重困难局面,毛泽东提出了“发展经济,保障供给”的经济工作和财政工作的总方针,发出了“自己动手,丰衣足食”的号召。1942年,中国共产党领导根据地军民开展了大生产运动。

全民族抗战开始后,中共中央所在地延安成了革命者向往的“圣地”。大批知识青年冲破国民党的封锁线奔赴延安。中共中央及时作出大量吸收知识分子的决定,把发展抗日的革命文化运动提上重要议事日程,中国人民抗日军事政治大学(简称“抗大”)、鲁迅艺术学院(简称“鲁艺”)等一批干部学校和专门学校创办起来。1940年8月创办的延安自然科学院,是中国共产党历史上第一个开展自然科学教学与研究的专门机构。

抗日根据地政治民主、政府廉洁、民族团结、经济发展,同国民党统治区政治专制、吏治腐败的局面,形成鲜明的对照。越来越多的人从中国共产党领导的抗日根据地中看到了中国未来的希望。当时美国驻华使馆的人员在写给美国国务院的报告中也承认:“共产党的政府和军队,是中国近代史上第一次受到有积极的广大人民支持的政府和军队。”“未来的中国,共产党将占有确定的和重要的地位。”“中国的命运不属于蒋而属于他们。”

抗战时期,中国共产党的工作重心,是在敌后发动抗日游击战争,建设抗日民主根据地。同时,也在国民党统治区开展促进团结抗日等方面的大量工作。

1944年9月,中共参政员林伯渠在国民参政会上提出废除国民党一党专政、召开各党派会议、成立民主联合政府的主张,得到民主党派、民主人士和社会各界的热烈响应。

全民族抗战开始以后,在中国共产党的推动和影响下,文化界各抗敌协会相继成立,成为文化界广泛的抗日民族统一战线建立的重要标志。

1938年初,周恩来担任国民政府军事委员会政治部副部长以后,掌管宣传工作的政治部第三厅厅长由郭沫若担任。第三厅在周恩来、郭沫若的参与和领导下,团聚了一大批文化界爱国人士,成为扩大统一战线、推动抗日文化工作的重要阵地。文化界提出“抗战、团结、民主”为文艺创作的三大目标。中国共产党的《新华日报》《群众》周刊在国民党统治区公开发行,及时宣传党的主张，鼓舞和激励群众的抗战热情。

为了胜利地领导中国人民进行抗日战争，中国共产党密切地联系着党的政治路线，在斗争实践中不断推进党的建设的伟大工程。

1937年11月，王明从莫斯科回到延安。他根据共产国际和苏联领导人关于中国抗战应该依靠国民党的指示精神，主张“一切经过统一战线”“一切服从统一战线”，把共产党及其领导的人民军队的活动限制在国民党允许的范围内。毛泽东等对王明的右倾错误进行了坚决的抵制。

1938年9月至11月，中国共产党在延安举行了扩大的六届六中全会。在这次全会上，毛泽东明确地提出了“马克思主义的中国化”这个命题。他强调：“离开中国特点来谈马克思主义，只是抽象的空洞的马克思主义。因此，马克思主义的中国化，使之在其每一表现中带着中国的特性，即是说，按照中国的特点去应用它，成为全党亟待了解并亟须解决的问题。”他大声疾呼：洋八股必须废止，空洞抽象的调头必须少唱，教条主义必须休息，而代之以新鲜活泼的，为中国老百姓所喜闻乐见的中国作风和中国气派。为了推进马克思主义中国化的事业，他向全党提出了普遍地深入地学习马克思列宁主义的理论，学习我们的历史遗产并给以批判的总结和调查研究当前运动的特点及其规律性的任务。全会基本上纠正了王明的右倾错误，进一步确立了毛泽东在全党的领导地位。

在20世纪30年代后期和40年代前期，为了将丰富的中国革命实际经验马克思主义化，以便更好地指导抗日战争和中国革命，毛泽东撰写了《〈共产党人〉发刊词》《中国革命和中国共产党》《新民主主义论》等一批重要的理论著作。

毛泽东首先揭示了中国半殖民地半封建社会的性质和主要特征，近代中国社会的主要矛盾和中国革命发生及发展的原因。在此基础上，他阐明了中国共产党领导的整个中国革命运动，是包括民主主义革命和社会主义革命两个阶段在内的全部革命运动。而1919年五四运动以后的中国民主革命，已经是无产阶级领导的人民大众的反帝反封建的新民主主义革命。它的前途是社会主义。

毛泽东还阐明了中国共产党在新民主主义革命阶段的基本纲领。毛泽东总结中国共产党成立以来的历史经验，指出统一战线和武装斗争，是战胜敌人的两个基本武器。而党的组织，则是掌握统一战线和武装斗争这两个武器以实行对敌冲锋陷阵的英勇战士。统一战线，武装斗争，党的建设，这就是中国共产党在中国革命中战胜敌人的三个主要的法宝。

以毛泽东为主要代表的中国共产党人创立的新民主主义理论，是马克思主义基本原理同中国具体实际相结合的成果。新民主主义理论的系统阐明，标志着毛泽东思想得到多方面展开而达到成熟。这个理论从思想上武装了中国共产党人，使他们极大地增强了参加和领导抗日战争和新民主主义革命的自觉性。

抗日战争以来，中国共产党的组织得到很大的发展。广大新党员有很强的抗日精神和革命斗志，但是他们绝大多数出身于农民及其他小资产阶级，在他们身上存在着各种非无产阶级思想。老党员要适应新形势，也需要进一步提高自己。

20世纪40年代前期，中国共产党以延安为中心，在全党范围内开展了一场整风运动。1941年5月，毛泽东作了《改造我们的学习》的报告。整风运动首先在党的高级干部中进行。1942年2月，毛泽东先后作了《整顿党的作风》和《反对党八股》的讲演，整风运动在全党范围普遍展开。整风运动的主要内容是：反对主观主义以整顿学风，反对宗派主义以整顿党风，反对党八股以整顿文风。其中，反对主观主义以整顿学风是整风运动最主要的任务。

主观主义的实质是理论脱离实际，颠倒了认识和实践的关系，是实际工作中的唯心主义。当时它的主要表现形式是教条主义和经验主义，尤其是教条主义。这是中国共产党内反复出现"左"、右倾错误的思想认识根源。

克服主观主义，必须以科学的态度对待马克思主义，必须发扬理论联系实际的马克思主义的学风，一切从实际出发，实事求是。毛泽东对"实事求是"这个成语作了新的解释。他说："实事"就是客观存在着的一切事物，"是"就是客观事物的内部联系，即规律性，"求"就是我们去研究。我们要从国内外、省内外、县内外的实际情况出发，从其中引出固有的而不是臆造的规律性，即找出周围事物的内部联系，作为我们行动的向导。这样，实事求是就成了党的辩证唯物主义的思想路线通俗而又生动的表述。

调查研究是把理论和实际结合起来的不可或缺的中间环节。毛泽东强调，加强调查研究是转变党的作风的基础一环。

在这期间，1942年5月，毛泽东在延安文艺座谈会上发表讲话，全面总结五四运动以来中国革命文艺运动的历史经验，深刻阐明和发展了马克思主义的文艺理论，为中国革命文艺的发展指明了正确方向。他强调："为什么人的问题，是一个根本的问题，原则的问题。""我们的文学艺术都是为人民大众的，首先是为工农兵的。"在讲话精神的鼓舞下，革命的文艺工作者深入实际、深入群众，创作了一大批为人民大众喜闻乐见的优秀作品。

整风运动是一场伟大的思想解放运动。一切从实际出发、理论联系实际、实事求是的马克思主义思想路线，在全党范围确立了起来。

1945年4月20日，中共扩大的六届七中全会通过了《关于若干历史问题的决议》，对党的若干重大的历史问题作出结论，使全党尤其是党的高级干部对中国民主革命的基本问题的认识达到在马克思列宁主义基础上的一致。同年4月23日至6月11日，中国共产党第七次全国代表大会在延安举行。七大制定了党的政治路线，即"放手发动群众，壮大人民力量，在我党的领导下，打败日本侵略者，解放全国人民，建立一个新民主主义的中国"，制定了实现政治路线的正确的纲领和策略；七大总结了党的建设的历史经验，把党在长期奋斗中形成的优良传统作风概括为三大作风，即理论和实践相结合的作风，和人民群众紧密地联系在一起的作风，自我批评的作风；七大将以毛泽东为主要代表的中国共产党人把马克思列宁主义基本原理同中国具体实际相结合所创造的理论成果，正式命名为毛泽东思想，并将毛泽东思想规定为党的一切工作的指针。刘少奇在大会的报告中指出，毛泽东思想，就是中国的共产主义，中国的马克思主义。这是中国民族智慧的最高表现和理论上的最高概括。中国共产党在毛泽东思想的基础上，达到空前的团结和统一。

中国人民抗日战争的胜利，是近代以来中国抗击外敌入侵的第一次完全胜利。中国人民为什么能够战胜不可一世的日本军国主义、赢得胜利呢？

第一，以爱国主义为核心的民族精神是中国人民抗日战争胜利的决定因素。第二，中国共产党的中流砥柱作用是中国人民抗日战争胜利的关键。中国共产党自成立之日起就把实现中华民族伟大复兴作为自己的历史使命。中国共产党倡导和推动国共合作，建立、坚持和发展广泛的抗日民族统一战线。中国共产党坚持全面抗战路线，制定正确的战略策略，开辟广大敌后战场，成为坚持抗战的中坚力量。中国共产党始终坚持抗战、反对投降，坚持团结、反对分裂，坚持进步、反对倒退，引领着夺取战争胜利的正确方向，成为夺取战争胜利的民族先锋。第三，全民族抗战是中国人民抗日战争胜利的重要法宝。抗击侵略、救亡图存成为中国各党派、各民族、各阶级、各阶层、各团体以及海外华侨华人的共同意志。第四，中国人民抗日战争的胜利，同世界所有爱好和平和正义的国家和人民、国际组织以及各种反法西斯力量的同情和支持也是分不开的。

抗日战争胜利的意义：中国人民抗日战争是20世纪中国和人类历史上的重大事件，为中华民族由近代以来陷入深重危机走向伟大复兴确立了历史转折点。第一，中国人民抗日战争的胜利，彻底粉碎了日本军国主义殖民奴役中国的图谋。第二，中国人民抗日战争的胜利，促进了中华民族的大团结，形成了伟大的抗战精神。中国人民向世界展示了天下兴亡、匹夫有责的爱国情怀，视死如归、宁死不屈的民族气节，不畏强暴、血战到底的英雄气概，百折不挠、坚忍不拔的必胜信念。这是中国人民弥足珍贵的精神财富。第三，中国人民抗日战争的胜利，对世界各国夺取反法西斯战争的胜利、维护世界和平的事业产生了巨大影响。第四，中国人民抗日战争的胜利，开辟了中华民族复兴的光明前景。

第二十三章　为新中国而奋斗

抗日战争胜利后，中国广大人民热切希望实现和平、民主，为建设新中国而奋斗。战后的政治形势，总的说来，对中国人民实现建设新中国的目标是有利的。在国际上，帝国主义遭到削弱，社会主义国家、民族解放运动的力量有了新的发展，世界反动势力已经难以集中起来干涉中国革命。在国内，中国人民的觉悟程度、组织程度空前提高，人民军队发展到120万人，解放区扩大到1亿人口。经过整风学习，中国共产党在毛泽东思想的基础上达到了高度的团结。中国人民克服一切困难，实现其基本历史要求的时机已经到来。

第一节　国共内战的爆发

以武力消灭共产党及其领导的人民军队和解放区政权，是蒋介石集团的既定方针。由于全国人民强烈要求和平、反对内战，由于国民党的军队大部分远在西南、西北后方，要把它们运往内战前线、完成内战部署需要相当的时间，由于国际上苏联、美国等都表示希望中国能够实行和平建国，因此蒋介石在积极准备内战的同时，又表示愿意与中共进行和平谈判。其目的，一是以此敷衍国内外舆论，掩盖其正在进行的内战准备；二是诱使中共交出人民军队和解放区政权，以期不战而控制全中国；三是如果谈判不成，即放手发动内战，并把战争责任转嫁给中国共产党。

国民党的反共方针得到了美国政府的支持。美国在中国追求的长期的基本目标，在于推动建立一个统一的亲美政府；其短期目标，首先是“避免共产党完全控制中国”。

中国共产党曾经希望通过和平的途径对中国进行政治社会的改革，逐步向新中国这个目标迈进。因为，中国人民在经历了长期的战争之后，有和平建国的强烈要求，中国共产党应当充分考虑人民群众的这种愿望。同时，由于人民力量强大，加上其他条件，中国共产党估计，造成国共两党合作（加上民主同盟等）、和平发展的新阶段的可能性是存在的。中国共产党应当努力争取中国出现这种局面。

1945年8月14日、20日、23日，蒋介石三次电邀毛泽东到重庆共商“国际国内各种重要问题”。为了争取和平民主，毛泽东不顾个人安危，于8月28日偕周恩来、王若飞赴重庆与国民党当局进行谈判。10月10日，双方签署《政府与中共代表会谈纪要》，即“双十协定”，确认和平建国的基本方针，同意“长期合作，坚决避免内战”。1945年8月25日，中共中央在对时局的宣言中明确提出“和平、民主、团结”的口号。

1946年1月10日，国共双方下达停战令。同一天，政治协商会议（以下简称政协会议）在重庆开幕，确立了国会制、内阁制、省自治的制度。政协会议的协议及其他协议，还不是新民主主义性质的，但它有利于冲破蒋介石的独裁统治和实行民主政治，有利于和平建国，因而在相当程度上是有利于人民的。在一个时期内，是否忠实履行政协协议，成了人们衡量政治是非的重要尺度。

国民党统治集团的方针是先接收关内，控制华东、华北，而后进兵关外，以便独占东北。所以，它计划先在关内大打，而后在关外大打。待它认为相应的准备已经完成时，就全面彻底撕毁政协协议，悍然发动全国规模的内战。

国民党统治集团既然扼杀了全国人民对于和平建国的热切愿望，也就把自己放在了全国人民的对立面。

中国共产党争取和平民主的努力，尽管最终未能阻止全面内战的爆发，但是，它使得各界群众增进了对中国共产党的了解，懂得了什么人应当对这场战争承担责任。这在政治上是一个重大的胜利。中共代表团在返回延安时，代表团成员李维汉在当天的日记中写道：“国共谈判破裂了，但我党满载人心归去。”这是完全符合事实的。同时，经过努力，中国人民毕竟争得了将近一年的和平的暂息时期。这也为扩大和巩固解放区、做好进行自卫战争的准备，提供了有利的条件。

1946年6月底，国民党军以进攻中原解放区为起点，挑起了全国性的内战。同年10月11日，国民党军占领华北解放区重镇张家口。蒋介石于当天宣布11月12日召开由国民党一手包办的“国民大会”。次年3月，国民党当局限期令中共驻南京、上海、重庆三地代表及工作人员全部撤退。至此，一切和平谈判之门都被国民党关闭，国共关系彻底破裂。

全面内战爆发时，中国共产党面临的形势是极为严峻的。中国共产党清醒地估计了国内外形势，坚决认定我们必须打败蒋介石，而且能够打败他。

毛泽东指出：我们必须打败蒋介石，是因为蒋介石发动的战争，是一个在美帝国主义指挥之下的反对中国民族独立和中国人民解放的反革命的战争。我们能够打败蒋介石，是因为蒋介石军事力量的优势和美国的援助，只是临时起作用的因素；而蒋介石发动的战争的反人民性质，人心的向背，则是经常起作用的因素，在这方面，我们占着优势。人民解放军的战争所具有的爱国的正义的革命的性质，必然要获得全国人民的拥护。这就是战胜蒋介石的政治基础。

为了打退国民党对解放区的军事进攻，中共中央指出，在政治上，必须和人民群众亲密合作，必须争取一切可以争取的人，在党的领导下建立最广泛的人民民主统一战线；在军事上，必须采取集中优势兵力、各个歼灭敌人的作战原则。在1946年6月至1947年6月一年的时间里，人民军队处于战略防御阶段，战争主要在解放区进行。

经过人民解放军一年的作战，战争形势发生了重大变化。1947年7月，国民党军的总兵力由430万人下降为373万人，其中正规军由200万人下降为150万人。由于战线延长，它的大部分兵力用于守备，战略性机动兵力大为减少，而且士气低落，官兵中充满失败情绪。人民解放军的总兵力则由127万人增加为195万人，其中正规军近100万人；部队的武器装备也因大量缴获而得到很大改善。由于不需分兵守卫后方供给线和城市，机动兵力大大增强。

为了彻底粉碎国民党将战争继续引向解放区、进一步破坏和消耗解放区的人力物力使之不能持久的方针，中共中央作出了出人意料的决定：不待完全粉碎敌人的战略进攻，不等解放军在数量上占有优势，立刻将主力打到外线去，举行全国性的反攻，将战争引向国民党区域。

1947年6月底，根据中共中央的决策和部署，刘伯承、邓小平率领的晋冀鲁豫野战军主力，实施中央突破，千里跃进大别山；陈毅、粟裕指挥的华东野战军主力为东路，挺进苏鲁豫皖地区；陈赓、谢富治指挥的晋冀鲁豫野战军一部为西路，挺进豫西。三路大军相互策应，机动歼敌，迫使国民党军处于被动地位，人民解放战争战略进攻的序幕由此揭开。

1947年10月10日，中国人民解放军总部发表宣言，提出"打倒蒋介石，解放全中国"的口号。同年12月，中共中央在陕北米脂县杨家沟召开会议，制定了夺取全国胜利的行动纲领。这是蒋介石二十年反革命统治由发展到消灭的转折点，也是一百多年来帝国主义在中国的统治由发展到消灭的转折点。

在解放战争胜利发展的同时，解放区开展了轰轰烈烈的土地改革运动。毛泽东指出："土地制度的彻底改革，是现阶段中国革命的一项基本任务。如果我们能够普遍地彻底地解决土地问题，我们就获得了足以战胜一切敌人的最基本的条件。"

在全面内战爆发的前夕，1946年5月4日，中共中央发出《关于清算、减租及土地问题的指示》（史称"五四指示"），决定将党在抗日战争时期实行的减租减息政策改变为实现"耕者有其田"的政策。在此之后，通过开展清算斗争等，到1947年下半年，解放区即有2/3的地区基本上解决了农民的土地问题。

在人民解放军转入战略进攻之后，为了维护广大农民的利益、进一步激发他们支援解放战争的积极性，1947年7月至9月，中国共产党在河北省平山县召开全国土地会议，制定和通过了《中国土地法大纲》，明确规定"废除封建性及半封建性剥削的土地制度，实现耕者有其田的土地制度"，"乡村中一切地主的土地及公地，由乡村农会接收"，分配给无地或少地的农民。这个大纲指引着在封建制度压迫下的亿万农民群众，将自己的力量汇入民主革命的洪流。

经过土地改革运动，到1948年秋，1亿人口的解放区消灭了封建生产关系。广大农民分得土地并在政治上获得翻身以后，其政治觉悟和组织程度空前提高，农村生产力得到解放，工农联盟进一步巩固和加强。人民解放战争获得了源源不断的人力、物力的支援。土地制度改革,是从根本上摧毁中国封建制度根基的社会大变革。这就为打败蒋介石、建立新中国奠定了深厚的群众基础。在国民党统治区,以学生运动为先导的人民民主运动也迅速地发展起来,成为配合人民解放战争的第二条战线。

国民党之所以迅速失去民心,主要是由于它违背全国人民迫切要求休养生息、和平建国的意愿,执行反人民的内战政策。

针对国民党当局积极从事内战的准备,1945年底,昆明学生发动了以"反对内战,争取自由"为主要口号的一二·一运动。1946年12月30日,为抗议驻华美军强暴北京大学先修班一女学生,北平学生高喊"抗议美军暴行!""美军退出中国!"的口号,举行示威游行。抗议驻华美军暴行的运动(史称"抗暴运动"或"一二三〇运动")由此掀起。1947年5月20日,南京、北平等地爆发了反饥饿、反内战运动(史称"五二〇运动")。

学生运动的高涨,不可避免地要促进整个人民运动的高涨。在全面内战爆发的前夜,1946年6月23日,上海人民团体联合会派出请愿团去南京向国民党当局呼吁和平。请愿团到达南京下关时遭到当局指使的大批暴徒围殴达5个小时,团长马叙伦和代表雷洁琼等多人受伤。

1947年间,全国20多个大、中城市中,先后有120万工人举行罢工。5月到6月,饥饿的城市居民的"抢米"风潮席卷包括江苏、浙江、安徽、四川等省的40多个大小城镇。

1947年2月28日,台湾省台北市人民为反抗国民党当局的暴政、抗议反动军警屠杀市民,举行大规模示威游行。二二八起义虽然失败了,但作为全国人民民主运动的组成部分,它有力地显示了台湾人民的革命精神,鼓舞了全国人民。

中国各民主党派和无党派民主人士在人民民主运动中也发挥了积极的作用。

这些事实表明,不仅在军事战线上,而且在政治战线上,国民党政府都打了败仗。这个政府已经处在全民的包围中。

第二节 中国共产党与民主党派的合作

中国各民主党派是中国共产党领导的爱国统一战线的重要组成部分。中国各民主党派形成时的社会基础,主要是民族资产阶级、城市小资产阶级以及同这些阶级相联系的知识分子和其他爱国分子。它们所联系和代表的不是单一阶级,而是这些阶级、阶层的人们在反帝爱国和争取民主的共同要求基础上的联合,是阶级联盟性质的政党。在它们的成员和领导骨干中,还有一定数量的革命知识分子和少数共产党人。

在中国的政治生活中,各民主党派和无党派民主人士是一支重要的力量。中国各民主党派的政纲不尽相同,但都主张爱国、反对卖国,主张民主、反对独裁。在这些方面,同中国共产党的新民主主义革命政纲基本上是一致的。因此,它们从成立的时候起,大多同中国共产党建立了不同程度的合作关系,并在斗争实践中逐步地发展了这种关系。

在战后进行国共谈判和召开政协会议时,民主党派作为“第三方面”,主要是同共产党一起,反对国民党的内战、独裁政策,为和平民主而奔走呼号的。它们为政协会议的成功作出了自己的贡献,还为维护政协协议进行过不懈的努力。中国共产党对各民主党派采取了积极的争取和团结的政策。

无论是在举行国共谈判、召开政协会议期间,还是在解放战争的进行过程中,中国共产党都及时向各民主党派通报情况,认真听取他们的意见,并就一些重大问题同他们进行协商,以便采取一致行动。中国共产党一贯鼓励和支持各民主党派反对国民党独裁统治的斗争。同时,又十分注意尊重和维护其应有的政治地位和合理的利益。对于他们的某些不妥当的意见,则善意地提出批评,诚恳地帮助其进步。中共领导人毛泽东、周恩来等还同民主党派的领导人和无党派民主人士的代表建立了良好的个人关系,直接对他们进行工作。所有这些,都收到了积极的效果。

同中国共产党合作奋斗,并在实践中不断进步,是各民主党派在这个时期表现的主要方面。

中国共产党与民主党派的合作,对于中国人民解放事业的发展起到了积极的作用。

抗日战争胜利后，某些民主党派的领导人物曾经鼓吹“中间路线”。他们认为，当时的形势是，国民党不能用武力消灭共产党，共产党也不能用武力推翻国民党。他们所提倡的，是资产阶级共和国的方案；他们所主张的，实质上是旧民主主义的道路。

但是，中国在战后面临的是两种命运、两个前途的尖锐斗争。摆在人们面前的只有两条道路，一条是国民党统治集团继续走半殖民地半封建社会的道路，维护帝国主义、封建主义和官僚资本主义利益的老路；另一条是中国共产党领导下的，实现民族独立、人民解放和国家富强、人民幸福的道路，先建立一个新民主主义国家，然后再过渡到社会主义社会的道路。

由于民族资产阶级的软弱性和妥协性，始终没能占据中国社会经济的主体，以轻工业为主，缺乏重工业作为工业化的支撑，没有属于自己的军队和武装，无法代表人民的利益；加之国民党统治集团不允许，帝国主义不允许中国成为一个独立富强民主的资本主义国家，所以，第三条道路实际上是破产的。

1948年1月，民盟领导人沈钧儒等在香港召开民盟一届三中全会，会议明确宣告，民盟“决不能够在是非曲直之间有中立的态度”，指出独立的中间路线不符合中国的现实环境，是“行不通”的。民盟必须站在人民的、民主的、革命的立场，为彻底推翻国民党统治集团、消灭封建土地所有制、驱逐美帝国主义出中国、实现人民的民主而奋斗。会议确认中国共产党“值得每个爱国的中国人赞佩”，表示“今后要与他们携手合作”。这次会议，标志着民盟站到了新民主主义革命的立场上来。

1948年4月30日，中共中央在纪念五一国际劳动节的口号中提出：“各民主党派、各人民团体、各社会贤达迅速召开政治协商会议，讨论并实现召集人民代表大会，成立民主联合政府。”这个号召得到各民主党派和社会各界的热烈响应。

1949年1月22日，李济深、沈钧儒等民主党派的领导人和著名的无党派民主人士55人联合发表《对时局的意见》，一致认定中共提出的关于召开政治协商会议、成立联合政府的主张“符合于全国人民大众的要求”，恳切表示“愿在中共领导下，献其绵薄，共策进行，以期中国人民民主革命之迅速成功，独立、自由、和平、幸福的新中国之早日实现”。这个政治声明表明，中国各民主党派和无党派民主人士自愿地接受了中国共产党的领导，决心走人民革命的道路，拥护建立人民民主的新中国。

同年春，毛泽东在同有关人士谈话时提出，民主党派应“积极参政，共同建设新中国”。民主党派参加新政协会议并将在新中国参政，标志着民主党派地位的根本变化。它们不再是旧中国反动政权下的在野党，而成为中国人民民主专政的参加者，在中国共产党的领导下，和共产党一道担负起管理国家和建设国家的历史重任。从此，各民主党派走上了新的历史道路。

1948年秋，人民解放战争进入夺取全国胜利的决定性的阶段。在毛泽东和中共中央军委的领导和指挥下，在人民群众的热烈支援下，中国人民解放军先后发动了辽沈、淮海、平津三大战役。

三大战役前后历时4个月零19天，共歼灭国民党军队的有生力量154万余人，加上1948年7月至1949年1月期间在济南战役和其他战役中的损失，国民党军队共丧失兵力230余万人。国民党赖以维持其反动统治的主要军事力量基本上被摧毁。

随着解放战争的胜利发展，建立新中国的任务被提上了历史日程。

1949年3月召开的中共七届二中全会，规定了党在全国胜利后在政治、经济、外交方面应当采取的基本政策，指出了中国由农业国转变为工业国、由新民主主义社会转变为社会主义社会的发展方向。

在这次会议上，毛泽东告诫全党，夺取全国胜利，这只是万里长征走完了第一步，中国的革命是伟大的，但革命以后的路更长，工作更伟大，更艰苦。据此，他提出了“两个务必”的思想，即“务必使同志们继续地保持谦虚、谨慎、不骄、不躁的作风，务必使同志们继续地保持艰苦奋斗的作风”。

在胜利面前，毛泽东保持着清醒的头脑。他告诫全党，必须警惕糖衣炮弹的攻击，不要在这种攻击面前打败仗。全会还根据毛泽东的提议，做出不给党的领导者祝寿，不送礼，少敬酒，少拍掌，不用党的领导者的名字作地名、街名和企业的名字，不要把中国同志和马克思、恩格斯、列宁、斯大林并列等有关规定。

在中共中央离开西柏坡时，毛泽东说，我们进北平，可不是李自成进北京，他们进了北京就变了。我们共产党人进北平，是要继续革命，建设社会主义，直到实现共产主义。他把进北平比作“进京赶考”，说“我们决不当李自成，我们都希望考个好成绩”。

1949年6月30日，毛泽东发表了《论人民民主专政》一文，明确指出，人民民主专政需要工人阶级的领导。人民民主专政的基础是工人阶级、农民阶级和城市小资产阶级的联盟，而主要是工人和农民的联盟，因为这两个阶级占了中国人口的80%～90%。推翻帝国主义和国民党反动派，主要是这两个阶级的力量。由新民主主义到社会主义，主要依靠这两个阶级的联盟。他指出，我们还必须利用一切于国计民生有利而不是有害的城乡资本主义因素，团结民族资产阶级。但是民族资产阶级不能充当革命的领导者，也不应当在国家政权中占主要的地位。

中共七届二中全会的决议和毛泽东的《论人民民主专政》，构成了《中国人民政治协商会议共同纲领》的基础。

在筹建新中国的过程中，毛泽东、中共中央还进一步确认，中国同苏联国情不同，不宜实行联邦制。单一制的国家结构形式符合中国的实际情况，在统一的国家内实行民族区域自治有利于民族平等原则的实现。

完成创建新中国的任务，是由中国人民政治协商会议来承担的。

1949年9月21日，中国人民政治协商会议第一届全体会议在北平中南海怀仁堂开幕。会议通过了《中国人民政治协商会议共同纲领》（以下简称《共同纲领》）。《共同纲领》规定：“中华人民共和国为新民主主义即人民民主主义的国家，实行工人阶级领导的、以工农联盟为基础的、团结各民主阶级和国内各民族的人民民主专政”；“各级政权机关一律实行民主集中制”“中华人民共和国境内各民族一律平等”；“各少数民族聚居的地区，应实行民族区域自治”；在经济工作中，“以公私兼顾、劳资两利、城乡互助、内外交流的政策，达到发展生产、繁荣经济之目的”。

《共同纲领》在当时是全国人民的大宪章，起着临时宪法的作用。人民政协的召开，标志着中国的新型政党制度——中国共产党领导的多党合作和政治协商制度的确立。

没有广大人民和各界人士的广泛参加和大力支持，中国革命的胜利是不可能的。中国革命之所以能够走上胜利发展的道路，是由于有了中国共产党的领导。中国革命之所以能够赢得胜利，同国际无产阶级和人民群众的支持也是分不开的。

中国共产党在领导人民革命的过程中,积累了丰富的经验,锻造出了有效的克敌制胜的武器。毛泽东指出:“统一战线,武装斗争,党的建设,是中国共产党在中国革命中战胜敌人的三个法宝,三个主要的法宝。”

第二十四章　改革开放前四十年

中华人民共和国的成立,实现了中国从几千年封建专制政治向人民民主的伟大飞跃,宣告中国人民当家作主的时代已经到来,具有五千多年文明历史的中华民族从此进入了发展进步的历史新纪元。

中华人民共和国的成立标志占人类总数四分之一的中国人从此站立起来了。广大中国人民在政治上翻了身,第一次成为新社会、新国家的主人,一个真正属于人民的共和国建立起来了。国家基本统一,民族团结,社会政治局面趋向稳定,各族人民开始过上安居乐业的生活。为实现由新民主主义向社会主义的过渡,并在社会主义道路上实现中华民族的伟大复兴,创造了政治前提。中国共产党成为全国范围内的执政党。

中华人民共和国的成立,标志着中国的新民主主义革命取得了基本的胜利,标志着半殖民地半封建社会的结束和新民主主义社会在全国范围内的建立,这是马克思主义同中国实际相结合的伟大胜利。近代以来中国面临的第一项历史任务,即求得民族独立和人民解放的任务基本上完成了。这就为实现第二项历史任务,即实现国家的繁荣富强和人民的共同富裕,创造了前提,开辟了道路。

新民主主义革命过程中形成和发展起来的新民主主义政治、经济、文化,都是由工人阶级领导的,因而都具有社会主义因素,如中国共产党的政治领导、社会主义国营经济的领导地位、马克思主义在思想文化领域中的指导地位,等等。这些因素的增长,为新民主主义革命胜利以后向社会主义转变创造了必要的条件。

这时的新民主主义社会,就已经是一个属于社会主义体系的和逐步过渡到社会主义社会去的过渡性质的社会了。

全国胜利并解决了土地问题以后,中国社会经济中存在着五种成分,即:社会主义性质的国营经济,半社会主义性质的合作社经济,农民和手工业者的个体经济，私人资本主义经济和国家资本主义经济。其中，半社会主义性质的合作社经济是个体经济向社会主义集体经济过渡的形式，国家资本主义经济是私人资本主义经济向国营经济过渡的形式，所以，主要的经济成分是三种，即社会主义经济、个体经济和私人资本主义经济。其中的个体经济是处于十字路口的经济，它既可以被引导着走向社会主义，也可以自发地走向资本主义。这样，三种基本的经济成分及与之相应的三种基本的阶级力量（工人阶级、农民及其他小资产阶级、资产阶级）之间的矛盾，就集中地表现为无产阶级与资产阶级的矛盾、社会主义与资本主义的矛盾。这就是说，中国还存在着两种基本的矛盾：国际上是新中国同帝国主义的矛盾，国内是工人阶级和资产阶级的矛盾。

对新民主主义社会的基本矛盾作这样的认定，实际上就是把进行社会主义革命（社会主义改造）、确立社会主义基本制度的任务提了出来。

从中华人民共和国成立，到社会主义改造基本完成，这是从新民主主义过渡到社会主义的时期。中国共产党制定了过渡时期的总路线，团结带领人民在推进社会主义工业化的同时，逐步实现对农业、手工业和资本主义工商业的社会主义改造，建立社会主义基本制度，完成了中华民族有史以来最为广泛而深刻的社会变革，为当代中国一切发展进步奠定了根本政治前提和制度基础，实现了中华民族由近代不断衰落到根本扭转命运、持续走向繁荣富强的伟大飞跃。

自1956年社会主义改造基本完成以后，中国进入了社会主义。我国进入社会主义的时候，就生产力发展水平来说，还远远落后于发达国家，这就决定了中国的社会主义必须经历一个相当长的初级阶段。这是在原本经济文化落后的中国建设社会主义现代化不可逾越的历史阶段，需要上百年的时间。

1956年召开的中共八大指出，我国社会的主要矛盾“是人民对于经济文化迅速发展的需要同当前经济文化不能满足人民需要的状况之间的矛盾”。1987年召开的中共十三大指出：“我们在现阶段所面临的主要矛盾，是人民日益增长的物质文化需要同落后的社会生产之间的矛盾。”2017年中共十九大指出：“经过长期努力，中国特色社会主义进入了新时代，这是我国发展新的历史方位。”“我国社会主要矛盾已经转化为人民日益增长的美好生活需要和不平衡不充分的发展之间的矛盾。”

由于国内的因素和国际的影响，阶级斗争还在一定范围内长期存在，在某种条件下还有可能激化，但已经不是主要矛盾。我国社会主义建设的根本任务，是进一步解放生产力，发展生产力，逐步实现社会主义现代化，并且为此而改革生产关系和上层建筑中不适应生产力发展的方面和环节。

中国仍处于并将长期处于社会主义初级阶段是中国的基本国情，是建设中国特色社会主义的总依据，也是党和国家制定路线、方针、政策的基本依据。

中国共产党在社会主义初级阶段的基本路线是：领导和团结全国各族人民，以经济建设为中心，坚持四项基本原则，坚持改革开放，自力更生，艰苦创业，为把我国建设成为富强民主文明和谐美丽的社会主义现代化强国而奋斗。

党在社会主义初级阶段的基本路线是党和国家的生命线、人民的幸福线。新中国成立以后至今的历史，经历了以下的发展阶段：

从1949年10月1日中华人民共和国成立到1956年，是基本完成社会主义改造的七年。

从1956年社会主义改造基本完成到1966年“文化大革命”前夕，是开始全面建设社会主义的十年。

从1966年5月到1976年10月，是“文化大革命”的十年。

从1978年12月中共十一届三中全会召开以来，是改革开放和社会主义现代化建设的新时期。而从1976年10月“文化大革命”结束至1978年十一届三中全会召开之前在徘徊中前进的两年，为实现新时期的伟大历史转折准备了条件。

2012年中共十八大以来，中国特色社会主义进入新时代，这是我国发展新的历史方位。

在六十多年中，全国各族人民在中国共产党领导下探索、开创、坚持和发展中国特色社会主义，为实现国家富强、民族复兴、人民幸福这一历史任务而不懈奋斗，这是新中国历史发展的主题和主线。

中国共产党领导人民进行社会主义建设，有改革开放前和改革开放后两个历史时期，这是两个相互联系又有重大区别的时期，但本质上都是中国共产党领导人民进行社会主义建设的实践探索。中国特色社会主义是在改革开放历史新时期开创的,但也是在新中国已经建立起社会主义基本制度,并进行了二十多年建设的基础上开创的。虽然这两个历史时期在进行社会主义建设的思想指导、方针政策、实际工作上有很大差别,但两者决不是彼此割裂的,更不是根本对立的。改革开放前的社会主义实践探索为改革开放后的社会主义实践探索积累了条件,改革开放后的社会主义实践探索是对前一个时期的坚持、改革、发展。不能用改革开放后的历史时期否定改革开放前的历史时期,也不能用改革开放前的历史时期否定改革开放后的历史时期。

正确认识和处理改革开放前后的社会主义实践探索的关系,不只是一个历史问题,还是一个政治问题。对改革开放前的社会主义实践探索,要坚持实事求是的思想路线,分清主流和支流,坚持真理,修正错误,发扬经验,吸取教训,在这个基础上把党和人民的事业继续推向前进。

新中国最大的历史成就,就是探索、开创、坚持、发展了中国特色社会主义。这是几代中国共产党人接续奋斗的结果。

以毛泽东为主要代表的中国共产党人,把马克思列宁主义的基本原理同中国革命的具体实践结合起来,创立了毛泽东思想。毛泽东思想是马克思列宁主义在中国的运用和发展,是被实践证明了的关于中国革命和建设的正确的理论原则和经验总结,是中国共产党集体智慧的结晶。在毛泽东思想指引下,中国共产党领导全国各族人民,经过长期的反对帝国主义、封建主义、官僚资本主义的革命斗争,取得了新民主主义革命的胜利,建立了人民民主专政的中华人民共和国;新中国成立以后,顺利地进行了社会主义改造,完成了从新民主主义到社会主义的过渡,确立了社会主义基本制度,发展了社会主义的经济、政治和文化。

第一节　从新民主主义向社会主义过渡的开始

新中国在成立初期,也面临着许多严重的困难和一些紧迫的问题。这对于刚刚执掌全国政权的中国共产党来说,是新的严峻的考验。主要是:第一,能不能保卫住人民胜利的成果,巩固新生的人民政权。第二,能不能战胜严重的经济困难,迅速恢复和发展国民经济。第三,能不能巩固民族独立,维护国家主权和安全。第四,能不能经受住执政的考验,继续保持谦虚、谨慎、不骄、不躁的作风和艰苦奋斗的作风。

为了解决这些问题,中国共产党和人民政府着重抓了以下四个方面的工作:

第一,完成民主革命的遗留任务。在追剿残余敌人、基本完成祖国大陆统一任务的基础上,继续实行土地制度的改革,制定《中华人民共和国婚姻法》,废除封建婚姻制度,使广大妇女获得婚姻自由的权利。

第二,领导国民经济恢复工作。没收官僚资本,在企业内部开展民主改革和生产改革,确立起社会主义性质的国营经济在国民经济中的领导地位,使人民政权拥有了相当重要的经济基础。同时,开展了稳定物价的斗争和统一全国财政经济的工作。

第三,巩固民族独立,维护国家主权和安全。新中国废除了帝国主义国家依据不平等条约在中国享有的一切特权。以毛泽东为主要代表的中国共产党人提出了"另起炉灶""打扫干净屋子再请客""一边倒"的外交方针。抗美援朝战争是一场抗击美国侵略者的正义战争,打出了新中国的国威和人民军队的军威,创造了以弱胜强的范例。这一胜利,有力地打破了美国军队不可战胜的神话,雄辩地证明:西方侵略者几百年来只要在东方一个海岸上架起几尊大炮就可霸占一个国家的时代一去不复返了。全世界对新中国刮目相看,新中国的国际威望空前提高。从此,帝国主义不敢轻易作侵犯新中国的尝试,我国的经济建设和社会改革赢得了一个相对稳定的和平环境。

第四,加强中国共产党的自身建设。针对中国共产党成为全国范围的执政党、党的工作重心从农村转向城市的新情况,党和政府教育广大干部和党员必须经受住执政的考验、接管城市的考验和生活环境变化的考验。1950年和1951年,中国共产党在全党范围开展整风、整党运动,批判居功自傲等错误思想,进行共产党员标准的八项条件等教育,并在此基础上发展了一批新党员。1951年底到1952年,开展了反贪污、反浪费、反官僚主义的"三反"运动,又在1952年上半年发起"五反"(反对行贿、反对偷税漏税、反对盗窃国家财产、反对偷工减料、反对盗窃经济情报)运动。

中华人民共和国成立后的最初三年,即1949年至1952年期间,在着重完成民主革命的遗留任务的同时，社会主义革命的任务实际上也开始实行了。这主要表现在以下三个方面：

第一，没收官僚资本，确立社会主义性质的国营经济的领导地位。第二，开始将资本主义纳入国家资本主义轨道。第三，引导个体农民在土地改革后逐步走上互助合作的道路。

从1953年开始的发展国民经济的第一个五年计划，把优先发展重工业作为建设的中心环节，中国近代以来无数志士仁人梦寐以求的工业化建设从此大规模地开展起来。

随着实践的发展和经验的积累，对于如何向社会主义过渡的步骤，中共中央的认识发生了变化。1952年9月24日，毛泽东在中共中央书记处会议上提出，我们要在"十年到十五年基本上完成社会主义，不是十年以后才过渡到社会主义"。刘少奇、周恩来等也都论述过"从现在逐步过渡到社会主义去"的设想。这种认识上的改变，主要有两方面的原因：

一方面，随着民主革命遗留任务的彻底完成，国内的阶级关系和主要矛盾发生了深刻的变化。在打倒地主阶级和官僚资产阶级以后，中国内部的主要矛盾即是工人阶级与民族资产阶级的矛盾，故不应再将民族资产阶级称为中间阶级。这说明，明确提出向社会主义过渡的任务已经成为必要的了。另一方面，随着国民经济的恢复和初步发展，中国社会的经济成分（即生产关系）发生了重要变化。这集中地表现在公私比例的变化上，国营经济的领导地位一天一天加强。这说明，中国向社会主义过渡在实际上已经开始了。

正是从以上两个方面变化了的实际情况出发，中共中央在1952年底开始酝酿并于1953年正式提出党在过渡时期的总路线，明确规定："党在这个过渡时期的总路线和总任务，是要在一个相当长的时期内，逐步实现国家的社会主义工业化，并逐步实现国家对农业、对手工业和对资本主义工商业的社会主义改造。"历史表明，党提出的过渡时期总路线是完全正确的。

当时中国之所以要着力进行和可能进行社会主义改造，主要是因为：第一，社会主义性质的国营经济力量相对来说比较强大，它是实现国家工业化的主要基础。第二，资本主义经济力量弱小，发展困难，不可能成为中国工业起飞的基础，而且它对国家和国营经济有很强的依赖性，不可避免地要向国家资本主义的方向发展。在帝国主义对华封锁的情况下,民族资本由于向外发展的渠道被阻断,就更加重了它对国家和国营经济的这种依赖性。第三,对个体农业进行社会主义改造,是保证工业发展、实现国家工业化的一个必要条件。第四,当时的国际环境也促使中国选择社会主义。

1953年12月,中共中央通过《关于发展农业生产合作社的决议》,总结互助合作运动的经验,概括提出引导农民走向社会主义的几种过渡性经济组织形式。第一是互助组,这具有社会主义的萌芽。第二是初级农业生产合作社,在土地及牲畜、大农具私有的基础上土地入股、统一经营,有较多的公共财产,实行土地分红和按劳分配相结合的原则。这具有半社会主义的性质。第三是高级农业生产合作社,将土地及其他主要生产资料归集体所有,统一经营、集体劳动,实行各尽所能、按劳分配的原则,这具有社会主义的性质。采取这种逐步过渡的办法,是中国农业合作化运动中的一项重要的创造。

实践证明,中国共产党对农业合作化运动的指导方针是正确的,由此开创了一条有中国特点的农业合作化道路。其基本原则和方针是:第一,在中国的条件下,可以走先合作化、后机械化的道路。在土地改革基本完成后,及时将“组织起来”作为农村工作的一件大事来抓。第二,充分利用和发挥土改后农民的两种生产积极性,通过互助组、初级农业生产合作社、高级农业生产合作社这种由低到高的互助合作的组织形式,实行积极发展、稳步前进、逐步过渡的方针。第三,农业互助合作的发展,要坚持自愿和互利的原则,采取典型示范、逐步推广的方法,发展一批,巩固一批。第四,要始终把是否增产作为衡量合作社是否办好的标准。第五,要把社会改造同技术改造相结合。在实现农业合作化以后,国家应努力用先进的技术和装备发展农业经济。

在推进手工业合作化的过程中,中国共产党采取的是积极领导、稳步前进的方针。手工业合作化的组织形式,是由手工业生产合作小组、手工业供销合作社到手工业生产合作社,步骤是从供销人手,由小到大,由低到高,逐步实行社会主义改造和生产改造。农业合作化的迅猛发展,也极大地加快了手工业合作化的步伐。

经过国家资本主义走向社会主义在农业合作化运动迅速发展的同时,

对资本主义工商业的社会主义改造也开始积极推进。

中国资产阶级有两个部分，即官僚资产阶级和民族资产阶级。中国共产党和人民政府对他们采取了不同的政策。对官僚资产阶级即中国的大资产阶级，是把他们作为敌人，在政治上推翻他们的统治，在经济上没收他们的资本。民族资产阶级在社会主义革命时期仍然具有两面性。他们既有剥削工人取得利润的一面，又有拥护宪法、愿意接受社会主义改造的一面。对民族资产阶级，是把他们作为朋友，在团结他们的同时，用和平的方法逐步地改造他们。

对资本主义工商企业进行社会主义改造，就是要把民族资本主义工商业改造成为社会主义性质的企业，并对民族资产阶级实行赎买政策。采取这样的政策，既可以在一定时期利用资本主义工商业的积极作用，又有利于争取民族资产阶级及其知识分子，并减少他们接受社会主义改造的阻力。

国家资本主义经济是在人民政府管理之下的，用各种形式和国营社会主义经济联系着的，并受工人监督的资本主义经济。它有初级形式和高级形式的区别。初级形式的国家资本主义企业仍由资本家经营，它同国营社会主义经济通过订立合同等办法，在企业外部建立这样那样的联系。其形式，在工业中有收购、加工、订货、统购、包销；在商业中有经销、代销、代购代销、公私联营等。高级形式的国家资本主义就是公私合营。

新中国成立初期，着重发展的是加工订货、经销代销等初级形式的国家资本主义。开始时，主要是个别企业的公私合营。在这种合营企业中，公方代表已经居于领导地位。企业利润采取“四马分肥”的办法，即分为国家所得税、企业公积金、工人福利费、股金红利四个部分。企业收益大部分归国家和工人，资本家所得不足1/4，这种企业已经具有不同程度的社会主义性质。全行业公私合营时，国家每年发给资本家5%的股息，叫作定股定息。全行业公私合营以后，这些企业基本上已经是社会主义性质的经济，除资本家领取定息外，同国营企业已经没有原则的区别。

经过国家资本主义来改造资本主义工商业，意味着国家对资本家采取和平赎买的政策。中共中央对于资产阶级，第一是用赎买和国家资本主义的方法，有偿地而不是无偿地，逐步地而不是突然地改变资产阶级的所有制；第二是在改造他们的同时，给予他们以必要的工作安排；第三是不剥夺资产阶级的选举权，并且对于他们中间积极拥护社会主义改造而在这个改造事业中有所贡献的代表人物给以恰当的政治安排。在资产阶级没有别的出路的条件下，这是他们能够接受的方案。

对资产阶级实行赎买，这是马克思、恩格斯提出的设想。十月革命后，列宁打算在俄国对“文明的资本家”采取这种做法，但俄国资产阶级不接受。中国共产党把这种设想付诸实施并取得成功，资产阶级中的绝大多数人公开表示接受这样的方案。

在实行全行业公私合营的时候，国家为资本家安排了工作，许多人担负了一定的领导职务。这既有利于发挥他们在经营管理方面的特长，又可以为使他们成为自食其力的劳动者创造条件。国家还安排他们进行学习和组织他们到各地参观访问，帮助他们了解国内外形势，更好地掌握自己的命运。许多原工商业者提高了觉悟，拥护共产党的领导和社会主义制度，为国家建设事业作出了贡献。

邓小平说：“我国资本主义工商业社会主义改造的胜利完成，是我国和世界社会主义历史上最光辉的胜利之一。这个胜利的取得，是由于中国共产党领导全体工人阶级执行了毛泽东同志根据我国情况制定的马克思主义政策，同时，资本家阶级中的进步分子和大多数人在接受改造方面也起了有益的配合作用。”

1954年9月，中华人民共和国第一届全国人民代表大会第一次会议在北京召开，大会讨论并通过了《中华人民共和国宪法》。人民代表大会制度这一新中国的根本政治制度从此建立。这成为新中国人民民主政治建设发展历程中具有标志性的事件。在一届全国人大一次会议召开以后，中国人民政治协商会议不再代行全国人民代表大会的职权。

1954年12月，中国人民政治协商会议第二届全国委员会一次会议在北京举行，会议推举毛泽东为全国政协名誉主席，选举周恩来为政协第二届全国委员会主席。大会通过的《中国人民政治协商会议章程》明确规定，政协“作为团结全国各民族、各民主阶级、各民主党派、各人民团体、国外华侨和其他爱国民主人士的人民民主统一战线的组织，仍然需要存在”。

从此，中国人民政治协商会议既是中国人民爱国统一战线的组织，又是中国共产党领导的多党合作和政治协商的重要机构，是我国政治生活中发扬社会主义民主的重要形式。这对于坚持和完善中国共产党领导的多党合作和政治协商制度,具有重要的意义。

在逐步推进社会主义改造的过程中,中国的社会主义基本政治制度得到了全面确立和进一步发展,社会主义的基本经济制度也建立起来了,这是中国进入社会主义社会的最主要的标志。社会主义性质的国营经济、合作社经济和基本上属于社会主义性质的公私合营经济合计为92.9%,占到了国民收入的绝大多数。这是社会主义改造的主要成果。这表明,中国已经胜利地完成了从新民主主义到社会主义的过渡,社会主义基本制度在中国得到了全面的确立。

社会主义改造的胜利,为中国全面进行社会主义建设奠定了基础,开辟了道路。农业和手工业由个体所有制变为社会主义的集体所有制,私营工商业由资本主义所有制变为社会主义所有制,这就使社会生产力从旧的生产关系的束缚中解放出来,为在社会主义条件下取得比资本主义更快更好的现代化发展速度铺平了道路。

1981年6月中共十一届六中全会通过的《关于建国以来党的若干历史问题的决议》明确指出:社会主义改造尽管存在某些缺点和偏差,但整个来说,在一个几亿人口的大国中比较顺利地实现了如此复杂、困难和深刻的社会变革,促进了工农业和整个国民经济的发展,这的确是伟大的历史性胜利。

第二节　社会主义建设在探索中曲折发展

1956年,社会主义基本制度的全面确立,标志着中国进入开始全面建设社会主义的历史阶段。

中国已经是一个社会主义国家,但又是一个经济文化落后、人口众多、幅员辽阔、发展极不平衡的国家。怎样建设社会主义,怎样巩固和发展社会主义,并没有现成的道路可循,必须在实践中进行艰苦的探索。

新中国成立初期,因为没有经验,在经济建设上只得学习甚至照搬苏联的做法。这在当时是完全必要的,同时又是一个缺点,缺乏创造性。经过执行发展国民经济的第一个五年计划的实践,中国共产党和人民政府已经积累了进行建设的初步经验。1956年2月召开的苏共二十大,进一步暴露了苏联在社会主义建设中存在的缺点和错误。在这种情况下，中国共产党人决心走自己的路，开始探索适合中国情况的社会主义建设道路。

探索中国的社会主义建设道路，首先有一个如何把马克思列宁主义基本原理同中国具体实际相结合的问题。1956年4月初，在中共中央书记处会议上，毛泽东提出：我认为最重要的教训是独立自主，调查研究，摸清本国国情，把马克思列宁主义的基本原理同我国革命和建设的具体实际结合起来，制定我们的路线、方针、政策。现在是社会主义革命和建设时期，我们要进行第二次结合，找出在中国进行社会主义革命和建设的正确道路。毛泽东说："最近苏联方面暴露了他们在建设社会主义过程中的一些缺点和错误，他们走过的弯路，你还想走？过去我们就是鉴于他们的经验教训，少走了一些弯路，现在当然更要引以为戒。"中国的社会主义建设必须走自己的道路。

毛泽东提出的关于实行马克思主义同中国实际的"第二次结合"的任务，为探索适合中国情况的社会主义建设道路，提供了基本的指导原则。毛泽东逐渐形成《论十大关系》的基本思路，并先后在4月25日中央政治局扩大会议和5月2日最高国务会议上作了《论十大关系》的报告。这个报告，总结经济建设的初步经验，借鉴苏联建设的经验教训，概括提出了十大关系。这十大关系，围绕一个基本方针，即："一定要努力把党内党外、国内国外的一切积极的因素，直接的、间接的积极因素，全部调动起来，把我国建设成为一个强大的社会主义国家。"这成为同年9月召开的中共八大的指导思想。

社会主义是广大人民群众的事业。毛泽东强调，工人、农民是人民群众的主体，建设社会主义，首先必须依靠工农群众，充分调动工农群众的积极性；同时，必须巩固各民族的团结，帮助少数民族发展经济建设和文化建设，还应当与民主党派"长期共存，互相监督"，加强统一战线工作，并且提出要尽可能地化消极因素为积极因素。

毛泽东指出，在把重工业作为国内建设重点的同时，要更多地发展农业、轻工业，并处理好沿海工业与内地工业、经济建设与国防建设的关系，从而对中国工业化道路的问题作出了创造性的论述。他还开始提出体制改革的问题，认为我们不能像苏联那样，把什么都集中到中央，而应当有中央和地方两个积极性，应当使各个生产单位有一个与统一性相联系的独立性。

毛泽东在论述中国和外国的关系时，提出"向外国学习"的口号，强调一切民族、一切国家的长处都要学，但不能一切照搬。

同年4月28日，毛泽东在中共中央政治局扩大会议讨论《论十大关系》报告后作总结讲话，进一步提出："艺术问题上的百花齐放，学术问题上的百家争鸣，我看应该成为我们的方针"。

《论十大关系》是以毛泽东为主要代表的中国共产党人开始探索中国自己的社会主义建设道路的标志，它在新的历史条件下从经济方面（这是主要的）和政治方面提出了新的指导方针，为中共八大的召开作了理论准备。后来，毛泽东回顾说："前八年照抄外国的经验。但从一九五六年提出十大关系起，开始找到自己的一条适合中国的路线。"

1956年9月15日至27日，中国共产党第八次全国代表大会在北京举行。毛泽东致开幕词，刘少奇作政治报告，周恩来作关于发展国民经济第二个五年计划建议的报告，邓小平作关于修改党章的报告。

中共八大正确分析了社会主义改造完成后中国社会的主要矛盾和主要任务，指出：社会主义制度在我国已经基本上建立起来；国内主要矛盾已经不再是工人阶级和资产阶级的矛盾，而是人民对于经济文化迅速发展的需要同当前经济文化不能满足人民需要的状况之间的矛盾；全国人民的主要任务是集中力量发展社会生产力，实现国家工业化，逐步满足人民日益增长的物质和文化需要；还有阶级斗争，还要加强人民民主专政，但根本任务已经是在新的生产关系下面保护和发展生产力。

在经济建设上，大会坚持既反保守又反冒进即在综合平衡中稳步前进的方针。在政治建设上，提出要扩大社会主义民主、健全社会主义法制，使党和政府的活动做到"有法可依"和"有法必依"。在执政党建设上，强调要提高全党的马克思列宁主义思想水平，健全党内民主集中制，坚持集体领导制度，反对个人崇拜，发展党内民主和人民民主，加强党和群众的联系。

在大会发言中，陈云提出"三个主体、三个补充"的思想，即：国家经营和集体经营是主体，一定数量的个体经营为补充；计划生产是主体，一定范围的自由生产为补充；国家市场是主体，一定范围的自由市场为补充。这个思想为大会所采纳，并写入大会决议，成为探索适合中国特点的经济体制的重要步骤。

中共八大后，中国共产党在探索中又提出一些重要的新思想。同年12

月，毛泽东提出，可以消灭了资本主义，又搞资本主义，并把这称作“新经济政策”。

1957年2月，毛泽东在扩大的最高国务会议第十一次（扩大）会议上作了《如何处理人民内部的矛盾》的讲话，指出：在社会主义制度下，人民的根本利益是一致的，但还存在着敌我矛盾和人民内部矛盾，必须区分社会主义社会两类不同性质的社会矛盾，把正确处理人民内部矛盾作为国家政治生活的主题。他强调，不能用解决敌我矛盾的方法去解决人民内部矛盾，只能用民主的、说服的、教育的、“团结—批评—团结”的方法去解决。

毛泽东提出正确处理人民内部矛盾的问题，有一个重要的指导思想，这就是：“团结全国各族人民进行一场新的战争——向自然界开战，发展我们的经济，发展我们的文化，使全体人民比较顺利地走过目前的过渡时期，巩固我们的新制度，建设我们的新国家。”

毛泽东还对社会主义社会的基本矛盾作了科学分析。他指出：矛盾是普遍存在的。社会主义社会充满着矛盾，正是这些矛盾推动着社会主义社会不断向前发展。在社会主义社会中，基本的矛盾仍然是生产关系和生产力之间的矛盾、上层建筑和经济基础之间的矛盾。这些矛盾，可以通过社会主义制度本身的自我调整和自我完善不断地得到解决。这实际上为进行改革，使社会主义制度得到完善和发展奠定了理论基石。

《关于正确处理人民内部矛盾的问题》创造性地阐述了社会主义社会矛盾学说，是对科学社会主义理论的重要发展，对中国社会主义事业具有长远的指导意义。

1957年4月27日，中共中央下发《关于整风运动的指示》，决定在全党进行一次反对官僚主义、宗派主义和主观主义的整风运动。采取整风的办法来全面加强党的思想、组织、作风建设，是中国共产党的一个创造。在执政的条件下，党容易产生脱离群众的官僚主义等错误倾向，更需要采取整风的办法来加以解决。这场运动采取开门整风的形式。要造成一个又有集中又有民主，又有纪律又有自由，又有统一意志、又有个人心情舒畅、生动活泼，那样一种政治局面。这些思想，是中共八大路线的继续和发展，是党探索社会主义建设道路的新成果。

中国从开始全面建设社会主义以来，尽管经历过严重的曲折，但从总体上说，社会主义建设取得的成就是巨大的。这主要表现在以下几个方面：一是独立的、比较完整的工业体系和国民经济体系的建立。二是人民生活水平的提高与文化、教育、医疗、科技事业的发展。三是国际地位的提高与国际环境的改善。四是探索中形成的建设社会主义的若干重要原则。

在执政条件下加强共产党自身建设方面，毛泽东最早觉察到帝国主义的“和平演变”战略的危险，号召共产党人提高警惕，同这种危险作斗争。同时，他又十分警惕党在执政以后可能产生的种种消极现象。为此，他提出：共产党员必须坚持共产主义的远大理想，务必继续地保持谦虚、谨慎、不骄、不躁的作风，继续地保持艰苦奋斗的作风；各级领导干部必须自觉地运用人民赋予的权力为人民服务，依靠人民群众行使这个权力，并接受人民群众的监督；必须以普通劳动者的姿态出现，平等待人；必须防止在共产党内、在干部队伍中形成特权阶层、贵族阶层，坚决地反对党内和干部队伍中的腐败现象；必须切实解决“培养无产阶级革命事业的接班人”的问题。

以毛泽东为主要代表的中国共产党人所阐明的这些重要思想，系统地回答了在一个半殖民地半封建的东方大国，如何实现新民主主义革命和社会主义革命的问题之后，对建设什么样的社会主义、怎样建设社会主义进行了艰辛探索，积累了在中国这样一个社会生产力水平十分落后的东方大国进行社会主义建设的重要经验，以创造性的内容为马克思主义宝库增添了新的财富。这些思想成果，为党继续进行探索并系统形成中国特色社会主义理论体系提供了重要的基础。

毛泽东是探索中国社会主义建设道路的开创者。他领导全党和全国人民顶住来自外部的各种影响和压力，坚持不懈地进行这种探索。

第二十五章　中国特色社会主义的开创与接续发展

十八大以来，以习近平为主要代表的中国共产党人，顺应时代发展，从理论和实践结合上系统回答了新时代坚持和发展什么样的中国特色社会主义、怎样坚持和发展中国特色社会主义这个重大时代课题，创立了习近平新时代中国特色社会主义思想。习近平新时代中国特色社会主义思想是对马克思列宁主义、毛泽东思想、邓小平理论、“三个代表”重要思想、科学发展观的继承和发展，是马克思主义中国化最新成果，是党和人民实践经验和集体智慧的结晶，是中国特色社会主义理论体系的重要组成部分，是全党全国人民为实现中华民族伟大复兴而奋斗的行动指南，必须长期坚持并不断发展。在习近平新时代中国特色社会主义思想指导下，中国共产党领导全国各族人民，统揽伟大斗争、伟大工程、伟大事业、伟大梦想，推动中国特色社会主义进入了新时代。

经过长期努力，中国特色社会主义进入新时代。这个新时代，既与改革开放40年来的发展一脉相承，又有很大的不同，面临许多新情况新变化：一是党的十八大以来，在新中国成立特别是改革开放以来我国发展取得重大成就基础上，党和国家事业发生历史性变革，我国发展站在新的历史起点上，新起点需要新气象新作为；二是世界进入大变革大调整时期，面临千年未有之大变局，如何在乱局中保持定力、在变局中抓住机遇，对我们统筹国际国内两个大局提出了更高要求；三是中国共产党执政面临的社会环境和现实条件发生深刻变化，发展理念和方式有重大转变，发展水平和要求更高；四是我国社会的主要矛盾已经转化为人民日益增长的美好生活需要和不平衡不充分的发展之间的矛盾，经济建设仍然是中心任务，但需要更加注重全面协调可持续发展，需要着力解决好发展不平衡不充分问题；五是从党的十九大到二十大，是“两个一百年”奋斗目标的历史交汇期，我们要在全面建成小康社会、实现第一个百年目标之后，开启全面建设社会主义现代化国家新征程、向第二个百年目标进军。

这个新时代，是承前启后、继往开来、在新的历史条件下继续夺取中国特色社会主义伟大胜利的时代，是决胜全面建成小康社会、进而全面建设社会主义现代化强国的时代，是全国各族人民团结奋斗、不断创造美好生活、逐步实现全体人民共同富裕的时代，是全体中华儿女奋力实现中华民族伟大复兴中国梦的时代，是我国日益走近世界舞台中央、不断为人类作出更大贡献的时代。

中国特色社会主义进入了新时代，这是世情国情党情变化的必然结果，是社会主要矛盾运动的必然结果，也是党的十八大以来党和国家事业发生历史性变革的结果，是中国共产党人带领全国各族人民长期不懈奋斗的结果。

中国特色社会主义进入新时代，在中华人民共和国发展史上、中华民族发展史上具有重大意义，在世界社会主义发展史上、人类社会发展史上也具有重大意义。中国特色社会主义进入新时代，意味着近代以来久经磨难的中华民族迎来了从站起来、富起来到强起来的伟大飞跃，迎来了实现中华民族伟大复兴的光明前景；意味着科学社会主义在21世纪的中国焕发出强大生机活力，在世界上高高举起了中国特色社会主义伟大旗帜；意味着中国特色社会主义道路、理论、制度、文化不断发展，拓展了发展中国家走向现代化的途径，给世界上那些既希望加快发展又希望保持自身独立性的国家和民族提供了全新选择，为解决人类问题贡献了中国智慧和中国方案。

第一节　历史性的伟大转折

1976年10月粉碎“四人帮”的胜利，挽救了中国共产党和中国的社会主义事业。当时主持中共中央工作的华国锋在粉碎“四人帮”的斗争中起了决定性的作用，并在开展揭批“四人帮”运动等方面发挥了积极作用。“两个凡是”错误方针的提出，使彻底纠正“文化大革命”错误的要求和愿望遇到严重阻碍，党和国家的工作出现了在徘徊中前进的局面。

从1978年5月开始的关于真理标准问题的大讨论，强调实践是检验真理的唯一标准。这场讨论，是继延安整风之后又一场马克思主义思想解放运动,成为拨乱反正和改革开放的思想先导,为党重新确立实事求是的思想路线,纠正长期以来的"左"倾错误,实现历史性的转折作了思想理论准备。

1978年11月10日至12月15日,邓小平在中央工作会议闭幕会上作了题为《解放思想,实事求是,团结一致向前看》的讲话。这个讲话实际上成为随后召开的中共十一届三中全会的主题报告,它为全会实现具有划时代意义的伟大转折奠定了重要基础。

1978年12月18日至22日,中共十一届三中全会在北京召开。全会冲破长期"左"的错误的严重束缚,彻底否定了"两个凡是"的错误方针,高度评价了关于真理标准问题的讨论,并且果断停止使用"以阶级斗争为纲"的口号,作出了把工作重点转移到社会主义现代化建设上来和实行改革开放的战略决策。全会恢复了党的民主集中制的优良传统,审查解决了历史上遗留的一批重大问题和一些重要领导人的功过是非问题。

中共十一届三中全会是新中国成立以来党的历史上具有深远意义的伟大转折。全会结束了粉碎"四人帮"后党和国家工作在徘徊中前进的局面,标志着中国共产党重新确立了马克思主义的思想路线、政治路线、组织路线,开始了在思想、政治、组织等领域的全面拨乱反正。

会后,从党的指导思想的确立和实际工作的领导来说,形成了以邓小平为核心的党的中央领导集体,揭开了改革开放的序幕。以这次全会为标志,中国进入了改革开放和社会主义现代化建设的历史新时期。党和国家充满希望和活力地踏上了实现社会主义现代化的伟大征程。

经济体制的改革,首先在农村取得突破性的进展。中共十一届三中全会后,农业和农村经济的发展面临两大问题。一是"政社合一"的人民公社体制亟待改革;二是还有两亿多农民的温饱问题尚未解决。这些都涉及农村生产关系的调整问题。

家庭联产承包责任制实行以后,农民对集体所有的土地具有充分的经营自主权,农民生产的产品"保证国家的,留足集体的,剩下都是自己的"。它在土地集体所有制的基础上,将农民家庭承包经营的积极性和集体经济的优越性结合起来,因而受到农民的普遍欢迎。"统分结合"的农村家庭联产承包责任制的普遍实行,促进了"政社合一"的人民公社体制的解体。1983年10月,中共中央、国务院发出通知,实行政社分开,建立乡(镇)政府作为基层政权，同时成立村民委员会作为村民自治组织。

这期间，城市经济体制改革的探索也开始了。如逐步扩大国有企业经营自主权，把部分中央和省属企业下放给城市管理，开始实行政企分开，进行城市经济体制综合改革试点等。对外开放也迈出了较大的步伐，1980年5月中共中央决定在深圳、珠海、汕头、厦门设立经济特区，采取多种形式吸引和利用外资，学习国外的先进技术和经营管理方法，此后经济特区加快发展。

在推进经济体制改革的同时，政治体制改革和其他方面体制的改革也在向前推进：逐步废除干部领导职务实际上存在的终身制，实行干部队伍的革命化、年轻化、知识化、专业化；加强各级人民代表大会的工作，省、县两级人代会增设常设机构，县级和县级以下人民代表普遍实行由选民直接选举的制度；恢复、制定和实施了一系列重要的法律法规，加强了司法、检察和公安机关的工作。

1978年8月12日，中日两国签署了《中华人民共和国和日本国和平友好条约》。同年10月，邓小平访问日本。中日睦邻友好关系发展到一个新起点。1979年1月1日，中美两国正式建立外交关系。同年1月，邓小平访问美国，实现了中华人民共和国领导人对美国的首次国事访问。这些外交成就，为中国进行改革开放和现代化建设提供了有利的外部条件。

在拨乱反正的过程中，广大干部和群众从过去一个时期内盛行的个人崇拜和教条主义的精神枷锁中解脱出来，党内外思想活跃，出现了努力研究新情况和解决新问题的生动景象。但与此同时，出现了一些值得引起注意和警觉的现象。针对这些现象，1979年3月30日，邓小平在理论工作务虚会上发表的讲话中指出：坚持社会主义道路，坚持人民民主专政，坚持共产党的领导，坚持马克思列宁主义、毛泽东思想这四项基本原则，“是实现四个现代化的根本前提”。“如果动摇了这四项基本原则中的任何一项，那就动摇了整个社会主义事业，整个现代化建设事业。”

从1979年11月起，在邓小平主持下，中共中央着手起草《关于建国以来党的若干历史问题的决议》。经过一年半时间的讨论和修改，1981年6月，中共十一届六中全会通过了这个决议。

决议指出，中国共产党在中华人民共和国成立以后的历史，总的说来，是我们党在马克思列宁主义、毛泽东思想指导下，领导全国各族人民进行社会主义革命和社会主义建设并取得巨大成就的历史。

决议从根本上否定了“文化大革命”的理论和实践，对新中国成立以来的重大历史事件作出了基本结论。决议还肯定了中共十一届三中全会以来逐步确立的适合中国情况的建设社会主义现代化强国的道路，进一步指明了中国社会主义事业和党的工作继续前进的方向。

决议科学地评价了毛泽东和毛泽东思想的历史地位，指出：毛泽东同志是伟大的马克思主义者，是伟大的无产阶级革命家、战略家和理论家。他虽然在“文化大革命”中犯了严重错误，但是就他的一生来看，他对中国革命的功绩远远大于他的过失。他的功绩是第一位的，错误是第二位的。他为中国共产党和中国人民解放军的创立和发展，为中国各族人民解放事业的胜利，为中华人民共和国的缔造和中国社会主义事业的发展，建立了永远不可磨灭的功勋。

毛泽东思想是马克思列宁主义在中国的运用和发展，是被实践证明了的关于中国革命和建设的正确的理论原则和经验总结，是中国共产党集体智慧的结晶。决议对毛泽东思想的科学体系和活的灵魂(即实事求是、群众路线、独立自主)作了概括，强调毛泽东思想是我们党的宝贵的精神财富，它将长期指导我们的行动。

决议的起草和通过表明，中国共产党是在政治上、理论上成熟的坚强的马克思主义政党。党能够在“文化大革命”结束后不长的时间里作出这样一个经得起历史检验的决议，体现出以邓小平为核心的中共中央领导集体的成熟和远见，体现出中国共产党在反省错误、纠正错误的过程中总结新经验、探索新道路的能力。决议的通过，标志着党和国家在指导思想上拨乱反正的胜利完成。

1982年9月1日至11日，中国共产党第十二次全国代表大会在北京召开。邓小平在开幕词中提出，“把马克思主义的普遍真理同我国的具体实际结合起来，走自己的道路，建设有中国特色的社会主义”。这是总结党的长期历史经验得出的基本结论，成为新时期指引全党和全国人民前进的基本口号。他还提出了“加紧社会主义现代化建设，争取实现包括台湾在内的祖国统一，反对霸权主义、维护世界和平”三大任务。

大会提出要努力建设高度的社会主义精神文明和高度的社会主义民主，强调社会主义精神文明是社会主义的重要特征，是社会主义制度优越性的重要表现。

1982年11月至12月召开的五届全国人大五次会议，审议关于宪法修改草案的报告，通过《中华人民共和国宪法》。这部新宪法，继承和发展了1954年宪法确立的人民民主和社会主义的原则，彻底纠正了1975年四届全国人大一次会议通过的宪法和1978年五届全国人大一次会议通过的宪法中存在的问题，充分体现了十一届三中全会以来党和国家在社会主义现代化建设和社会主义民主法制建设方面的新思想、新举措和新要求。

中共十二大以后，经济体制改革全面展开。随着农村经济的发展，大批富余劳动力逐渐从土地上转移出来，从事工业和加工业，使乡镇企业异军突起，成为农村经济的龙头，给农村经济的发展注入了新的生机和活力。

1984年10月，中共十二届三中全会通过《关于经济体制改革的决定》。决定总结了新中国成立以来特别是十一届三中全会以来经济体制改革的经验，比较系统地提出和阐明了经济体制改革中的一系列重大理论和实践问题。决定突破把计划经济同商品经济对立起来的观点，指出我国社会主义经济是在公有制基础上的有计划的商品经济。

决定的作出和实施，使经济体制改革以城市为重点全面展开，在一些方面取得重要进展：所有制结构突破单一公有制结构，形成以公有制为主体、多种经济成分开始发展的局面；国有企业的经营自主权逐步扩大，所有权和经营权适当分离；改革高度集中的计划管理体制，经济杠杆在国家宏观调控中的作用明显增强。1988年4月建立海南省，将全海南岛辟为经济特区。这样，就逐步形成了“经济特区——沿海开放城市——沿海经济开放区——内地”这样一个多层次、有重点、点面结合的对外开放格局。

1983年10月召开的中共十二届二中全会作出关于整党的决定，开始全面整党。这次整党的任务是：统一思想，纠正一切违反四项基本原则、违反十一届三中全会以来党的路线的“左”的和右的错误倾向；整顿作风，纠正各种利用职权谋取私利的行为；加强纪律，坚持民主集中制的组织原则，改变党组织的软弱涣散状况；纯洁组织，把坚持反对党、危害党的分子清理出去。这次整党历时三年半，到1987年5月基本结束。经过整党，全党在思想、作风、组织、纪律等方面都有了进步，并积累了在新时期正确处理党内矛盾和问题的经验，推进了党的建设。

随着改革开放的全面展开，加强社会主义精神文明建设的任务被进一步提上了日程。1986年9月，中共十二届六中全会通过了《关于社会主义精神文明建设指导方针的决议》，阐述了社会主义精神文明建设的战略地位和根本任务、基本方针，提出要以经济建设为中心，坚定不移地进行经济体制改革，坚定不移地进行政治体制改革，坚定不移地加强精神文明建设，并且使这几个方面互相配合，互相促进。社会主义精神文明建设的根本任务，是适应社会主义现代化建设的需要，培养有理想、有道德、有文化、有纪律的社会主义公民，提高整个中华民族的思想道德素质和科学文化素质。邓小平在全会上强调，必须坚持反对资产阶级自由化。搞自由化，就会破坏我们安定团结的政治局面。没有一个安定团结的政治局面，就不可能搞建设。

1987年10月25日至11月1日，中国共产党第十三次全国代表大会在北京举行。大会比较系统地阐述了关于社会主义初级阶段的理论，完整地概括了中国共产党在社会主义初级阶段"一个中心、两个基本点"的基本路线，制定了下一步经济体制改革和政治体制改革的基本任务和奋斗目标。

大会指出，我国正处在社会主义的初级阶段。这个论断，包括两层含义。第一，我国社会已经是社会主义社会，我们必须坚持而不能离开社会主义。第二，我国的社会主义社会还处在初级阶段，我们必须从这个实际出发，而不能超越这个阶段。中国共产党在社会主义初级阶段的基本路线是：领导和团结全国各族人民，以经济建设为中心，坚持四项基本原则，坚持改革开放，自力更生，艰苦创业，为把我国建设成为富强、民主、文明的社会主义现代化国家而奋斗。

中共十三大正式制定了社会主义现代化建设"三步走"的战略部署：第一步，实现国民生产总值比1980年翻一番，解决人民的温饱问题，这个任务已经基本实现；第二步，到20世纪末，使国民生产总值再增长一倍，人民生活达到小康水平；第三步，到21世纪中叶，人均国民生产总值达到中等发达国家水平，人民生活比较富裕，基本实现现代化。

1992年1月18日至2月21日，邓小平先后视察武昌、深圳、珠海、上海等地，发表重要谈话。

邓小平强调，革命是解放生产力，改革也是解放生产力。不坚持社会主义，不改革开放，不发展经济，不改善人民生活，只能是死路一条。他指出，改革开放胆子要大一些，敢于试验。看准了的，就大胆地试，大胆地闯。判断的标准，应该主要看是否有利于发展社会主义社会的生产力，是否有利于增强社会主义国家的综合国力，是否有利于提高人民的生活水平。

邓小平指出，计划多一点还是市场多一点，不是社会主义与资本主义的本质区别。计划经济不等于社会主义，资本主义也有计划；市场经济不等于资本主义，社会主义也有市场。计划和市场都是经济手段。社会主义的本质，是解放生产力，发展生产力，消灭剥削，消除两极分化，最终达到共同富裕。他强调，基本路线要管一百年，动摇不得。右可以葬送社会主义，“左”也可以葬送社会主义。中国要警惕右，但主要是防止“左”。

邓小平强调，发展才是硬道理。抓住时机，发展自己，关键是发展经济。科学技术是第一生产力。

邓小平指出，中国要出问题，还是出在共产党内部。对这个问题要清醒。要坚持两手抓，一手抓改革开放，一手抓打击各种犯罪活动。这两只手都要硬。在整个改革开放过程中都要反对腐败。

邓小平强调，我们搞社会主义才几十年，还处在初级阶段。巩固和发展社会主义制度，还需要一个很长的历史阶段，需要我们几代人、十几代人，甚至几十代人坚持不懈地努力奋斗，决不能掉以轻心。社会主义经历一个长过程发展后必然代替资本主义。这是社会历史发展不可逆转的总趋势，但道路是曲折的。一些国家出现严重曲折，社会主义好像被削弱了，但人民经受锻炼，从中吸取教训，将促进社会主义向着更加健康的方向发展。

邓小平的南方谈话，在重大历史关头科学地总结了十一届三中全会以来党的基本实践和基本经验，明确回答了长期困扰和束缚人们思想的许多重大认识问题，对整个社会主义现代化建设事业产生了重大而深远的影响。

1992年10月12日至18日，中国共产党第十四次全国代表大会在北京召开。大会确立了邓小平建设有中国特色社会主义理论在全党的指导地位。大会明确提出，我国经济体制改革的目标是建立社会主义市场经济体制。

以邓小平南方谈话和中共十四大为标志，改革开放和现代化建设事业进入从计划经济体制向社会主义市场经济体制转变的新阶段，由此打开了中国经济、政治、文化发展的崭新局面。

1997年9月12日至18日，中国共产党第十五次全国代表大会在北京召开。大会的主题是：高举邓小平理论伟大旗帜，把建设有中国特色社会主义事业全面推向21世纪。大会把邓小平理论同马克思列宁主义、毛泽东思想一道确立为中国共产党的指导思想，并写入修改后的《中国共产党章程》。大会指出：作为毛泽东思想的继承和发展的邓小平理论，是当代中国的马克思主义，是马克思主义在中国发展的新阶段。

大会阐明了建设有中国特色社会主义的经济、政治和文化的基本目标和基本政策，提出了党在社会主义初级阶段的基本纲领。大会明确了中国跨世纪发展的战略部署，并就社会主义初级阶段的所有制结构和公有制实现形式，推进政治体制改革、依法治国、建设社会主义法治国家等问题提出了新的论断。大会指出：公有制为主体、多种所有制经济共同发展，是中国社会主义初级阶段的一项基本经济制度。公有制的实现形式可以而且应当多样化。依法治国，是党领导人民治理国家的基本方略。

第二节　中国特色社会主义进入新时代

2012年11月8日至14日，中国共产党第十八次全国代表大会在北京举行。大会系统总结了中共十七大以来五年和十六大以来十年的奋斗历程及其成就，指出科学发展观同马克思列宁主义、毛泽东思想、邓小平理论、“三个代表”重要思想一道，是党必须长期坚持的指导思想。

大会阐明中国特色社会主义的总依据是社会主义初级阶段，总布局是经济、政治、文化、社会、生态文明建设五位一体，总任务是实现社会主义现代化和中华民族伟大复兴；阐明中国特色社会主义道路、理论体系、制度的科学内涵及其相互关系；明确提出夺取中国特色社会主义新胜利必须牢牢把握的八项基本要求，要求全党坚定道路自信、理论自信、制度自信。

大会提出确保到2020年实现全面建成小康社会的目标。大会要求以改革创新精神全面推进党的建设新的伟大工程，全面提高党的建设科学化水平，以加强党的执政能力建设、先进性和纯洁性建设为主线，建设学习型、服务型、创新型的马克思主义执政党。

中共十八大的召开，标志着中国已经进入全面建成小康社会的决定性阶段，开启了中国特色社会主义新时代。

2013年3月17日，习近平在十二届全国人大第一次会议上进一步强调，实现全面建成小康社会、建成富强民主文明和谐的社会主义现代化国家的奋斗目标，实现中华民族伟大复兴的中国梦，就是要实现国家富强、民族振兴、人民幸福。

实现中国梦必须走中国道路。中国特色社会主义道路，是在改革开放30多年的伟大实践中走出来的，是在中华人民共和国成立60多年的持续探索中走出来的，是在对近代以来170多年中华民族发展历程的深刻总结中走出来的，是在对中华民族5000多年悠久文明的传承中走出来的，具有深厚的历史渊源和广泛的现实基础。实现中国梦必须弘扬中国精神。中国精神是凝心聚力的兴国之魂、强国之魂。爱国主义始终是把中华民族坚强团结在一起的精神力量，改革创新始终是鞭策我们在改革开放中与时俱进的精神力量。实现中国梦必须凝聚中国力量。

中共十八大以来，中共中央统筹推进“五位一体”总体布局，提出一系列新理念新思想新战略，引领中国特色社会主义各项事业蓬勃发展。

主动适应和引领经济发展新常态，坚持稳中求进工作总基调，认识到我国经济从高速增长转为中高速增长；经济结构不断优化升级；从要素驱动、投资驱动转向创新驱动。推进供给侧结构性改革，是适应和引领经济发展新常态的重大创新。去产能、去库存、去杠杆、降成本、补短板（简称“三去一降一补”），推动我国社会生产力水平整体改善。2017年12月，按照中共十九大的要求，中央经济工作会议确定今后三年要重点抓好决胜全面建成小康社会的防范化解重大风险、精准脱贫、污染防治三大攻坚战。打好三大攻坚战，是我国经济转向高质量发展必须跨越的一大关口，中央作出的这一系列具体部署，既侧重当务之急，又注重整体延续，划定了转向高质量发展的清晰路线。

坚持发挥中国共产党总揽全局、协调各方的领导核心作用，提高党科学执政、民主执政、依法执政水平，保证党领导人民有效治理国家。为了牢记历史，弘扬以爱国主义为核心的民族精神，2014年2月，十二届全国人大常委会第七次会议决定，将9月3日确定为中国人民抗日战争胜利纪念日，将12

月13日设立为南京大屠杀死难者国家公祭日。同年8月，十二届全国人大常委会第十次会议决定，将9月30日设立为烈士纪念日，并规定每年9月30日国家举行纪念烈士活动。2017年9月，十二届全国人大常委会第二十九次会议表决通过《中华人民共和国国歌法》，维护国歌尊严，增强公民的国家观念。

推进文化体制改革，建设公共文化服务网络。强调把社会效益放在首位，实现社会效益和经济效益相统一，实现基本公共文化服务标准化均等化，建设覆盖城乡的国家、省、市、县、乡、村（社区）六级公共文化服务网络。

在发展中保障和改善民生，把增进人民福祉、促进人的全面发展作为一切工作的出发点和落脚点，要坚持人民主体地位，顺应人民群众对美好生活的向往，从人民群众最关心最直接最现实的利益问题入手，统筹做好教育、就业、收入分配、社会保障、医疗卫生等各领域民生工作。

促进社会公平正义，让广大人民群众共享改革发展成果。深化收入分配制度改革，把落实收入分配制度、增加城乡居民收入、缩小收入分配差距、规范收入分配秩序作为重要任务，狠抓落实；逐步建立社会公平保障体系，强调司法是维护社会公平的最后一道防线。坚持全覆盖、保基本、多层次、可持续发展，加强城乡社会保障体系建设。加强和创新社会治理，完善中国特色社会主义社会治理体系。

建设美丽中国，贯彻新发展理念，坚持节约资源和保护环境的基本国策，坚持节约优先、保护优先、自然恢复为主的方针，强调"绿水青山就是金山银山"，推动形成绿色发展方式和生活方式。坚持山水林田湖是一个生命共同体，按照系统工程的思路，全方位、全地域、全过程开展生态环境保护建设。

完善生态文明制度体系，用最严格的制度、最严密的法治保护生态环境。2014年4月，十二届全国人大常委会第八次会议通过修订后的《中华人民共和国环境保护法》。推进省以下环保机构监测监察执法垂直管理，建立全国统一实时在线环境监控系统；全面推行河长制，各级党政主要负责人担任"河长"，负责组织领导相应河湖的管理和保护工作。2015年8月，中共中央办公厅、国务院办公厅印发《党政领导干部生态环境损害责任追究办法（试行）》。

2013年11月，中共十八届三中全会审议通过《中共中央关于全面深化改革若干重大问题的决定》，勾画了到2020年全面深化改革的时间表、路线图。全会强调，改革开放是决定当代中国命运的关键一招。改革开放的旗帜必须继续高高举起，中国特色社会主义道路的正确方向必须牢牢坚持。

决定阐述了全面深化改革的重大意义、指导思想、总体思路，指出全面深化改革的总目标，是"完善和发展中国特色社会主义制度，推进国家治理体系和治理能力现代化"；要求"坚持社会主义市场经济改革方向，以促进社会公平正义、增进人民福祉为出发点和落脚点，进一步解放思想、解放和发展社会生产力、解放和增强社会活力"，让发展成果更多惠及全体人民；强调全面深化改革需要更加注重改革的系统性、整体性、协同性，加强顶层设计和整体谋划。改革进入新的发展阶段，要求到2020年，在重要领域和关键环节改革上取得决定性成果。

决定强调，经济体制改革是全面深化改革的重点，要坚持和完善公有制为主体、多种所有制经济共同发展的基本经济制度；处理好政府和市场的关系，使市场在资源配置中起决定性作用和更好发挥政府作用。全面深化改革，必须加强和改善党的领导，充分发挥党总揽全局、协调各方的领导核心作用。

全会决定，设立国家安全委员会，其主要职责是制定和实施国家安全战略，推进国家安全法治建设，制定国家安全工作方针政策，研究解决国家安全工作中的重大问题；中央成立全面深化改革领导小组,负责改革总体设计、统筹协调、整体推进、督促落实。

2014年1月，中央全面深化改革领导小组成立，习近平任组长。领导小组第一次会议审议通过了《中央全面深化改革领导小组工作规则》等文件。

同年1月，中共中央、国务院印发《关于全面深化农村改革加快推进农业现代化的若干意见》，明确了农村改革的八大任务，第一条就是完善国家粮食安全保障体系。把饭碗牢牢端在自己手上，这是治国理政必须长期坚持的基本方针。同年11月，中共中央办公厅、国务院办公厅印发《关于引导农村土地经营权有序流转发展农业适度规模经营的意见》。这是事关农业农村发展的一件大事，也是深化农村改革的一项重要内容。2016年12月，中共中央、国务院印发《关于稳步推进农村集体产权制度改革的意见》，探索集体经济新的实现形式和运行机制。

2014年4月，中央国家安全委员会主席习近平主持召开中央国家安全委员会第一次会议，强调要坚持总体国家安全观，走出一条中国特色国家安全道路。

2014年10月，中共十八届四中全会审议通过了《中共中央关于全面推进依法治国若干重大问题的决定》。

全面推进依法治国，总目标是建设中国特色社会主义法治体系，建设社会主义法治国家。实现这个总目标，必须坚持中国共产党的领导，坚持人民主体地位，坚持法律面前人人平等，坚持依法治国和以德治国相结合，坚持从中国实际出发。决定指出，党的领导是中国特色社会主义最本质的特征，是社会主义法治的根本保证。坚持党的领导，是中国特色社会主义法治道路的核心要义。

决定对科学立法、严格执法、公正司法、全民守法进行了论述和部署。决定提出，必须完善以宪法为核心的中国特色社会主义法律体系、加强宪法实施。建议将每年12月4日定为国家宪法日；提出建立宪法宣誓制度，凡经人大及其常委会选举或者决定任命的国家工作人员正式就职时公开向宪法宣誓。决定要求，深入推进依法行政，加快建设法治政府，各级政府必须坚持在党的领导下、在法治轨道上开展工作。

中共十八大以来，我国立法工作全面推进，有力地推动了法治中国的建设。2014年11月，十二届全国人大常委会第十一次会议通过《全国人民代表大会常务委员会关于设立国家宪法日的决定》，将12月4日设立为国家宪法日。

2015年3月，十二届全国人大三次会议审议通过了《全国人民代表大会关于修改〈中华人民共和国立法法〉的决定》。同年4月，中央全面深化改革领导小组审议通过《党的十八届四中全会重要举措实施规划(2015—2020年)》，这成为今后一个时期推进全面依法治国的总施工图和总台账。

2017年3月，十二届全国人大五次会议通过了《中华人民共和国民法总则》，为编纂好民法典奠定了坚实的基础。

2015年10月，中共十八届五中全会审议通过了《中共中央关于制定国民经济和社会发展第十三个五年规划的建议》。全会提出了全面建成小康社会新的目标要求。

全会强调必须牢固树立并切实贯彻创新、协调、绿色、开放、共享的发展理念;必须坚持以人民为中心的发展思想,坚持发展为了人民、发展依靠人民、发展成果由人民共享。

2016年3月,十二届全国人大四次会议通过《中华人民共和国关于国民经济和社会发展第十三个五年规划纲要的决议》。全面建成小康社会,最艰巨最繁重的任务在农村,特别是在贫困地区。2015年11月,中共中央召开扶贫开发工作会议,提出坚持精准扶贫、精准脱贫,坚决打赢脱贫攻坚战,确保到2020年所有贫困地区和贫困人口同全国人民一道迈入全面小康社会。

2013年5月,中共中央发布《关于在全党深入开展党的群众路线教育实践活动的意见》。教育实践活动以为民务实清廉为主要内容,活动全过程要贯穿"照镜子、正衣冠、洗洗澡、治治病"总要求,着力解决形式主义、官僚主义、享乐主义和奢靡之风这"四风"问题。

2014年3月,习近平在十二届全国人大二次会议期间提出,各级领导干部都要树立和发扬"三严三实",既严以修身、严以用权、严以律己,又谋事要实、创业要实、做人要实。

2015年4月,县处级以上领导干部"三严三实"专题教育陆续展开。这是党的群众路线教育实践活动的延展深化。

2016年2月,"学党章党规、学系列讲话,做合格党员"(简称"两学一做")学习教育在全体党员中有序开展。这是推动党内教育从"关键少数"向广大党员拓展、从集中性教育向经常性教育延伸的重要举措。

2015年3月,首次启动针对外逃腐败分子的"天网"行动,深入推进缉捕在逃境外经济犯罪嫌疑人的"猎狐"行动。为了有效推进反腐斗争,中央还提出应当建立健全惩治和预防腐败体系、加强反腐倡廉教育和廉政文化建设。

2016年10月,中共十八届六中全会举行。全会审议通过《关于新形势下党内政治生活的若干准则》和《中国共产党党内监督条例》。全会明确习近平为党中央的核心、全党的核心。全会号召全党同志牢固树立政治意识、大局意识、核心意识、看齐意识,坚定不移维护党中央权威和党中央集中统一领导,确保党团结带领人民不断开创中国特色社会主义事业新局面。

中共十八大以来的五年,是党和国家发展进程中极不平凡的五年。面对世界经济复苏乏力、局部冲突和动荡频发、全球性问题加剧的外部环境,面对我国经济发展进入新常态等一系列深刻变化,中共中央坚持稳中求进工作总基调,迎难而上,开拓进取,取得了改革开放和社会主义现代化建设的历史性成就。

经济建设取得重大成就。坚定不移贯彻新发展理念,坚决端正发展观念、转变发展方式,发展质量和效益不断提升。

全面深化改革取得重大突破。蹄疾步稳推进全面深化改革,坚决破除各方面体制机制弊端。改革全面发力、多点突破、纵深推进,着力增强改革系统性、整体性、协同性。重要领域和关键环节改革取得突破性进展,主要领域改革主体框架基本确立。中国特色社会主义制度更加完善,国家治理体系和治理能力现代化水平明显提高,全社会发展活力和创新活力明显增强。

民主法治建设迈出重大步伐。积极发展社会主义民主政治,推进全面依法治国,党的领导、人民当家作主、依法治国有机统一的制度建设全面加强。

思想文化建设取得重大进展。加强党对意识形态工作的领导,党的理论创新全面推进,马克思主义在意识形态领域的指导地位更加鲜明,中国特色社会主义和中国梦深入人心。国家文化软实力和中华文化影响力大幅提升。深入贯彻以人民为中心的发展思想,一大批惠民举措落地实施,人民获得感显著增强。脱贫攻坚战取得决定性进展,形成世界上人口最多的中等收入群体。织就了世界上最大的社会保障网。

社会治理体系更加完善,社会大局保持稳定,国家安全全面加强。大力度推进生态文明建设,全党全国贯彻绿色发展理念的自觉性和主动性显著增强,忽视生态环境保护的状况明显改变。绿色发展呈现可喜局面。生态文明制度体系加快形成,主体功能区制度逐步健全,国家公园体制试点积极推进。全面节约资源有效推进,能源资源消耗强度大幅下降。重大生态保护和修复工程进展顺利,森林覆盖率持续提高。生态环境治理明显加强,环境状况得到改善。引导应对气候变化国际合作,成为全球生态文明建设的重要参与者、贡献者、引领者。

强军兴军开创新局面。着眼于实现中国梦强军梦，制定新形势下军事战略方针，全力推进国防和军队现代化。召开古田全军政治工作会议，恢复和发扬我党我军光荣传统和优良作风，人民军队政治生态得到有效治理。人民军队在中国特色强军之路上迈出坚定步伐。

港澳台工作取得新进展。全面准确贯彻“一国两制”方针，牢牢掌握宪法和基本法赋予的中央对香港、澳门全面管治权。坚持一个中国原则和“九二共识”，推动两岸关系和平发展，加强两岸经济文化交流合作，实现两岸领导人历史性会晤。妥善应对台湾局势变化，坚决反对和遏制“台独”分裂势力，有力维护了台海和平稳定。

全方位外交布局深入展开。全面推进中国特色大国外交，形成全方位、多层次、立体化的外交布局。倡导构建人类命运共同体，促进全球治理体系变革。我国国际影响力、感召力、塑造力进一步提高，为世界和平与发展作出新的重大贡献。

全面加强党的领导和党的建设，坚决改变管党治党宽松软状况。推动全党尊崇党章，增强政治意识、大局意识、核心意识、看齐意识，坚决维护党中央权威和集中统一领导，严明党的政治纪律和政治规矩。坚持“照镜子、正衣冠、洗洗澡、治治病”的要求，开展党的群众路线教育实践活动和“三严三实”专题教育，推进“两学一做”学习教育常态化制度化，严厉整治形式主义、官僚主义、享乐主义和奢靡之风。

中国特色社会主义进入新时代，中国的国际地位发生了历史性的变化，正日益走近世界舞台中央。五年来，中国发挥负责任大国作用，积极推动构建人类命运共同体，做世界和平的建设者、全球发展的贡献者、国际秩序的维护者，不断为人类作出更大贡献。

中共十八大以来，以习近平同志为核心的党中央一系列具有鲜明中国特色的全球治理观，如合作共赢理念、新型大国关系、正确义利观等，特别是提出共建“一带一路”倡议、构建人类命运共同体的理念，在国际上引起广泛反响，多次载入联合国有关文件。中国的全球治理观反映了人类共同价值追求和当代国际关系现实，为全球治理体系改革和建设贡献了中国智慧、提供了中国方案。

五年来，中国成功主办首届“一带一路”国际合作高峰论坛、亚太经合组织领导人非正式会议、金砖国家领导人厦门会晤、亚信峰会，特别是二十国集团领导人杭州峰会取得一系列具有开创性、引领性、机制性的成果。

五年来，中国发起一系列以发展中国家为主体的国际组织及合作机制，实现了多边机制在发展中国家的网络化全覆盖，努力补强全球治理体系中的南方短板，推动金砖国家、上海合作组织等机制在区域和全球治理中发挥更大作用。秉持开放、包容、合作、共赢的金砖精神，引领构建全方位、多层次的金砖合作架构，将其打造为新兴市场国家和发展中国家参与全球治理的重要平台。

五年来，面对此起彼伏的国际地区热点问题和层出不穷的各种全球性挑战，中国担当大国责任，发挥建设性作用，维护朝鲜半岛和平稳定，推动南苏丹、叙利亚、乌克兰等热点难点问题政治解决进程。积极参与国际反恐合作，派军舰在亚丁湾、索马里海域执行护航任务。坚持绿色低碳，推动各方达成并落实气候变化《巴黎协定》。发起并主办首届世界互联网大会，推动建立多边、民主、透明的全球互联网治理体系。

2017年10月18日至24日，中国共产党第十九次全国代表大会在北京举行。这是在全面建成小康社会决胜阶段、中国特色社会主义进入新时代的关键时期召开的一次十分重要的大会。大会的主题是：不忘初心，牢记使命，高举中国特色社会主义伟大旗帜，决胜全面建成小康社会，夺取新时代中国特色社会主义伟大胜利，为实现中华民族伟大复兴的中国梦不懈奋斗。

中共十八大以来，国内外形势变化和我国各项事业发展提出了一个重大时代课题，这就是必须从理论和实践结合上系统回答新时代坚持和发展什么样的中国特色社会主义、怎样坚持和发展中国特色社会主义。围绕这个重大时代课题，以习近平同志为核心的党中央艰辛理论探索，取得重大理论创新成果，形成了习近平新时代中国特色社会主义思想。

坚持和发展中国特色社会主义，是习近平新时代中国特色社会主义思想的核心要义。

大会强调：新时代中国特色社会主义思想，明确坚持和发展中国特色社会主义，总任务是实现社会主义现代化和中华民族伟大复兴，在全面建成小康社会的基础上，分两步走，在21世纪中叶建成富强民主文明和谐美丽的社会主义现代化强国；明确新时代我国社会主要矛盾是人民日益增长的美好生活需要和不平衡不充分的发展之间的矛盾，必须坚持以人民为中心的发展思想，不断促进人的全面发展、全体人民共同富裕；明确中国特色社会主义事业总体布局是“五位一体”、战略布局是“四个全面”，强调坚定道路自信、理论自信、制度自信、文化自信；明确全面深化改革总目标是完善和发展中国特色社会主义制度、推进国家治理体系和治理能力现代化；明确全面推进依法治国总目标是建设中国特色社会主义法治体系、建设社会主义法治国家；明确党在新时代的强军目标是建设一支听党指挥、能打胜仗、作风优良的人民军队，把人民军队建设成为世界一流军队；明确中国特色大国外交要推动构建新型国际关系，推动构建人类命运共同体；明确中国特色社会主义最本质的特征是中国共产党领导，中国特色社会主义制度的最大优势是中国共产党领导，党是最高政治领导力量，提出新时代党的建设总要求，突出政治建设在党的建设中的重要地位。这“八个明确”，构成了系统完备、逻辑严密、内在统一的科学体系，是习近平新时代中国特色社会主义思想最重要、最核心的内容。

大会提出了新时代坚持和发展中国特色社会主义的基本方略，即坚持党对一切工作的领导、坚持以人民为中心、坚持全面深化改革、坚持新发展理念、坚持人民当家作主、坚持全面依法治国、坚持社会主义核心价值体系、坚持在发展中保障和改善民生、坚持人与自然和谐共生、坚持总体国家安全观、坚持党对人民军队的绝对领导、坚持“一国两制”和推进祖国统一、坚持推动构建人类命运共同体、坚持全面从严治党。这“十四个坚持”，是对党的治国理政重大方针、原则的最新概括，体现了理论与实践相统一、战略与战术相结合，是实现“两个一百年”奋斗目标、实现中华民族伟大复兴中国梦的“路线图”和“方法论”。这“十四个坚持”，既是习近平新时代中国特色社会主义思想的重要组成部分，也是落实习近平新时代中国特色社会主义思想的实践要求。

大会强调，习近平新时代中国特色社会主义思想，是对马克思列宁主义、毛泽东思想、邓小平理论、“三个代表”重要思想、科学发展观的继承和发展，是马克思主义中国化最新成果，是党和人民实践经验和集体智慧的结晶，是中国特色社会主义理论体系的重要组成部分，是全党全国人民为实现中华民族伟大复兴而奋斗的行动指南，必须长期坚持并不断发展。

大会通过的党章修正案把习近平新时代中国特色社会主义思想确立为党的行动指南,实现了党的指导思想的又一次与时俱进。这是党的十九大的一个重大历史贡献。

大会强调,我国社会主要矛盾的变化,没有改变我们对我国社会主义所处历史阶段的判断,我国仍处于并将长期处于社会主义初级阶段的基本国情没有变,我国是世界最大发展中国家的国际地位没有变。全党要牢牢把握社会主义初级阶段这个基本国情,牢牢立足社会主义初级阶段这个最大实际,牢牢坚持党的基本路线这个党和国家的生命线、人民的幸福线。

从现在到2020年,是全面建成小康社会决胜期。大会要求全党全国人民按照全面建成小康社会各项要求,紧扣我国社会主要矛盾变化,突出抓重点、补短板、强弱项,特别是要坚决打好防范化解重大风险、精准脱贫、污染防治的攻坚战,使全面建成小康社会得到人民认可、经得起历史检验。

大会强调,从十九大到二十大,是"两个一百年"奋斗目标的历史交汇期。

大会指出,综合分析国际国内形势和我国发展条件,从2020年到21世纪中叶可以分两个阶段来安排。

第一个阶段,从2020年到2035年,在全面建成小康社会的基础上,再奋斗15年,基本实现社会主义现代化。

第二个阶段,从2035年到21世纪中叶,在基本实现现代化的基础上,再奋斗15年,把我国建成富强民主文明和谐美丽的社会主义现代化强国。

从全面建成小康社会到基本实现现代化,再到全面建成社会主义现代化强国,是新时代中国特色社会主义发展的战略安排。

大会强调,实现伟大梦想,必须进行伟大斗争;要充分认识这场伟大斗争的长期性、复杂性、艰巨性,发扬斗争精神,提高斗争本领,不断夺取伟大斗争新胜利。实现伟大梦想,必须建设伟大工程,这个伟大工程就是我们党正在深入推进的党的建设新的伟大工程。实现伟大梦想,必须推进伟大事业。中国特色社会主义是改革开放以来党的全部理论和实践的主题,是党和人民历尽千辛万苦、付出巨大代价取得的根本成就;要更加自觉地增强道路自信、理论自信、制度自信、文化自信,既不走封闭僵化的老路,也不走改旗易帜的邪路,保持政治定力,坚持实干兴邦,始终坚持和发展中国特色社会主义。大会强调，伟大斗争，伟大工程，伟大事业，伟大梦想，紧密联系、相互贯通、相互作用，其中起决定性作用的是党的建设新的伟大工程。

在经济建设上，要贯彻新发展理念，建设现代化经济体系。坚持和完善我国社会主义基本经济制度和分配制度，毫不动摇巩固和发展公有制经济，毫不动摇鼓励、支持、引导非公有制经济发展。以供给侧结构性改革为主线，推动经济发展质量变革、效率变革、动力变革，不断增强我国经济创新力和竞争力。深化供给侧结构性改革，加快建设创新型国家，实施乡村振兴战略，实施区域协调发展战略，加快完善社会主义市场经济体制，推动形成全面开放新格局，努力实现更高质量、更有效率、更加公平、更可持续的发展。

在政治建设上，要坚持党的领导、人民当家作主、依法治国有机统一，健全人民当家作主制度体系，发展社会主义民主政治，推进社会主义民主政治制度化、规范化、程序化。

在文化建设上，要坚定文化自信，推动社会主义文化繁荣兴盛，牢牢掌握意识形态工作领导权，培育和践行社会主义核心价值观，加强思想道德建设，繁荣发展社会主义文艺，推动文化事业和文化产业发展。

在社会建设上，要提高保障和改善民生水平，加强和创新社会治理，不断满足人民日益增长的美好生活需要，在幼有所育、学有所教、劳有所得、病有所医、老有所养、住有所居、弱有所扶上不断取得新进展，深入开展脱贫攻坚，保证全体人民在共建共享发展中有更多获得感，不断促进人的全面发展、全体人民共同富裕。

在生态文明建设上，要践行绿水青山就是金山银山的理念，加快生态文明体制改革，形成节约资源和保护环境的空间格局、产业结构、生产方式、生活方式，建设美丽中国。

在国防和军队建设上，必须坚持走中国特色强军之路，全面贯彻习近平强军思想，贯彻新形势下军事战略方针，把人民军队建设成为世界一流军队。

在台港澳工作上，要保持香港、澳门长期繁荣稳定，全面准确贯彻“一国两制”“港人治港”“澳人治澳”、高度自治的方针，严格依照宪法和基本法办事；必须继续坚持“和平统一、一国两制”方针，推动两岸关系和平发展，推进祖国和平统一进程，绝不允许任何人、任何组织、任何政党、在任何时候、以任何形式、把任何一块中国领土从中国分裂出去。

在外交工作上，坚持和平发展道路，坚定不移在和平共处五项原则基础上发展同各国的友好合作，积极促进“一带一路”国际合作，继续积极参与全球治理体系改革和建设，推动建设相互尊重、公平正义、合作共赢的新型国际关系，推动构建人类命运共同体，同世界各国人民一道建设持久和平、普遍安全、共同繁荣、开放包容、清洁美丽的世界。

大会强调，中国特色社会主义进入新时代，中国共产党一定要有新气象新作为。新时代党的建设总要求是：要坚持和加强党的全面领导，坚持党要管党、全面从严治党，以加强党的长期执政能力建设、先进性和纯洁性建设为主线，以党的政治建设为统领，以坚定理想信念宗旨为根基，以调动全党积极性、主动性、创造性为着力点，全面推进党的政治建设、思想建设、组织建设、作风建设、纪律建设，把制度建设贯穿其中，深入推进反腐败斗争，不断提高党的建设质量，把党建设成为始终走在时代前列、人民衷心拥护、勇于自我革命、经得起各种风浪考验、朝气蓬勃的马克思主义执政党。

大会强调，要把党的政治建设摆在首位。全党必须增强政治意识、大局意识、核心意识、看齐意识，坚持党中央权威和集中统一领导，坚定执行党的政治路线，严格遵守政治纪律和政治规矩，在政治立场、政治方向、政治原则、政治道路上同党中央保持高度一致。

2018年1月，中共十九届二中全会在北京举行。全会审议通过了《中共中央关于修改宪法部分内容的建议》。

全会认为，宪法是国家的根本法，是治国安邦的总章程，是党和人民意志的集中体现。维护宪法尊严和权威，是维护国家法制统一、尊严、权威的前提，也是维护最广大人民根本利益、确保国家长治久安的重要保障。

全会强调，要把党的十九大确定的重大理论观点和重大方针政策特别是习近平新时代中国特色社会主义思想载入国家根本法，体现党和国家事业发展的新成就新经验新要求，在总体保持我国宪法连续性、稳定性、权威性的基础上推动宪法与时俱进、完善发展，为新时代坚持和发展中国特色社会主义、实现“两个一百年”奋斗目标和中华民族伟大复兴的中国梦提供有力宪法保障。

2018年3月，十三届全国人大一次会议在北京召开。会议根据中共十九届二中全会提出的建议，审议通过了《中华人民共和国宪法修正案》，确定科学发展观、习近平新时代中国特色社会主义思想同马克思列宁主义、毛泽东思想、邓小平理论、“三个代表”重要思想在国家政治和社会生活中的指导地位；调整充实中国特色社会主义事业总体布局和第二个百年奋斗目标的内容，明确推动物质文明、政治文明、精神文明、社会文明、生态文明协调发展，把我国建设成为富强民主文明和谐美丽的社会主义现代化强国，实现中华民族伟大复兴；完善依法治国和宪法实施举措，明确健全社会主义法治，实行宪法宣誓制度；充实完善我国革命和建设发展历程的内容；充实完善爱国统一战线和社会主义民族关系的内容；充实和平外交政策方面的内容，明确坚持和平发展道路，坚持互利共赢开放战略，推动构建人类命运共同体；明确中国共产党领导是中国特色社会主义最本质的特征；增加倡导社会主义核心价值观的内容；修改宪法中国家主席任职方面的有关规定；增加设区的市制定地方性法规的规定；增加有关监察委员会的各项规定；修改全国人大专门委员会的有关规定。

2018年2月，中共十九届三中全会在北京举行。全会审议通过《中共中央关于深化党和国家机构改革的决定》和《深化党和国家机构改革方案》，同意把《深化党和国家机构改革方案》的部分内容按照法定程序提交十三届全国人大一次会议审议。

全会提出，党和国家机构职能体系是中国特色社会主义制度的重要组成部分，是中国共产党治国理政的重要保障。深化党和国家机构改革的目标是，构建系统完备、科学规范、运行高效的党和国家机构职能体系，形成总揽全局、协调各方的党的领导体系，职责明确、依法行政的政府治理体系。

全会强调，完善坚持党的全面领导的制度，加强党对各领域各方面工作领导，确保党的领导全覆盖，确保党的领导更加坚强有力，是深化党和国家机构改革的首要任务；转变政府职能，优化政府机构设置和职能配置，是深化党和国家机构改革的重要任务；统筹党政军群机构改革，是加强党的集中统一领导、实现机构职能优化协同高效的必然要求等。

90多年来，中国共产党团结带领人民找到了一条以农村包围城市、武装夺取政权的正确革命道路，进行了28年浴血奋战，完成了新民主主义革命，1949年建立了中华人民共和国，实现了中国从几千年封建专制政治向人民民主的伟大飞跃；团结带领人民完成社会主义革命，确立社会主义基本制度，推进社会主义建设，完成了中华民族有史以来最为广泛而深刻的社会变革，为当代中国一切发展进步奠定了根本政治前提和制度基础，实现了中华民族由近代不断衰落到根本扭转命运、持续走向繁荣富强的伟大飞跃；团结带领人民进行改革开放新的伟大革命，破除阻碍国家和民族发展的一切思想和体制障碍，开辟了中国特色社会主义道路，使中国大踏步赶上时代。

中国特色社会主义是改革开放以来党的全部理论和实践的主题，是党和人民历尽千辛万苦、付出巨大代价取得的根本成就。中国特色社会主义道路是实现社会主义现代化、创造人民美好生活的必由之路，中国特色社会主义理论体系是指导党和人民实现中华民族伟大复兴的正确理论，中国特色社会主义制度是当代中国发展进步的根本制度保障，中国特色社会主义文化是激励全党全国各族人民奋勇前进的强大精神力量。

第四编

思想道德修养和法律基础导论

第二十六章　人生观和理想信念

习近平同青年大学生座谈时强调："要树立正确的世界观、人生观、价值观，掌握了这把总钥匙，再来看看社会万象、人生历程，一切是非、正误、主次，一切真假、善恶、美丑，自然就洞若观火、清澈明了，自然就能作出正确判断、作出正确选择。"大学生思考和规划自己的人生之路，首先要学会科学看待人生的根本问题，认识个人与社会的辩证关系，掌握人生观的基本理论。

马克思运用辩证唯物主义和历史唯物主义的立场观点方法，揭开了人的本质之谜。他指出："人的本质不是单个人所固有的抽象物，在其现实性上，它是一切社会关系的总和。"这一论断，在人类历史上第一次科学说明了人的本质，为人们认识人生、形成正确的人生观提供了科学的方法论。

任何人都是处在一定的社会关系中从事社会实践活动的人。社会属性是人的本质属性。每一个人从来到人世的那天起，就从属于一定的社会群体，同周围的人发生各种各样的社会关系，如家庭关系、地缘关系、业缘关系、经济关系、政治关系、法律关系、道德关系等。人的社会关系的总和决定了人的本质。人们正是在这种客观的、不断变化的社会关系中塑造自我，成为真正现实的、具有个性特征的人。因此，认识人的本质，只能立足于具体的、历史的社会关系中从事社会实践的人，而不能从抽象的人性论出发，更不能依靠神的启示。正是在一定的社会历史条件下，人们面对各种各样的境遇，在客观的不断变化的社会关系中实践人生，通过现实的生活逐渐地感悟人生，形成了相应的人生观。

第一节　人生观

人生观决定着人生道路的方向，也决定着人们行为选择的价值取向和用什么样的方式对待实际生活。人生观的主要内容包括人生目的、人生态度和人生价值。人生目的回答人为了什么活着，人生态度回答人应当如何活着，人生价值回答什么样的人生才有价值。这三个方面相互联系、相辅相成，统一为一个有机整体。

人生目的是指生活在一定历史条件下的人在人生实践中关于自身行为的根本指向和人生追求。人生目的是对“人为什么活着”这一人生根本问题的认识和回答，是人生观的核心，在人生实践中具有重要的作用。首先，人生目的决定人生道路。人生目的规定了人生的方向，对人们所从事的具体活动起着定向的作用。其次，人生目的决定人生态度。再次，人生目的决定人生价值选择。

人生态度是指人们通过生活实践形成的对人生问题的一种稳定的心理倾向和精神状态。人生态度是人生观的重要内容。一个人有什么样的人生观就会有什么样的人生态度。

人生价值是指人的生命及其实践活动对于社会和个人所具有的作用和意义。人生价值内在地包含了人生的自我价值和社会价值两个方面。人生的自我价值，是个体的人生活动对自己的生存和发展所具有的价值，主要表现为对自身物质和精神需要的满足程度。人生的社会价值，是个体的实践活动对社会、他人所具有的价值。人生的自我价值和社会价值，既相互区别，又密切联系、相互依存，共同构成人生价值的矛盾统一体。一方面，人生的自我价值是个体生存和发展的必要条件，人生的自我价值的实现是个体为社会创造更大价值的前提。个体的人生活动不仅具有满足自我需要的价值属性，还必然地包含着满足社会需要的价值属性。个体通过努力提高自我价值的过程，也是其创造社会价值的过程。另一方面，人生的社会价值是社会存在和发展的重要条件，人生社会价值的实现是个体自我完善、全面发展的保障。没有社会价值，人生的自我价值就无法存在。人是社会的人，这不仅意味着个体物质和精神的需要必须在社会中才能得到满足，还意味着以怎样的方式和在多大程度上得到满足也是由社会决定的。

总之，人生目的表明人的一生追求什么，人生态度表示以怎样的心态实现人生目标，人生价值判定一个具体人生的价值和意义。其中，人生目的决定着人们对待实际生活的基本态度和人生价值的评判标准，人生态度影响着人们对人生目的的持守和人生价值的评判，人生价值制约着人生目的和人生态度的选择。大学生只有深刻理解人生目的、人生态度、人生价值三者间的辩证统一关系，才能准确把握人生，树立正确的人生观。

世界观是人们对生活在其中的世界以及人与世界的关系的总体看法和根本观点。一个人思考生活的意义，树立追求的理想目标，确定以怎样的方式对待生活，探讨协调身与心、自我与他人、个人与社会的关系，总是以其世界观为根据，受到其世界观的制约和影响。

世界观决定人生观，有什么样的世界观，就会有什么样的人生观。对人生意义的正确理解，需要建立在对客观世界发展规律正确认识的基础之上。树立正确的人生观，思考人生为了什么、该如何对待人生、怎样的人生是有意义的人生等问题，离不开马克思主义科学世界观的指导。同时，人生观又对世界观的巩固、发展和变化起着重要作用。

个人与社会的关系问题是认识和处理人生问题的重要着眼点和出发点。个人与社会是对立统一的关系，两者相互依存、相互制约、相互促进。社会是由一个个具体的人组成的，离开了人就没有社会，社会是人的存在形式。同时，人是社会的人，离开了社会人也无法生活。社会犹如一个有生命、有活力的有机体，个人犹如这个有机体中的细胞。

个人与社会的关系，最根本的是个人利益与社会利益的关系。社会需要是个人需要的集中体现，是社会全体成员带有根本性、全局性、长远性需要的反映。个人利益的满足只能是在一定的社会条件下、通过一定的社会方式来实现。在社会主义社会中，个人利益与社会利益在根本上是一致的。社会利益离不开个人利益，个人利益也离不开社会利益。社会利益不是个人利益的简单相加，而是所有人利益的有机统一。社会利益体现了作为社会成员的个人的根本利益和长远利益，是个人利益得以实现的前提和基础，同时它也保障着个人利益的实现。

人的社会性决定了人只有在推动社会进步的过程中，才能实现自我的发展。大学生思考人生问题，应该正确认识和处理个人与社会的关系，把小我和大我更好地统一起来，把自己的人生追求同社会的发展进步紧密结合起来，在为社会作贡献的过程中成长进步，实现自己的人生价值。

大学生应深入领会马克思主义关于人生问题的基本理论，准确掌握面对和解决人生问题的科学方法，树立正确的人生观，明确人生目的、端正人生态度、认识人生价值，为创造有意义有价值的人生奠定良好的基础。

一是科学高尚的人生追求。只有把自己的人生目的与国家前途、民族命运、人民幸福联系在一起时，才能自觉自愿地把自己的一生奉献于利国利民的事业。“服务人民、奉献社会”的思想以其科学而高尚的品质，代表了人类社会迄今最先进的人生追求。

二是积极进取的人生态度。人生须认真，人生当务实，人生应乐观，人生要进取。人生实践是一个创造的过程。要发扬自强不息、敢为人先、百折不挠、坚忍不拔的精神，始终保持蓬勃朝气、昂扬锐气，充分发挥创造力，在创新创造中不断书写人生的新篇章。

评价人生价值的根本尺度,是看一个人的实践活动是否符合社会发展的客观规律，是否促进了历史的进步。在今天，衡量人生价值的标准，最重要的就是看一个人是否用自己的劳动和聪明才智为国家和社会真诚奉献，为人民群众尽心尽力服务。坚持能力有大小与贡献须尽力相统一；坚持物质贡献与精神贡献相统一；坚持完善自身与贡献社会相统一。

实现人生价值要从社会客观条件出发，大学生要珍惜难得的历史机遇，把自己的人生追求建立在正确把握当今中国社会发展实际的基础上，努力实现自己的人生价值。实现人生价值要从个体自身条件出发，要针对自己成长成才过程的实际，注重完善知识结构、丰富社会实践，坚持实事求是的原则，努力客观认识自己，准确把握影响人生价值实现的自身条件。不断增强实现人生价值的能力和本领。全面提高自身的综合素质和能力,努力创造实现人生价值的良好条件。

第二节　人生意义

美好的人生目标要靠社会实践才能转化为现实。大学生要在科学高尚的人生观指引下，正确对待人生矛盾，自觉抵制错误观念，努力提升人生境界，成就出彩人生。

树立正确的幸福观。幸福都是奋斗出来的。“奋斗本身就是一种幸福。只有奋斗的人生才称得上幸福的人生。”奋斗者是精神最为富足的人，也是最懂得幸福、最享受幸福的人。什么是人生的真正幸福，追求什么样的幸福，通过什么样的方式实现幸福，是大学生应该认真思考的人生课题。首先，幸福是一个总体性范畴，它意味着人总体上生活得美好，家庭和睦、职业成功、行为正当、人格完善等都是幸福的重要因素。幸福总是相对的，不是尽善尽美的，不同的人有不同的幸福标准。追求幸福的过程就是不满足于现状、不断追求和创造更美好生活的过程。再次，在追求幸福的过程中，我们不能把自己的幸福建立在损害社会整体和他人利益的基础上。相反，只有在为社会作贡献、为他人服务的过程中，我们才能获得幸福所需要的环境和条件，产生更大的幸福感，实现个人幸福与社会进步的相互促进。

树立正确的得失观。如何认识和对待人生发展过程中的得与失这对矛盾，对一个人走好人生之路、实现人生价值有重要影响。个人利益的得失只能部分地衡量人生价值的大小，在奉献社会中才能实现更大的人生价值，不要满足于一时的得，不要惧怕一时的失。

树立正确的苦乐观。苦与乐既对立又统一，又在一定条件下可以相互转化。奋斗是艰辛的，艰难困苦、玉汝于成。真正的快乐只能由奋斗的艰苦转化而来。大学生在成长过程中，要准确把握苦与乐的辩证关系，努力做迎难而上、艰苦奋斗的开拓者。

树立正确的顺逆观。顺境和逆境是人生历程中两种不同的境遇。顺势而快上，乘风而勇进，这是身处顺境的学问，是善于抓住机遇不断丰富与完善自己的途径；处低谷而力争，受磨难而奋进，这是身处逆境的学问，是将压力变成动力之所为。因此，无论是顺境还是逆境，对人生的作用都是双重的，关键是怎样去认识和对待它们。只有善于利用顺境，勇于正视逆境和战胜逆境，人生价值才能够实现。

树立正确的生死观。从一定意义上说，正是因为生命短促，每个人只有一次生命，才更显示了人生的弥足珍贵。人的生命是有限的，而生命的价值却是无限的。我们无法增加生命的长度，但却能追求生命应有的高度。大学生应珍惜韶华，在服务人民、投身民族复兴伟大事业中开发出生命所蕴藏的巨大潜能，努力给有限的个体生命赋予更有价值的意义。

树立正确的荣辱观。中国古人向来注重荣与辱，并通过“知耻”来进行道德评价和判断。荣辱观对个人的思想行为具有鲜明的动力、导向和调节作用。坚持以热爱祖国为荣、以危害祖国为耻,以服务人民为荣、以背离人民为耻,以崇尚科学为荣、以愚昧无知为耻,以辛勤劳动为荣、以好逸恶劳为耻,以团结互助为荣、以损人利己为耻,以诚实守信为荣、以见利忘义为耻,以遵纪守法为荣、以违法乱纪为耻,以艰苦奋斗为荣、以骄奢淫逸为耻。

拜金主义,享乐主义,极端个人主义等错误的人生观,没有正确把握个人与社会的辩证关系,忽视或否认社会性是人的存在和活动的本质属性,对人的需要的理解极端、狭隘和片面,其出发点和落脚点都是一己之私利。当代大学生担当新时代赋予的历史责任,应当与历史同向、与祖国同行、与人民同在,在服务人民、奉献社会的实践中创造有意义的人生。社会实践是科学理论、创新思维的源泉,是检验真理的试金石,也是青年锻炼成长的有效途径。

第三节　理想信念

大学生坚定科学信仰,追求远大理想,在为实现中国特色社会主义共同理想而奋斗的过程中实现个人理想,是自身成长成才的现实需要,也是国家和人民的殷切期盼。

理想信念是人的精神世界的核心,是人精神上的“钙”。没有理想信念,理想信念不坚定,精神上就会“缺钙”,就会得“软骨病”。理想信念是人类特有的精神现象。人既需要物质资料来满足生存需要,也需要理想信念来充实精神生活。正确坚定的理想信念,激励人们为一定的社会理想和生活目标而不断努力追求。

理想是人们在实践中形成的、有实现可能性的、对未来社会和自身发展目标的向往与追求,是人们的世界观、人生观和价值观在奋斗目标上的集中体现。理想是多方面和多类型的,根据不同的标准,可分为个人理想和社会理想,近期理想和远期理想,生活理想、职业理想、道德理想和政治理想等。

理想具有超越性。理想因其远大而为理想。理想之所以能够成为一种推动人们创造美好生活的巨大力量,就在于它不仅源于现实,而且超越现实。科学的理想是人的主观能动性与社会发展客观趋势的一致性的反映,是在正确把握社会历史发展客观规律的基础上形成的合乎社会发展要求、合乎人民利益的理想。

理想具有实践性。作为一定的社会实践的产物，理想是处在特定历史条件下的人们对社会实践活动理性认识的结晶。理想在实践中产生，在实践中发展，而且也只有在实践中才能得以实现。

理想具有时代性。理想同任何一种社会意识形式一样，都是一定时代的产物，都带着特定历史时代的烙印。理想的时代性，不仅体现为它受时代条件的制约，而且体现为它随着时代的发展而发展。随着社会的发展进步，随着对社会发展规律和人的发展规律认识的逐步深化，人们也会不断地调整、丰富和发展自己的理想。

信念同理想一样，也是人类特有的精神现象。信念是人们在一定的认识基础上确立的对某种思想或事物坚信不疑并身体力行的精神状态。信念是认知、情感和意志的有机统一体，为人们矢志不渝、百折不挠地追求理想目标提供了强大的精神动力。

信念具有执着性。坚定的信念使得人们具有强大的精神定力，不为利益所动，不为诱惑所扰，不为困难所惧。信念具有多样性，在信念体系中，高层次的信念决定低层次的信念，低层次的信念服从高层次的信念。信仰是最高层次的信念，具有最大的统摄力。信仰有盲目和科学之分。盲目的信仰就是对虚幻的世界、不切实际的观念、荒谬的理论等的迷信和狂热崇拜，科学的信仰则来自人们对自然界和人类社会发展规律的正确认识。理想和信念难以分割地紧密联系在一起。也正因如此，人们常将理想与信念合称为理想信念。理想指引方向，信念决定成败。理想信念昭示奋斗目标，理想信念提供前进动力，理想信念提高精神境界。

加强思想修养、提高精神境界，必须牢牢把握理想信念这个核心。要实现国家的繁荣富强、民族的伟大复兴、人民的美好生活，离不开崇高理想信念的有力支撑。新时代大学生应当确立马克思主义的科学信仰，树立共产主义的远大理想和中国特色社会主义共同理想。

对马克思主义的信仰，对社会主义和共产主义的信念，是共产党人的政治灵魂，是共产党人经受住任何考验的精神支柱。背离或放弃马克思主义，就会失去灵魂、迷失方向。坚定马克思主义信仰，最重要的是学习和掌握马克思主义的立场、观点、方法，确立正确的世界观和历史观，准确把握时代发展潮流，以科学的理想信念指引人生前进的道路和方向。

共产主义是现实运动和长远目标相统一的过程。共产主义是崇高的社会理想，是关于无产阶级解放的学说，同时也是一种现实运动。共产主义远大理想既是面向未来的，又是指向现实的，不仅反映了人们对未来社会的美好向往，更是一个从现实的人出发，不断满足人的现实利益需求、推进人的全面发展、推动社会发展进步的历史过程与现实运动。有人认为，共产主义理想离现实太遥远，是无法实现的，这实际上割裂了共产主义远大理想与现实的辩证统一关系。事实上，共产主义的思想和实践早已存在于我们的现实生活中，那种认为“共产主义是渺茫的幻想”“共产主义没有经过实践检验”的观点，是完全错误的。

共产主义远大理想的最终实现是一个漫长、艰辛的历史过程，需要一代又一代人付出艰苦的努力。

理想信念是一个思想认识问题，更是一个实践问题。如果说，现实是此岸，理想是彼岸，那么，唯有实践才是联系二者的桥梁。理想不等于现实，理想的实现往往要通过一条并不平坦的曲折之路，有赖于脚踏实地、持之以恒的奋斗。实践，只有实践，才是通往理想彼岸的桥梁。

辩证看待理想与现实的矛盾。理想与现实是对立统一的。在日常生活中，人们在处理理想与现实的关系时，往往只看到二者对立的一面，看不到二者统一的一面。一种认识偏向是用理想来否定现实，当发现现实不符合理想预期的时候，就对现实大失所望，甚至对现实采取全盘否定的态度。另一种认识偏向是用现实来否定理想，在追求理想的过程中一遇到困难就产生畏难情绪，觉得理想遥不可及，丧失为理想而奋斗的信心和勇气，直至最终放弃理想。

之所以会出现这些认识误区，从思想方法上讲，是由于不能辩证地看待和处理理想与现实的矛盾。理想和现实存在着对立的一面，二者的矛盾与冲突，属于“应然”和“实然”的矛盾。理想与现实又是统一的。理想受现实的规定和制约，是在对现实认识的基础上发展起来的。一方面，现实中包含着理想的因素，孕育着理想的发展；另一方面，理想中也包含着现实，既包含着现实中必然发展的因素，又包含着由理想转化为现实的条件，在一定的条件下，理想就可以转化为未来的现实。脱离现实而谈理想，理想就会成为空想。

实现理想的长期性、艰巨性和曲折性。理想的实现是一个过程。一般来说,理想越是远大,它的实现过程就越复杂,需要的时间也就越漫长。艰苦奋斗是实现理想的重要条件,艰苦奋斗是我们的传家宝。那种认为“艰苦奋斗是老一辈的事,当代青年不需要艰苦奋斗”的观点,在理论上是错误的,在实践中是有害的,艰苦奋斗的精神是永远不会过时的。

坚持个人奋斗目标与国家、民族的奋斗目标相统一,把个人理想融入社会理想之中,在为实现社会理想而奋斗的过程中实现个人理想,这是大学生成长成才的必由之路。

个人理想与社会理想的关系实质上是个人与社会关系在理想层面的反映。个人与社会有机地联系在一起,二者相互依存、相互制约、共同发展。同样,社会理想与个人理想也不是彼此孤立的,它们之间相互联系、相互影响、相互制约。

个人理想以社会理想为指引。追求个人理想的实践活动都是在社会中进行的,正确的个人理想不是依个人主观愿望随意确定的,从根本上说它是由正确的社会理想规定的。同时,个人理想的实现,必须以社会理想的实现为前提和基础。因此,在整个理想体系中,社会理想是最根本、最重要的,而个人理想则从属于社会理想。换句话说,个人理想的确立要以社会理想为引导,个人理想的实现依赖于社会理想的实现。个人理想只有同国家的前途、民族的命运相结合,个人的向往和追求只有同社会的需要和人民的利益相一致,才可能变为现实。

社会理想是对个人理想的凝练和升华。社会理想不是凭空产生的,也不是由外在力量强加的,而是建立在众人的个人理想基础之上。强调个人理想要符合社会理想,并不是要排斥和抹杀个人理想,而是要摆正个人理想同社会理想的关系。社会理想归根到底要靠全体社会成员的共同努力来实现,并具体体现在每个社会成员为实现个人理想而进行的活生生的实践中。当社会理想同个人理想有矛盾冲突的时候,有志气、有抱负的人可以作出最大的自我牺牲,使个人的理想服从于全社会的共同理想。

第二十七章　中国精神和社会主义核心价值观

实现中华民族伟大复兴的中国梦,必须弘扬中国精神,这就是以爱国主义为核心的民族精神和以改革创新为核心的时代精神。爱国主义始终是把中华民族坚强团结在一起的精神纽带,改革创新始终是鞭策我们在改革开放中与时俱进的精神力量。

第一节　中国精神是兴国强国之魂

人无精神则不立,国无精神则不强。精神是一个民族赖以长久生存的灵魂,唯有精神上达到一定的高度,这个民族才能在历史的洪流中屹立不倒、奋勇向前。中国精神作为兴国强国之魂,是实现中华民族伟大复兴不可或缺的精神支撑和精神动力。

重精神是中华民族的优秀传统。中华民族崇尚精神的优秀传统,首先表现在对物质生活与精神生活相互关系的独到理解上。古圣先贤认为,人之所以异于禽兽,在于人有道德,有精神追求。物质生活固然为人所必需,但如果只沉溺于物欲而不能自拔,则无异于禽兽。古人认为"不义而富且贵,于我如浮云",强调"道德当身,故不以物惑"的精神追求。重视并崇尚精神生活,是中国古代思想家们的主流观点。

中华民族崇尚精神的优秀传统,也表现在中国古人对理想的不懈追求上。理想是激励个体的精神内驱力,是凝聚社会整体的精神力量。矢志不渝地坚守理想,是中国古人崇尚精神的典型体现。如,儒家"志士仁人,无求生以害仁,有杀身以成仁";墨家把"兼相爱,交相利"作为理想。无数志士仁人"为天地立心,为生民立命,为往圣继绝学,为万世开太平",为追求道义、实现理想而上下求索。

中华民族崇尚精神的优秀传统，也表现在对道德修养和道德教化的重视上。中国传统文化十分强调道德修养和道德教化，将“立德”置于“三不朽”（立德、立功、立言）之首，重视人的精神品格的养成。中华民族崇尚精神的优秀传统，还表现为对理想人格的推崇。

中国共产党是中华民族重精神优秀传统的忠实继承者和坚定弘扬者。在革命、建设、改革各个历史时期，中国共产党都强调要处理好物质和精神的关系，重视发挥人的精神的能动作用，中华民族重精神的优秀传统得到进一步发扬光大。早在革命战争年代，党就提出“全心全意为人民服务”的根本宗旨，始终强调“人是要有一点精神的”，要做“一个高尚的人，一个纯粹的人，一个有道德的人，一个脱离了低级趣味的人，一个有益于人民的人”。中华人民共和国成立以来特别是改革开放以来，党高度重视精神文明建设，通过加强公民道德建设，开展爱国主义教育、理想信念教育，培育和弘扬民族精神，倡导和践行社会主义核心价值观等，大力提高全体人民的思想追求和精神境界。习近平强调，民族复兴不仅表现为经济腾飞，更要有中国精神的振奋和彰显。在实现中华民族伟大复兴的征程中，必须继承中华民族创造的一切精神财富，不断增强团结一心的精神纽带、自强不息的精神动力。

中国精神是民族精神和时代精神的统一。以爱国主义为核心的民族精神和以改革创新为核心的时代精神，构成了中国精神的基本内容。大力弘扬中国精神，培育中华民族共同的精神家园，既需要大力弘扬以爱国主义为核心的伟大民族精神，也需要大力弘扬以改革创新为核心的伟大时代精神。

民族精神是一个民族在长期共同生活和社会实践中形成的，为本民族大多数成员所认同的价值取向、思维方式、道德规范、精神气质的总和，是一个民族赖以生存和发展的精神支柱。在五千多年的历史发展中，中华民族形成了以爱国主义为核心的伟大民族精神。爱国主义是千百年来人们在社会实践中形成的对自己的祖国极其忠诚和热爱的深厚情感。中华民族从来就有爱国主义的光荣传统。

中国人民在长期奋斗中培育、继承、发展起来的伟大民族精神，为中国发展和人类文明进步提供了强大精神动力，即伟大创造精神、伟大奋斗精神、伟大团结精神和伟大梦想精神。

时代精神是一个国家和民族在新的历史条件下形成和发展的，是体现民族特质并顺应时代潮流的思想观念、价值取向、精神风貌和社会风尚的总和，是一种对社会发展具有积极影响和推动作用的集体意识。时代精神反映社会进步的发展方向，引领时代的进步潮流，是社会的主旋律和时代的最强音。

改革开放以来，党带领人民在继承和弘扬伟大民族精神的基础上，立足新的时代条件，赋予中华民族精神以新的时代内涵，形成了以改革创新为核心的时代精神。改革创新精神是时代精神的核心，贯穿于改革开放的全部实践，体现在时代精神的各个方面。改革是破除社会发展障碍、激发社会发展活力的引擎，创新则是民族进步的灵魂、国家兴旺发达的动力。

改革创新精神既是对中华民族革故鼎新优良传统的继承弘扬，也是当代中国改革开放伟大实践中体现出来的精神品格和精神特征。改革创新精神体现为突破陈规、大胆探索、敢于创造的思想观念；体现为不甘落后、奋勇争先、追求进步的责任感和使命感；体现为坚忍不拔、自强不息、锐意进取的精神状态。以改革创新为核心的时代精神，是当代中国人民精神风貌的集中写照，是激发社会创造活力的强大力量。

民族精神与时代精神紧密关联，都是一个民族赖以生存和发展的精神支撑。一切民族精神都曾经是一定历史阶段中带动潮流、引领风尚、推动社会发展的时代精神。同时，一切时代精神都将随着历史的变迁逐步融入民族精神的长河之中，不断丰富和发展民族精神的时代内涵。

弘扬和培育民族精神，必须自觉回应时代的要求，推动民族精神的不断革新，推动民族精神的创新性发展和创造性转化，从而为当下的实践提供精神力量；弘扬和培育时代精神，必须立足民族精神的根基，接续民族精神的血脉、承接民族精神的基因，使得时代精神既面向未来，又不忘本来，始终具有引领民族前行的强大吸引力和感召力。

民族精神和时代精神共同构成了我们当今时代的中国精神。民族精神赋予中国精神以民族特征，是中华民族的精神独立性得以保持的重要保证；时代精神赋予中国精神以时代内涵，是中国精神引领时代前行、拥有鲜明时代性和强大生命力的重要根源。民族精神和时代精神的交融汇通，使得中国精神既具有鲜明的民族性，又洋溢着强烈的时代性，成为中华民族共有的精神家园、奋力实现复兴的强大精神力量。

可以说,中国精神是兴国强国之魂,是凝聚中国力量的精神纽带,是激发创新创造的精神动力,是推进复兴伟业的精神定力。

第二节　爱国主义及其时代要求

实现中华民族伟大复兴的中国梦,是当代中国爱国主义的鲜明主题。青年大学生要继承中华民族爱国主义光荣传统,自觉做新时代的忠诚爱国者。

爱国主义体现了人们对自己祖国的深厚感情,揭示了个人对祖国的依存关系,是人们对自己家园以及民族和文化的归属感、认同感、尊严感与荣誉感的统一。它是调节个人与祖国之间关系的道德要求、政治原则和法律规范,也是中华民族精神的核心。

爱祖国的大好河山。祖国的大好河山,不只是自然风光,还是主权、财富、民族发展和进步的基本载体。因此,每一个爱国者都会把“保我国土”“爱我家乡”,维护祖国领土的完整和统一,作为自己的神圣使命和义不言辞的责任。

爱自己的骨肉同胞。对人民群众感情的深浅程度,是检验一个人对祖国忠诚程度的试金石。爱自己的骨肉同胞,最主要的是培养对人民群众的深厚感情,坚持以人民为中心的立场,始终紧紧地同人民群众站在一起。

爱祖国的灿烂文化。文化是一个国家、一个民族的灵魂。文化传统常常被称为国家和民族的胎记,是一个国家民族得以延续的精神基因,是培养民族心理、民族个性、民族精神的摇篮,是民族凝聚力的重要基础。

爱自己的国家。爱自己的国家,拥护国家的基本制度,遵守国家的宪法法律,维护国家安全和统一,捍卫国家的利益,为国家繁荣发展贡献自己的力量,是爱国主义的基本要求。

爱国主义是历史的、具体的,在不同的历史条件和文化背景下所形成的爱国主义,总是具有不同的内涵和特点。爱国主义的丰富性和生命力,正是通过它的历史性和具体性来表现的。在新民主主义革命时期,爱国主义主要表现为致力于推翻帝国主义、封建主义和官僚资本主义的反动统治,把黑暗的旧中国改造成光明的新中国。在现阶段,爱国主义主要表现为献身于建设新时代中国特色社会主义伟大事业,献身于实现中华民族伟大复兴中国梦的实践,献身于促进祖国统一大业。

新时代的爱国主义基本要求是:坚持爱国主义和社会主义相统一,维护祖国统一和民族团结,尊重和传承中华民族历史和文化,坚持立足民族又面向世界。弘扬新时代的爱国主义,必须团结全体社会主义劳动者、社会主义事业的建设者、拥护社会主义的爱国者、拥护祖国统一和致力于中华民族伟大复兴的爱国者,汇集起实现中国梦的磅礴力量。

在当代中国,爱国主义首先体现在对社会主义中国的热爱上。爱国主义与爱社会主义的统一是中国历史发展的必然结果。在新的时代条件下,弘扬爱国主义精神,必须把维护祖国统一和民族团结作为重要着力点和落脚点。弘扬新时代的爱国主义精神,就要自觉维护全国各族人民大团结的政治局面,不断增强对伟大祖国、中华民族、中华文化、中国共产党、中国特色社会主义的认同。对祖国悠久历史、深厚文化的理解和接受,是人们爱国主义情感培育和发展的重要条件。弘扬新时代的爱国主义,必须坚持立足民族,维护国家发展主体性。弘扬新时代的爱国主义,必须面向世界,构建人类命运共同体。

爱国既需要情感的基础,也需要理性的认识,更需要实际的行动。爱国不是简单的情感表达,而是一种理性的行为,要讲原则、守法律,以合理合法的方式来进行。只有把国家的安全、荣誉和利益放在高于一切的地位,始终做到爱国的深厚情感、理性认识和实际行动相一致,维护和推进祖国统一,促进民族团结,增强国家安全意识,与祖国同呼吸、共命运,才是真正的爱国者。

爱国主义也要求大学生在改革创新的实践中奉献祖国、服务人民、实现价值,让改革创新成为青春远航的强大动力。创新创造是中华民族最深沉的民族禀赋;改革创新是时代要求,大学生应树立改革创新的自觉意识,增强改革创新的责任感,树立敢于突破陈规的意识,树立大胆探索未知领域的信心;增强改革创新的能力本领,夯实创新基础,培养创新思维,投身创新实践。

第三节　社会主义核心价值观

核心价值观，承载着一个民族、一个国家的精神追求，体现着一个社会评判是非曲直的价值标准。核心价值观是一定社会形态社会性质的集中体现，在一个社会的思想观念体系中处于主导地位，体现着社会制度、社会运行的基本原则和社会发展的基本方向。

党的十八大提出，要倡导富强、民主、文明、和谐，倡导自由、平等、公正、法治，倡导爱国、敬业、诚信、友善，积极培育和践行社会主义核心价值观。这与中国特色社会主义发展要求相契合，与中华优秀传统文化和人类文明优秀成果相承接，是中国共产党凝聚全党全社会价值共识作出的重要论断。社会主义核心价值观的提出，鲜明确立了当代中国的核心价值理念，生动展现了中国共产党和中华民族高度的价值自信与价值自觉。

社会主义核心价值观和社会主义核心价值体系是紧密联系、互为依存、相辅相成的。社会主义核心价值体系主要包括马克思主义指导思想、中国特色社会主义共同理想、以爱国主义为核心的民族精神和以改革创新为核心的时代精神、社会主义荣辱观。社会主义核心价值观是社会主义核心价值体系的精神内核，它体现了社会主义核心价值体系的根本性质和基本特征，反映了社会主义核心价值体系的丰富内涵和实践要求，是社会主义核心价值体系的高度凝练和集中表达。

社会主义核心价值观与社会主义核心价值体系具有内在的一致性，都体现了社会主义意识形态的本质要求，体现了社会主义制度在思想和精神层面的质的规定性，是建设中国特色社会主义现代化强国、实现中华民族伟大复兴中国梦的价值引领。2018年3月，十三届全国人大一次会议通过宪法修正案，把国家倡导社会主义核心价值观正式写入宪法，进一步凸显了社会主义核心价值观的重大意义。即坚持和发展中国特色社会主义的价值遵循，提高国家文化软实力的迫切要求，增进社会团结和谐的最大公约数。

社会主义核心价值观丰厚的历史底蕴、坚实的现实基础、强大的道义力量为我们坚定核心价值观自信提供了充分的理由。

任何一种价值观都不可能凭空产生，总是有其特定的历史底色和精神脉络。牢固的核心价值观,都有其固有的根本。抛弃传统、丢掉根本,就等于割断了自己的精神命脉。深深地根植于中华优秀传统文化,是社会主义核心价值观历史底蕴的集中体现。

中华优秀传统文化是涵养社会主义核心价值观的重要源泉,是中华民族的精神命脉。要深入挖掘和阐发中华优秀传统文化讲仁爱、重民本、守诚信、崇正义、尚和合、求大同的时代价值,使中华优秀传统文化成为涵养社会主义核心价值观的重要源泉。培育和弘扬社会主义核心价值观,必须立足中华优秀传统文化。社会主义核心价值观,是对中华优秀传统文化的继承和升华。它把涉及国家、社会、公民的价值要求融为一体,赋予中华优秀传统文化以新的时代内涵。

我们所积极弘扬和践行的社会主义核心价值观,同我们正在进行的奋斗相结合,同我们所要解决的时代问题相适应,具有坚实的现实基础。概括而言,这一坚实的现实基础,就是当今时代的中华民族所进行的人类历史上最为宏伟而独特的中国特色社会主义建设实践。

中国特色社会主义建设也以无可辩驳的事实生动展示着社会主义核心价值观的生机活力。中国特色社会主义建设的成功经验,是对社会主义核心价值观正确性、可信性的检验。同时,中国特色社会主义建设的新推进,也不断为社会主义核心价值观注入丰富而鲜活的时代内涵,提出弘扬和践行社会主义核心价值观的新任务新要求,并为社会主义核心价值观的弘扬和践行创造提供了广阔空间及有力的物质基础、制度保障和相应条件。

社会主义核心价值观的先进性,体现在它是社会主义制度所坚持和追求的核心价值理念。作为人类社会最为先进社会制度的本质规定在价值层面的集中反映,社会主义核心价值观代表着当今时代人类社会的价值制高点。社会主义核心价值观的人民性体现在它所代表的最广大人民的根本利益,反映的最广大人民的价值诉求,引导着最广大人民为实现美好社会理想而奋斗。人民性也是以马克思主义为理论基础、以社会主义运动为实践根据的社会主义核心价值观的根本特性。社会主义核心价值观的道义力量还源于它的真实性。

第二十八章　道德的基本理论

大学生提高自身的道德素质，需要认真学习道德的基本理论，树立正确的道德观，自觉传承中华传统美德和中国革命道德，积极吸收借鉴人类优秀道德成果，遵守公民道德准则，在投身崇德向善的实践中不断提高道德品质。

第一节　道德及其变化发展

道德是以善恶为评价方式，主要依靠社会舆论、传统习俗和内心信念来发挥作用的行为规范的总和。作为人类社会特有的一种社会现象，道德是人类社会发展到一定阶段的必然产物。

马克思主义道德观认为，人类社会的实际情况是，“物质生活的生产方式制约着整个社会生活、政治生活和精神生活的过程”。因此，道德的起源问题，必须从这一实际出发来认识和把握。

劳动是道德起源的首要前提。道德是人类社会的特有现象，动物的本能行为中不存在真正的道德。劳动将人与动物区分开来，创造了人、社会和社会关系，也创造了道德。劳动创造了道德主体。劳动在创造人的同时也形成了人与人的关系，原始的劳动分工与协作，使相互依赖、相互扶持自觉不自觉地成为当时最自然、最朴实的道德生活状态。劳动创造了人和人类社会，是道德起源的第一个历史前提。

社会关系是道德赖以产生的客观条件。可以说，正是社会关系的形成和发展产生了调节各种关系特别是利益关系的需要，道德恰恰是适应社会关系调节的需要而产生的。

马克思主义道德理论在人类思想史上第一次科学而全面地论述了道德

的起源问题，为正确认识和理解道德的本质奠定了基础。道德属于上层建筑的范畴，是一种特殊的社会意识形态。正确理解道德的本质，应该把握经济基础对道德的决定作用，以及道德在一定条件下对经济基础的能动作用。

道德是反映社会经济关系的特殊意识形态。道德的产生、发展和变化，归根结底根源于社会经济关系。人们自觉地或不自觉地，归根到底总是从他们阶级地位所依据的实际关系中——从他们进行生产和交换的经济关系中，获得自己的伦理观念。

其一，道德的性质和基本原则、规范反映了与之相应的社会经济关系的性质和内容。有什么样的社会经济关系，相应地就有什么样的道德。其二，道德随着社会经济关系的变化而变化。一般说来，新旧经济关系更替之后，新的道德必将取代旧道德而居于主导地位。在人类道德史上，一切道德上的兴衰起伏、进退消长，从根本上说是源于社会经济关系的变革。其三，道德作为一种社会意识，在阶级社会里总是反映着一定阶级的利益，因而不可避免地具有阶级性。其四，作为社会意识的道德一经产生，便有相对独立性。这种相对独立性既表现为道德的历史继承性，也表现为道德对社会发展具有能动的反作用。

道德是社会利益关系的特殊调节方式。道德是一种调整人与人、人与社会、人与自然以及人与自身之间关系的特殊的行为规范。这种行为规范与法律规范、政治规范的不同之处在于它是用善恶标准去评价，依靠社会舆论、传统习俗、内心信念来维持的，因此是一种非制度化的、柔性的规范。道德作为一种调节方式，主要不是被颁布、制定或规定出来的，而是处于同一社会或同一生活环境中的人们在长期的共同生活过程中逐渐积累形成的要求、秩序和理想，它通过社会的道德风尚和个人的道德风范来调节利益关系。

道德是一种实践精神，是一种旨在通过把握世界的善恶现象而规范人们的行为并通过人们的实践活动体现出来的社会意识。具体来说，道德是一种以指导人的行为为目的、以形成人的正确的行为方式为内容的精神，在本质上是知行合一的。道德把握世界的方式不是被动地反映世界，而是从人的需要出发，从特定的价值出发来改造世界；不是简单地再现世界或描述世界，而是对世界进行价值评价。道德立足现实而追求理想，并以理想来改造和提升现实。道德作为一种实践精神，是特殊的意识信念、行为准则、评价选择等方面的总和，是调节社会关系、发展个人品质、提高精神境界等活动的动力。

道德作为人类的社会生活发展到一定阶段的必然产物，源于人的社会生活需要，又服务于人的社会生活需要。道德在人类社会中居于特别重要的地位，具有特殊的功能和作用。

道德的功能，一般是指道德作为社会意识的特殊形式对于社会发展所具有的功效与能力。道德的功能是多元的，同时也是多层次的。

道德的认识功能是指道德反映社会关系特别是反映社会经济关系的功效与能力。

道德的规范功能是指在正确善恶观的指引下，规范社会成员在社会公共领域、职业领域、家庭领域的行为，并规范个人品德的养成，引导并促进人们崇德向善。从道德的特征来说，道德和法律一样，都是通过规范人的行为发挥作用。

道德的调节功能是指道德通过评价等方式，指导和纠正人们的行为和实践活动，协调社会关系和人际关系的功效与能力。道德评价是道德调节的主要形式，社会舆论、传统习俗和人们的内心信念是道德调节所赖以发挥作用的力量。道德的调节功能主要是不断调节社会整体和个人的关系，调节个人与个人的关系，使个人、社会与他人的关系逐步完善和谐。

在道德的功能系统中，认识功能、规范功能、调节功能是最基本的功能，此外还有导向功能、激励功能等。

道德的作用主要表现在：道德为经济基础的形成、巩固和发展服务，是一种重要的精神力量；道德对其他社会意识形态的存在有着重大的影响；道德通过调整人们之间的关系维护社会秩序和稳定；道德是提高人的精神境界、促进人的自我完善、推动人的全面发展的内在动力；在阶级社会中，道德是调节阶级矛盾和对立阶级之间开展阶级斗争的重要工具。

在道德作用问题上，要反对两种极端的看法，即“道德万能论”和“道德无用论”。

“道德万能论”片面夸大道德的作用，认为道德决定一切、高于一切、支配一切，只要道德水平高，一切社会问题都可以迎刃而解。这种观点的根本错误在于,颠倒了社会存在和社会意识、经济基础同上层建筑之间的决定与被决定的关系,否定了物质资料的生产方式在社会发展中的决定作用。

"道德无用论"则根本否认道德的作用,或者通过强调非道德因素的作用来否定道德的积极作用,或者通过强调道德的消极因素来否定道德的积极作用。这种观点的根本错误在于,忽视了道德作为上层建筑的重要组成部分,一方面由经济基础所决定,另一方面对经济基础和生产力发展有一定的反作用。片面强调其消极方面,或从根本上忽视其积极方面的存在,必然不利于道德作用的发挥。

道德同其他社会意识形态一样,不是千古不变的。迄今为止,人类社会先后经历了五种基本社会形态,与此相适应,出现了原始社会的道德、奴隶社会的道德、封建社会的道德、资本主义社会的道德、社会主义社会的道德。在社会主义社会,有一部分先进分子,还身体力行共产主义道德。

道德进步的主要表现:道德在社会生活中所起的作用越来越重要,对于促进社会和谐与人的全面自由发展的作用越来越突出;道德调控的范围不断扩大,调控的手段或方式不断丰富,更加科学合理;道德的发展和进步也成为衡量社会文明程度的重要尺度。

第二节　吸收借鉴优秀道德成果

推进社会主义道德建设,必须坚持马克思主义道德观,充分吸收借鉴各种优秀道德成果。中华传统美德是中华文化的精髓,蕴含着丰富的思想道德资源;中国革命道德是对中华传统美德的继承和发展,是中华民族极其宝贵的道德财富。

中华传统美德内容丰富、博大精深,是人类文明发展的重要精神财富,是社会主义道德建设的源头活水。

重视整体利益,强调责任奉献。"公义胜私欲"是中华传统美德的根本要求。两千多年前的《诗经》已经提出"夙夜在公"的道德要求,《尚书》也有"以公灭私,民其允怀"的思想,《治安策》中提出"国而忘家,公而忘私",清代林则徐提出"苟利国家生死以,岂因祸福避趋之",都体现了强烈的为国家、为民族献身的精神。正是从国家利益和整体利益的原则出发,中国古代思想家强调在“义”和“利”发生矛盾时，应当义以为上、先义后利、见利思义、见义勇为。

推崇“仁爱”原则，注重以和为贵。推崇仁爱、崇尚和谐是中华民族的优良传统和高尚品德。孔子强调“己欲立而立人，己欲达而达人”，孟子强调“亲亲而仁民，仁民而爱物”，荀子强调“仁者自爱”，墨子则提出“兼相爱，交相利”的思想。

提倡人伦价值，重视道德义务。中华传统美德一个重要的特点，就是它非常重视每个人在人伦关系中的地位及其价值，强调每个人都必须根据规范的要求，来尽自己应尽的义务。早在《尚书·舜典》中就提出了“五教”的思想，即“父义”“母慈”“兄友”“弟恭”“子孝”。到了战国时期，孟子提出了影响深远的“五伦”说，即“父子有亲、君臣有义、夫妇有别、长幼有序、朋友有信”。汉代以后，董仲舒提出了“仁、义、礼、智、信”，宋代的思想家们又提出了所谓“忠、孝、节、义”四大德目等，不断强化在人伦关系中每个人的责任和义务，强调人伦价值的重要意义。

追求精神境界，向往理想人格。中华传统美德主张在物质生活基本满足的情况下应追求崇高的精神境界，把道德理想的实现看作是人生诸种需要中最高层次的需要。孟子说，人之所以异于禽兽的根本点就在于人能够“明于庶物，察于人伦”，即能本着“仁义”行事。荀子说，人之所以能够保持群体性特征，归根结底是由于人能够遵守礼仪，否则人就会由于争斗而发生祸乱，进而造成彼此分离而变得弱小。从先秦儒家所强调的孔颜之乐，到范仲淹所提出的“先天下之忧而忧，后天下之乐而乐”，这种精神已经凝聚成为中华民族一种特有的价值追求。“富贵不能淫，贫贱不能移，威武不能屈”的“大丈夫”人格，就是这种追求在人生价值观中的体现。

强调道德修养，注重道德践履。中国古代的思想家大都认为，在塑造理想人格的过程中，最重要的就是要奋发向上、切磋践履、修身养性。一个社会的道德规范和道德原则确立之后，最重要的就是要使这些道德原则和道德规范能够转化成人们的思想品德和行为实践，养成良好的道德习惯，形成完善的道德人格。儒家的经典《礼记·大学》中明确提出，“修身”是齐家、治国、平天下的前提和基础，孔子提倡“修己”“克己”和“慎独”，提倡“见贤思齐焉，见不贤而内自省”，曾子提出“吾日三省吾身”，孟子更主张“善养吾浩然之气”。墨家也非常重视修身,强调“察色修身”和“以身戴行”。宋明道学家们在修养的“功夫”上更加用力,强调“自省”“存养”“克治”“知耻”“慎独”和躬行的重要。

在长期的历史发展中,中华传统美德已经深入到全民族的思维方式、价值观念、行为方式和风俗习惯之中,具有重要的当代价值。比如,关于道法自然、天人合一的思想,关于天下为公、大同世界的思想,关于自强不息、厚德载物的思想,关于经世致用、知行合一、躬行实践的思想,关于仁者爱人、以德立人的思想,关于以诚待人、讲信修睦的思想,关于清廉从政、勤勉奉公的思想,关于俭约自守、力戒奢华的思想等,这些传统美德蕴藏的中国智慧,既可以为我们今天的道德建设提供有益启发,为治国理政提供有益启示,也为解决当代人类面临的道德难题提供了重要启迪,也为当代大学生的成长提供了宝贵精神营养。

一、中华传统美德的创造性转化和创新性发展

中国传统道德是一个矛盾体,具有鲜明的两重性。属于精华的部分,表现出积极、革新、进步的一面;属于糟粕的部分,则表现出消极、保守、落后的一面。中华传统美德作为中国传统道德的精华部分,为今天的道德建设提供了丰富的资源,要在去粗取精、去伪存真的基础上坚持古为今用、推陈出新,努力实现中华传统美德的创造性转化和创新性发展。

弘扬中华传统美德,必须通过科学的分析和鉴别,把其中带有阶级和时代局限性的成分剔除出去,把其中具有当代价值的道德精神发掘出来,结合现代生活赋予其新的时代内涵。

用中华传统美德滋养社会主义道德建设。要结合时代要求,按照是否有利于推动中国特色社会主义事业,是否有利于建设社会主义道德体系,是否有利于培育和践行社会主义核心价值观的标准,坚持古为今用、推陈出新的原则,为社会主义道德建设提供丰厚的道德资源,赋予社会主义道德和共产主义道德以鲜明的民族特色。要立足于面向大众、服务人民,发挥中华传统美德人伦日用的化育功能。

在对待传统道德的问题上,要反对两种错误思潮。一种是复古论,认为道德建设的最终目标就是要恢复中国“固有文化”,形成以中国传统文化为

主体的道德体系。另一种是虚无论，认为中国传统道德从整体上来说在今天已经失去了价值和意义，必须从整体上予以全盘否定。这两种观点都是错误的，割断了道德的历史与发展的关系，都不利于社会的发展和道德的进步。

二、中国革命道德的形成与发展

中国革命道德，是指中国共产党人、人民军队、一切先进分子和人民群众在中国革命、建设、改革中所形成的优秀道德，是马克思主义与中国革命、建设、改革的伟大实践相结合的产物，是中华民族极其宝贵的道德财富。中国革命道德萌芽于五四运动前后，发端于中国共产党成立以后蓬勃发展的伟大工人运动和农民运动，经过土地革命战争、抗日战争、解放战争以及社会主义革命、建设、改革的长期发展，逐渐形成并不断发扬光大。

中国共产党始终高度重视继承和发扬革命道德传统。早在革命战争年代，毛泽东就指出，是否发扬革命传统，是我国民主革命能否取得胜利的重要因素。改革开放以来，中国共产党始终强调继承和发扬革命道德的重要性。无论现在和将来，都要从革命的历史中汲取智慧和力量。历史经验表明，革命传统特别是革命道德传统，是克服前进道路上一切困难的重要精神支柱，是战胜千难万险的重要力量源泉。

弘扬中国革命道德，要同弘扬中华传统美德相结合。中国革命道德继承了中国传统道德的精华，摒弃了传统道德的糟粕，是中国优良传统道德的延续和发展，是超越了中华传统美德的时代局限而形成的一种崭新的道德。

三、中国革命道德的主要内容

中国革命道德具有丰富而独特的内涵，既包括革命道德的原则、要求、态度、修养、风尚等方面，也包括革命理想、革命精神等方面，具有丰富的内容。

（1）为实现社会主义和共产主义理想而奋斗。（2）全心全意为人民服务。可以说，全心全意为人民服务作为贯穿中国革命道德始终的一根红线，是中国共产党在中国革命实践中的一个伟大创造。（3）始终把革命利益放在首位。（4）树立社会新风，建立新型人际关系。（5）修身自律，保持节操。具体来说，就是要以中国革命事业为重，严于律己，谦虚谨慎；淡泊名利，清正廉洁；襟怀坦白，光明磊落；始终保持高风亮节，展现出高尚的人格力量。

四、中国革命道德的当代价值

中国革命道德内容丰富、历久弥新。红船精神、井冈山精神、苏区精神、长征精神、延安精神、西柏坡精神等红色精神中蕴含的革命道德，都是中国共产党领导全体人民实现民族独立、人民解放的精神支撑和思想武器，对于我们走好新时代的长征路，实现中华民族伟大复兴仍然具有极其重要的现实意义。

有利于加强和巩固社会主义和共产主义的理想信念；有利于培育和践行社会主义核心价值观；有利于引导人们树立正确的道德观；有利于培育良好的社会道德风尚。

一个国家或民族的道德进步，既要注意在文明交流中坚守自身优秀道德传统，也要在文明互鉴中积极吸收其他有益道德成果。

从道德形成和发展的过程来看，道德都是某个民族或国家在特定历史条件下，为回应来自自然环境、社会生活和人际关系的各种矛盾而形成发展起来的，反映了具体的民族或国家的生存方式和生活态度。

借鉴和吸收人类文明优秀道德成果，必须秉承正确的态度和科学的方法。要坚持马克思主义立场、观点、方法，在道德问题上把握好共性和个性、抽象和具体、一般和个别的关系。

要坚持以我为主、为我所用，批判继承其他国家的道德成果。在吸取人类优秀道德文明成果的问题上，既要大胆吸收和借鉴人类道德文明的积极成果，又必须掌握好鉴别取舍的标准，善于在吸收中消化，把人类文明优秀道德成果变成自己道德文明体系的组成部分。

第三节　遵守公民道德准则

弘扬社会主义道德，必须坚持以为人民服务为核心、以集体主义为原则，推进社会公德、职业道德、家庭美德、个人品德建设。大学生要自觉讲道德、尊道德、守道德，加强品德修养，锤炼道德品质，努力做到向上向善、孝老爱亲，忠于祖国、忠于人民。

一、为人民服务是社会主义道德的核心

为什么人服务是道德的核心问题，决定并体现着道德建设的根本性质和发展方向，规定并制约着道德领域中的所有道德现象。

为人民服务是社会主义经济基础和人际关系的客观要求。在我国，以公有制为主体和以按劳分配为主体，是为人民服务的根本制度保证，在此基础上逐步形成的团结互助、平等友爱、共同进步的人际关系，是为人民服务的基础。

为人民服务是社会主义市场经济健康发展的要求。社会主义市场经济本质上要求为人民服务，不仅在于人们在一切经济活动中，应正确处理个人与社会、竞争与协作、效率与公平、先富与共富、经济效益与社会效益等关系，形成健康有序的经济和社会生活规范；更在于强调在社会主义物质文明和精神文明的引导下，每个市场主体都要有为人民服务的思想，更好使市场主体把自身的特殊利益同国家和人民的共同利益结合起来。

为人民服务是先进性要求和广泛性要求的统一，为人民服务作为社会主义道德的核心，是社会主义道德区别和优越于其他社会形态道德的显著标志。

二、集体主义是社会主义道德的原则

长期以来，集体主义已经成为调节国家利益、社会整体利益和个人利益关系的基本原则。集体主义强调国家利益、社会整体利益和个人利益的辩证统一。在社会中，人既作为个体而存在，又作为集体中的一员而存在，集体和个人是不能分割的。一方面，个人离不开集体，集体把每个劳动者的智慧和力量凝聚在一起，形成巨大的创造力。另一方面，集体是由若干个人组成的，不调动个人的积极性，也就不会有集体的创造力。集体与个人，是相互作用、相互依赖、互为前提的辩证统一关系。

在社会主义社会中，国家利益、社会整体利益和个人利益也是不能分割的。国家利益、社会整体利益体现着个人根本的、长远的利益，是所有社会成员共同利益的统一。同时，每个人的正当利益，又都是国家利益、社会整

体利益不可分割的组成部分。国家社会的兴衰与个人利益得失息息相关。

集体主义强调国家利益、社会整体利益高于个人利益。在实际生活中，个人利益和国家利益、社会整体利益难免会发生矛盾。这种矛盾，有的是可以缓和、化解的，有的则会发生或大或小的冲突。但是，集体主义强调，在个人利益与国家利益、社会整体利益发生矛盾冲突，尤其是发生激烈冲突的时候，必须坚持国家利益、社会整体利益高于个人利益的原则，即个人应当以大局为重，使个人利益服从国家利益、社会整体利益，在必要时作出牺牲。社会主义集体主义之所以强调个人利益要服从国家利益、社会整体利益，归根到底，既是为了维护国家、社会的共同利益，最终也是为了维护个人的根本利益和长远利益。

集体主义重视和保障个人的正当利益。集体主义促进和保障个人正当利益的实现，使个人的才能、价值得到充分的发挥。只有在国家、社会中个人才能获得全面发展，才可能有个人自由。那种把集体主义看作是对个人的压制、是对个性的束缚的思想，是与集体主义的本意相违背的。

根据我国现阶段经济社会生活和人们思想道德的实际，可将集体主义分为三个层次的道德要求：一是无私奉献、一心为公，这是集体主义的最高层次，是共产党员、先进分子应努力达到的道德目标。二是先公后私、先人后己，这是已经具有较高社会主义道德觉悟的人能够达到的要求。三是顾全大局、遵纪守法、热爱祖国、诚实劳动，这是对公民最基本的道德要求。

三、社会公德

社会公德与公共生活密切相关，公共生活需要道德规范来约束和协调。社会公德作为社会公共生活中应当遵守的行为准则，在维护公共秩序方面具有重要的作用。

公共生活是相对于私人生活而言的，具有以下四个方面的特征：一是活动范围的广泛性，二是活动内容的开放性，三是交往对象的复杂性，四是活动方式的多样性。有序的公共生活是社会生产活动的重要基础，是提高社会成员生活质量的基本保障，更是社会文明的重要标志。

公共生活中的道德规范，即社会公德，是指人们在社会交往和公共生活中应该遵守的行为准则，是维护公共利益、公共秩序、社会和谐稳定的起码的道德要求，涵盖了人与人、人与社会、人与自然之间的关系。每一个社会成员，都应遵守以文明礼貌、助人为乐、爱护公物、保护环境、遵纪守法为主要内容的社会公德。遵纪守法是全体公民都必须遵循的基本行为准则，是维护公共生活秩序的重要条件。

网络生活中的道德要求，是人们在网络生活中为了维护正常的网络公共秩序需要共同遵守的基本道德准则，是社会公德在网络空间的运用和扩展。大学生要正确使用网络工具、健康进行网络交往、自觉避免沉迷网络、加强网络道德自律、积极引导网络舆论。

职业生活中的道德规范即职业道德，是指从事一定职业的人在职业生活中应当遵循的具有职业特征的道德要求和行为准则，涵盖了从业人员与服务对象、职业与职工、职业与职业之间的关系。爱岗敬业、诚实守信、办事公道、服务群众和奉献社会是职业生活中的基本道德规范。奉献社会就是要求从业人员在自己的工作岗位上兢兢业业地为社会和他人作贡献。这是社会主义职业道德中最高层次的要求，体现了社会主义职业道德的最高目标指向。

树立正确的择业观和创业观，对于大学生顺利走进职业生活具有重要的现实意义。树立崇高的职业理想、服从社会发展的需要、做好充分的择业准备、培养创业的勇气和能力、自觉遵守职业道德、学习职业道德规范、提高职业道德意识、提高践行职业道德的能力。

事业成功，往往与美好的爱情和美满的婚姻家庭密切相关。从恋爱到缔结婚姻和建立家庭，是人生需要经历的阶段。注重家庭、注重家教、注重家风，遵守恋爱、婚姻家庭生活中的道德规范，树立正确的恋爱观和婚姻观，处理好复杂的感情和人际关系，有利于大学生的健康成长、顺利成才。

四、注重家庭、家教、家风

家庭和睦则社会安定，家庭幸福则社会祥和，家庭文明则社会文明。注重家教。家庭是人生的第一个课堂，父母是孩子的第一任老师。注重家风。家风是指一个家庭或家族的传统风尚或作风，良好的家风，对家庭成员的个人修养产生着重要的作用，也对整个社会道德风尚的形成产生着重要的影响。

爱情是一对男女基于一定的社会基础和共同的生活理想，在各自内心形成的相互倾慕并渴望对方成为自己终身伴侣的一种强烈、纯真、专一的感情。恋爱作为一种人际交往，也必然要受到道德的约束。恋爱是建立幸福婚姻家庭的前奏，恪守恋爱中的道德规范关系到未来婚姻家庭生活的幸福。

恋爱中的道德规范主要有尊重人格平等、自觉承担责任和文明相亲相爱。一是尊重人格平等。二是自觉承担责任。三是文明相亲相爱。不能误把友谊当爱情，不能错置爱情的地位，不能片面或功利化地对待恋爱，不能只重过程不顾后果，不能因失恋而迷失人生方向。

婚姻是指由法律所确认的男女两性的结合以及由此而产生的夫妻关系。家庭是指在婚姻关系、血缘关系或收养关系基础上产生的亲属之间所构成的社会生活单位。家庭美德以尊老爱幼、男女平等、夫妻和睦、勤俭持家、邻里团结为主要内容，在维系和谐美满的婚姻家庭关系中具有重要而独特的功能。

2016年教育部颁布的《普通高等学校学生管理规定》明确，在校大学生如果符合我国婚姻法规定的结婚条件，可以结婚。但即便具备了我国婚姻法所规定的结婚条件，并且双方都有结婚成家的强烈愿望，也要对结婚成家持谨慎、理性的态度。大学时期的根本任务是完成学业、不断提升和完善自我，在尚未走向社会时就草率地结婚成家，会对学业和生活产生许多负面影响。婚姻不仅代表两情相悦，更代表责任和义务，因而一旦结婚成家，就要及时调整和转换角色，承担起相应的责任和义务。

五、个人品德

个人品德在社会道德建设中具有基础性作用。在现实生活中，社会公德、职业道德和家庭美德的状况，最终都是以每个社会成员的道德品质为基础的。社会公德、职业道德和家庭美德建设，最终都要落实到个人品德的养成上。

个人品德是通过社会道德教育和个人自觉的道德修养所形成的稳定的心理状态和行为习惯。它是个体对某种道德要求认同和践履的结果，集中体现了道德认知、道德情感、道德意志、道德信念和道德行为的内在统一。大学生要自觉践行爱国奉献、明礼守法、厚德仁爱、正直善良、勤劳勇敢等个人品德要求,不断提升个人的道德修养和境界。

个人品德对道德和法律作用的发挥具有重要的推动作用。个人品德是道德和法律作用发挥的推动力量。社会道德和法律要求只有内化为个人品德,才能成为现实的规范力量。同时,个人品德提升的过程也是能动地作用于社会道德和法律的过程,它能够为社会道德和法律的发展进步创造条件、提供动力。

个人品德是个体人格完善的重要标志。一方面,个人品德决定着一个人在实际生活和社会实践中的行为选择,以及对各种关系的协调和处理,直接显示出个人境界和素质的高低;另一方面,个人品德又为自我整体素质的修养、锻炼和完善规划目标指明方向,为个人成长提供指引和调控。

个人品德是经济社会发展进程中重要的主体精神力量。在中国特色社会主义新时代,充分发挥个人品德的功能和作用的意义显得更加突出。作为社会主义道德建设的落脚点,个人品德状况影响着社会主义市场经济制度的完善和社会主义民主政治的进程。社会成员的思想观念和道德素质普遍得到提高,是全面建成小康社会、实现中华民族伟大复兴中国梦的前提和保障。

个人品德需要不断地通过道德修养加以提升。学思并重的方法,即通过虚心学习,积极思索,辨别善恶,学善戒恶,以涵养良好的德性。省察克治的方法,即通过反省检验以发现和找出自己思想与行为中的不良倾向,并及时对它们进行抑制和克服。慎独自律的方法,即在无人知晓、没有外在监督的情况下,坚守自己的道德信念,自觉按道德要求行事,不因无人监督而恣意妄为。知行合一的方法,即把提高道德认识与躬行道德实践统一起来,以促进道德要求内化为个人的道德品质,外化为实际的道德行为。积善成德的方法,即通过积累善行或美德,使之巩固强化,以逐渐凝结成优良的品德。“勿以恶小而为之,勿以善小而不为”,就一定能够不断提高自己的精神境界和道德素质。

习近平强调:“道德建设,重要的是激发人们形成善良的道德意愿、道德情感,培育正确的道德判断和道德责任,提高道德实践能力尤其是自觉践行能力。”一是形成正确的道德认知和道德判断。形成正确的道德认知和道德判断,最根本的就是要坚持以唯物史观的基本原理来看待道德。二是激发正向的道德认同和道德情感。大学生在道德修养中激发正向的道德认同与道德情感，具体而言就是要自觉涵育对家庭成员的亲亲之情，对他人、集体的关心关爱，增强社会责任感、国家认同感、民族归属感、时代使命感，在与祖国同呼吸、与民族同步伐、与人民心连心的高尚情怀中，陶冶道德情操。三是强化坚定的道德意志和道德信念。新时代的大学生，要有为国家民族奋斗、为人类事业献身的情怀和担当，不懈追求共产主义的崇高道德信念和高尚道德境界。

“纸上得来终觉浅，绝知此事要躬行。”高尚道德品格的形成重在实践，贵在坚持。大学生投身崇德向善的道德实践，就要向道德模范学习，培养志愿服务精神，大力弘扬时代新风，强化社会责任意识、规则意识、奉献意识。

道德模范主要是指思想和行为能够激励人们不断向善且为人们所崇敬、模仿的先进人物。道德模范既包括在一定社会道德实践中涌现的符合特定道德理想类型的人物，又包括人们日常生活中能够近距离感受的具有积极道德影响的人物。学习道德模范的高尚品格和先进事迹，有利于提升全体社会成员的道德素质和社会整体道德水平。大学生要向道德模范学习，崇德向善、见贤思齐，弘扬真善美，传播正能量。

榜样的力量是无穷的。道德模范用自己的行动诠释着道德的内涵，展示着道德的力量。尊崇道德模范、学习道德模范，是时代的呼声、是群众的心声。

大学生学习道德模范，就是要学习道德模范助人为乐、关爱他人的高尚情怀；学习他们见义勇为、勇于担当的无畏精神；学习他们以诚待人、守信践诺的崇高品格；学习他们孝老爱亲、血脉相依的至美真情。优良的品质、高尚的人格并非一蹴而就，而是逐渐积累的结果。大学生应积极从道德模范身上获取前进的动力，做社会良知的守望者、积极传播者和践行者。

志愿服务的精神是奉献、友爱、互助、进步。其中，奉献精神是精髓。参与志愿服务活动，一方面，帮助了他人、服务了社会，推动了社会道德水平的提高；另一方面，也把为社会和他人的服务看作是自己应尽的义务和光荣的职责，从服务社会和帮助他人中获得成就感和幸福感。

志愿服务已经成为大学生参与社会实践、成长成才的重要舞台，成为大学生关爱他人、传播青春正能量的重要途径。大学生积极投身志愿服务活动，一是到最需要的地方去，二是帮助弱势群体，三是做力所能及的事。大学生投身崇德向善的道德实践，要弘扬真善美、贬斥假恶丑，做社会主义道德的示范者和引领者，促成知荣辱、讲正气、作奉献、促和谐的社会风尚。

第二十九章　法律基础知识初论

法治是现代文明的制度基石。学习马克思主义法学理论，深刻理解社会主义法律的本质特征和运行机制，整体把握中国特色社会主义法律体系、法治体系和法治道路的精髓，培养法治思维，尊重和维护法律权威，依法行使权利与履行义务。

第一节　社会主义法律的特征和运行

我国社会主义法律是党的主张和人民意志的共同体现，是维护人民利益和公民权利的有力武器，是国家机关、社会组织和全体公民的活动规则和行为准绳。

法律是由国家创制和实施的行为规范。国家创制法律规范的方式主要有两种：一是国家机关在法定的职权范围内依照法律程序，制定、修改、废止规范性法律文件的活动；二是国家机关赋予某些既存社会规范以法律效力，或者赋予先前的判例以法律效力的活动。法律不但由国家制定和认可，而且由国家强制力保证实施。也就是说，法律具有国家强制性，既表现为国家对合法行为的肯定和保护，也表现为国家对违法行为的否定和制裁。国家强制力并不是保证法律实施的唯一力量，法律意识、道德观念、价值观念、纪律观念等在保证法律实施中也发挥着重要作用。

法律由一定的社会物质生活条件所决定。法律作为上层建筑的重要组成部分，不是凭空出现的，而是产生于特定社会物质生活条件基础之上。

法律是统治阶级意志的体现。法律所体现的统治阶级意志具有整体性，不是统治阶级内部个别人的意志，也不是统治者个人意志的简单相加。

综上所述，可以将法律定义为：法律是由国家制定或认可并以国家强制力保证实施的，反映由特定社会物质生活条件所决定的统治阶级意志的规范体系。

法律不是从来就有的，也不是永恒存在的。它随着私有制、阶级和国家的产生而产生，也将随着私有制、阶级和国家的消亡而消亡。法律作为上层建筑的重要组成部分，其基本内容和性质总是与所在社会的生产关系相适应的。奴隶制法律、封建制法律、资本主义法律都是建立在私有制经济基础上的剥削阶级类型法律，而社会主义法律是人类历史上唯一以公有制为基础的新型法律制度。

社会主义法律是新型的法律制度，有着与以往剥削阶级类型法律制度不同的经济基础与阶级本质。社会主义法律以公有制为经济基础，保障全体劳动者共同占有生产资料，通过解放生产力和发展生产力来推动社会物质财富和精神财富的日益丰富，从而实现人的全面发展和全体社会成员的共同富裕。

一、我国社会主义法律的本质特征

我国社会主义法律，是在中国共产党领导的新民主主义革命时期孕育，在中华人民共和国成立后不断形成和发展起来的。改革开放以来，我国法治建设进入了前所未有的快速发展时期，形成了以宪法为统帅的社会主义法律体系，国家和社会生活各方面实现了有法可依，这是一个巨大的历史成就。从本质上说，我国社会主义法律是中国特色社会主义制度的重要组成部分，是党领导人民当家作主的制度保障。

我国社会主义法律体现了党的主张和人民意志的统一。我国社会主义法律既具有鲜明的阶级性，又具有广泛的人民性，体现了阶级性与人民性的统一。我国是中国共产党领导下的社会主义国家，人民是国家的主人，制定法律的权力属于人民。中国共产党是中国工人阶级的先锋队，同时是中国人民和中华民族的先锋队，是中国特色社会主义事业的领导核心。社会主义法律维护人民的根本利益，巩固中国共产党的领导地位，体现了党的主张和人民意志的统一。党领导人民制定宪法法律，党领导人民实施宪法法律，党自身必须在宪法法律范围内活动，这就是党的领导力量的体现，也是我国社会主义法律最本质特征的具体表现。

我国社会主义法律具有科学性和先进性。我国社会主义法律反映的不是少数人的特殊利益,而是全体人民的共同利益,尽管其具体内容会随着经济社会的发展而调整变化,但它与历史发展的基本方向和规律是一致的。因此,从本质上说,我国社会主义法律更能尊重和反映社会发展规律,具有科学性和先进性。我国法律坚持马克思主义世界观和方法论,并指导人们在法律实践中尊重和反映客观规律。我国法律适应时代发展要求,改革创新立法体制、立法程序、立法技术,使立法的质量和水平不断提高。

我国社会主义法律是中国特色社会主义建设的重要保障。法的社会作用是从法在社会生活中要实现的目的角度来认识的。我国法律的社会作用体现了社会主义的本质要求,经济发展、政治清明、文化昌盛、社会公正、生态良好,都离不开社会主义法律的引领、规范和保障。

二、我国社会主义法律的运行

法律的运行是一个从创制、实施到实现的过程。这个过程主要包括法律制定、法律执行、法律适用、法律遵守等环节。法律制定是国家对权利和义务,即社会利益和负担进行的权威性分配;法律的执行、适用、遵守则是把法律规范转化为法律实践,把法定的权利和义务转化为现实的权利和义务。我国社会主义法律的运行具有鲜明的中国特色。

法律制定是指有立法权的国家机关,依照法定职权和程序制定规范性法律文件的活动,是法律运行的起始性和关键性环节。根据宪法规定,全国人民代表大会及其常务委员会行使国家立法权,负责宪法和法律的制定、修改、废止和解释工作。国务院有权根据宪法和法律制定行政法规。中央军委有权根据宪法和法律制定军事法规。国务院各部门可以根据宪法、法律和行政法规,在本部门的权限范围内,制定部门规章。省、自治区、直辖市的人民代表大会及其常委会根据本行政区域的具体情况和实际需要,在不与宪法、法律和行政法规相抵触的前提下,可以制定地方性法规。设区的市的人民代表大会及其常委会根据本市的具体情况和实际需要,在不与宪法、法律、行政法规和本省、自治区的地方性法规相抵触的前提下,可以制定地方性法规,报省、自治区的人民代表大会常委会批准后施行。省、自治区、直辖市、设区的市的人民政府可以根据法律、行政法规和本省、自治区、直辖市的地方性法规,制定地方政府规章。自治区、自治州、自治县的人民代表大会可以根据当地民族的具体情况制定自治条例和单行条例。特别行政区立法机关有权根据特别行政区基本法自主地制定本行政区的法律。我国立法贯穿公正、公平、公开原则,坚持科学立法、民主立法、依法立法,表达人民的共同意志和诉求。立法活动必须遵循法定程序,就全国人民代表大会的立法程序而言,大体包括法律案的提出、法律案的审议、法律案的表决和法律的公布四个环节。

在广义上,法律执行是指国家机关及其公职人员,在国家和公共事务管理中依照法定职权和程序,贯彻和实施法律的活动。在狭义上,法律执行则是指国家行政机关执行法律的活动,也被称为行政执法。行政执法是法律实施和实现的重要环节,必须坚持合法性、合理性、信赖保护、效率等基本原则。我国大部分的法律法规都是由行政机关执行的,行政执法的主体通常是国家行政机关及其公职人员。我国行政执法的主体大体分为两类:一是中央和地方各级政府,包括国务院和地方各级人民政府;二是各级政府中享有执法权的下属行政机构。此外,法律授权的社会组织、行政机关依法委托的社会组织可以在一定范围内执行法律。

法律适用是指国家司法机关及其公职人员依照法定职权和程序适用法律处理案件的专门活动。在我国,司法机关是指国家审判机关和检察机关。人民法院代表国家行使审判权,人民检察院代表国家行使法律监督权。其他任何国家机关、社会组织和个人,不得行使国家司法权。司法的基本要求是正确、合法、合理、及时。司法原则主要有:司法公正;公民在法律面前一律平等;以事实为依据,以法律为准绳;司法机关依法独立公正行使司法权等。

法律遵守是指国家机关、社会组织和公民个人依照法律规定行使权力和权利以及履行职责和义务的活动。人们通常把守法仅仅理解为履行法律义务。其实,守法意味着一切组织和个人严格依法办事的活动和状态。

第二节　以宪法为核心的中国特色社会主义法律体系

完善以宪法为核心的中国特色社会主义法律体系，是全面依法治国的重要内容，是建设中国特色社会主义法治体系的前提和基础。

宪法是国家的根本法。宪法是治国安邦的总章程，是党和人民意志的集中体现，是中国特色社会主义法律体系的核心，在全面依法治国中具有突出地位和重要作用。

我国宪法确认了党领导人民长期奋斗取得的辉煌成果，规定了人民民主专政国家政权的性质和根本制度，明确了国家未来建设发展的根本任务和总的目标，是党的指导思想、中心工作、基本原则、重大方针、重要政策在国家法制上的最高体现。

1982年12月4日，五届全国人大五次会议通过了《中华人民共和国宪法》。我国现行宪法公布施行至今已经30多年了。回顾我国宪法制度发展历程，我国宪法同党和人民进行的艰苦奋斗和创造的辉煌成就紧密相连，同党和人民开辟的前进道路和积累的宝贵经验紧密相连。

我国现行宪法可以追溯到1949年具有临时宪法作用的《中国人民政治协商会议共同纲领》和1954年一届全国人大一次会议通过的《中华人民共和国宪法》。这些文献都以国家根本法的形式，确认了近代100多年来中国人民为反对内外敌人、争取民族独立和人民自由幸福进行的英勇斗争，确认了中国共产党领导中国人民夺取新民主主义革命胜利、中国人民掌握国家权力的历史变革，为巩固社会主义政权和进行社会主义建设发挥了重要保障和推动作用，也为改革开放新时期我国现行宪法的制定和完善奠定了基础。

我国宪法是治国理政的总章程，必须体现党和人民事业的历史进步，必须随着党领导人民建设中国特色社会主义实践的发展而不断完善发展。1988年、1993年、1999年、2004年，全国人大分别对我国宪法个别条款和部分内容作出必要的也是十分重要的修正，使我国宪法在保持稳定性和权威性的基础上紧跟时代前进步伐，不断与时俱进。

2018年1月，党的十九届二中全会审议通过了《关于修改宪法部分内容的建议》。2018年3月，十三届全国人大一次会议根据党的十九届二中全会提出的建议，审议通过了《中华人民共和国宪法修正案》。

通过本次宪法修改，党的十九大确定的重大理论观点和重大方针政策，党和国家事业发展的新成就新经验新要求，包括习近平新时代中国特色社会主义思想、把我国建设成为富强民主文明和谐美丽的社会主义现代化强国、实现中华民族伟大复兴、中国共产党领导是中国特色社会主义最本质的特征、倡导社会主义核心价值观、确立宪法宣誓制度、完善国家主席任期制度、深化国家监察体制改革等载入国家根本法。

本次宪法修改体现了党和国家事业发展的新成就新经验新要求，在总体保持我国宪法连续性、稳定性、权威性的基础上推动了宪法与时俱进、完善发展，为新时代坚持和发展中国特色社会主义、实现“两个一百年”奋斗目标和中华民族伟大复兴的中国梦提供了有力的宪法保障。

回顾党领导的宪法建设史，可以得出这样几点结论：一是制定和实施宪法，推进依法治国，建设法治国家，是实现国家富强、民族振兴、社会进步、人民幸福的必然要求。二是我国现行宪法是在深刻总结我国社会主义革命、建设、改革的成功经验基础上制定和不断完善的，是党领导人民长期奋斗的历史逻辑、理论逻辑、实践逻辑的必然结果。三是只有中国共产党才能坚持立党为公、执政为民，充分发扬民主，领导人民制定出体现人民意志的宪法，领导人民实施宪法。四是党高度重视发挥宪法在治国理政中的重要作用，坚定维护宪法尊严和权威，推动宪法完善和发展，这是我国宪法保持生机活力的根本原因所在。宪法作为上层建筑，一定要适应经济基础的变化而变化。

我国宪法实现了党的主张和人民意志的高度统一，具有显著优势、坚实基础、强大生命力。我国宪法确立了中国特色社会主义道路、中国特色社会主义理论体系、中国特色社会主义制度、中国特色社会主义文化的发展成果，反映了我国各族人民的共同意志和根本利益，成为党和国家的指导思想、中心工作、基本原则、重大方针、重要政策在国家法制上的最高体现。宪法至上地位主要体现在其特有的作用、效力和内容等方面。

我国宪法是国家的根本法，是治国安邦的总章程，是党和人民意志的集中体现。我国宪法是国家各项制度和法律法规的总依据。我国宪法规定了国家的根本制度。

宪法的生命在于实施,宪法的权威也在于实施。维护宪法权威,就是维护党和人民共同意志的权威;捍卫宪法尊严,就是捍卫党和人民共同意志的尊严;保证宪法实施,就是保证人民根本利益的实现。我们党首先要带头尊崇和执行宪法,把领导人民制定和实施宪法法律同党坚持在宪法法律范围内活动统一起来。任何组织或者个人都不得有超越宪法法律的特权。一切违反宪法法律的行为,都必须予以追究。一切国家机关和武装力量、各政党和各社会团体、各企业事业组织,都必须以宪法为根本活动准则,并且负有维护宪法尊严、保证宪法实施的职责。我们要更加自觉地尊崇宪法、学习宪法、遵守宪法、维护宪法、运用宪法,大力弘扬宪法精神,不断增强宪法意识。

宪法的基本原则是贯穿于宪法规范始终,对宪法的制定、修改、实施、遵守等环节起指导作用的基本准则。我国宪法的基本原则集中反映了规范权力运行、保障公民权利的基本精神,体现了社会主义法治的根本性质。

中国共产党是中国特色社会主义事业的领导核心。党的领导是人民当家作主的根本保证,是中国特色社会主义最本质的特征,是中国特色社会主义制度最大优势。

在我国,人民当家作主是社会主义民主政治的本质和核心。我国宪法体现了人民主权原则,强调国家的一切权力属于人民。我国宪法将“国家尊重和保障人权”规定为一项基本原则,对公民的基本权利和自由作出全面规定,依法保障公民的生存权和发展权。我国宪法规定公民享有人身权、财产权、社会保障权、受教育权等权利和宗教信仰、言论出版、集会结社、游行示威等自由。由于国家机关和国家工作人员侵犯公民权利而受到损失的人,有依照法律规定取得赔偿的权利。

我国宪法明确规定实行依法治国,建设社会主义法治国家。社会主义法治原则要求坚持宪法法律至上、法律面前人人平等,推进国家各项工作法治化,维护社会公平正义,维护社会主义法制的统一、尊严、权威。任何组织和个人都要在宪法和法律范围内活动,一切违法行为都应受到法律的追究。

民主集中制是集中全党全国人民集体智慧,实现科学决策、民主决策的基本原则和主要途径。我国宪法规定,中华人民共和国的国家机构实行民主集中制原则。国家权力统一由全国人民代表大会和地方各级人民代表大会行使,全国人民代表大会和地方各级人民代表大会由民主选举产生,对人民负责，受人民监督。广大人民的共同意志通过民主形式集中起来，并通过法定程序上升为国家意志。国家行政机关、监察机关、审判机关、检察机关都由人民代表大会产生，对它负责，受它监督。中央和地方国家机构职权的划分及其活动，遵循在中央统一领导下，充分发挥地方的主动性、积极性的原则。

国体即国家性质，是国家的阶级本质，是指社会各阶级在国家生活中的地位和作用。人民民主专政是我国的国体。我国宪法规定："中华人民共和国是工人阶级领导的、以工农联盟为基础的人民民主专政的社会主义国家。"

为了保证人民当家作主，我国宪法规定了人民代表大会制度这项根本政治制度。人民代表大会制度是中国社会主义民主政治最鲜明的特点，是人民当家作主的重要途径和最高实现形式，是社会主义政治文明的重要制度载体，是我国的根本政治制度。人民代表大会制度是我国的政权组织形式。国体决定政体，政体体现国体。

依照我国宪法，人民行使国家权力的机关是全国人民代表大会和地方各级人民代表大会。国家机构实行民主集中制原则，通过民主选举组成全国人民代表大会和地方各级人民代表大会，并以人民代表大会为基础，建立全部国家机构，对人民负责，受人民监督，以实现人民当家作主的制度。国家行政机关、监察机关、审判机关、检察机关由人民代表大会产生，对它负责，受它监督，这与一些国家实行的立法机关、行政机关和司法机关平起平坐、三权分立有本质区别。

人民代表大会制度这一根本政治制度，能够有效保证人民广泛参加国家治理和社会治理；能够有效调节国家政治关系，增强民族凝聚力，形成安定团结的政治局面；能够集中力量办大事；能够有效维护国家独立自主。

我国宪法确立的基本政治制度，主要有中国共产党领导的多党合作和政治协商制度、民族区域自治制度和基层群众自治制度。

中国共产党领导的多党合作和政治协商制度。共产党领导、多党派合作，共产党执政、多党派参政是中国共产党领导的政党制度的基本特色，也是我国政治制度的一大优势。我国宪法规定："中国共产党领导的多党合作和政治协商制度将长期存在和发展。"这一制度符合中国国情，反映了中国共产党同各民主党派长期共存、互相监督、肝胆相照、荣辱与共的关系。中国人民政治协商会议是中国共产党领导的多党合作和政治协商的重要机构,是我国政治生活中发扬社会主义民主的重要形式。

民族区域自治制度是中国共产党和各族人民的一个伟大创造。我国宪法规定:“中华人民共和国是全国各族人民共同缔造的统一的多民族国家。”

基层群众自治制度是城乡基层群众在党的领导下,依法直接行使民主权利,管理基层公共事务和公益事业,实行自我管理、自我服务、自我教育、自我监督的一项基本政治制度。基层群众自治是基层民主的主要实现形式,是人民当家作主最有效、最广泛的途径。我国宪法规定,城市和农村按居民居住地区设立的居民委员会或者村民委员会是基层群众性自治组织。

我国宪法规定:“中华人民共和国的社会主义经济制度的基础是生产资料的社会主义公有制,即全民所有制和劳动群众集体所有制。社会主义公有制消灭人剥削人的制度,实行各尽所能、按劳分配的原则。”同时还规定:“国家在社会主义初级阶段,坚持公有制为主体、多种所有制经济共同发展的基本经济制度,坚持按劳分配为主体、多种分配方式并存的分配制度。”

社会主义公有制是我国经济制度的基础。全民所有制和劳动群众集体所有制是我国社会主义公有制的两种基本形式。全民所有制经济即国有经济,是国民经济中的主导力量,控制着国家的经济命脉,决定着国民经济的社会主义性质。国家鼓励、支持和引导非公有制经济的发展,并对非公有制经济依法实行监督和管理。坚持平等保护物权,形成各种所有制经济平等竞争、相互促进的新格局。

目前,我国现行有效法律已有260多部,中国特色社会主义法律体系已经形成并不断发展。这一法律体系是以宪法为统帅,以法律为主干,以行政法规、地方性法规为重要组成部分,由多个法律部门组成的有机统一整体。其中,实体法律部门包括宪法相关法、民法商法、行政法、经济法、社会法、刑法等。

宪法相关法是与宪法相配套、直接保障宪法实施和国家政权运作等方面的法律规范,主要包括国家机构的产生、组织、职权和基本工作原则方面的法律,民族区域自治制度、特别行政区制度、基层群众自治制度方面的法律,维护国家主权、领土完整、国家安全、国家标志象征方面的法律,保障公民基本政治权利方面的法律。

如全国人民代表大会和地方各级人民代表大会选举法、地方各级人民代表大会和地方各级人民政府组织法；全国人民代表大会组织法、国务院组织法、人民法院组织法、人民检察院组织法；香港特别行政区基本法、澳门特别行政区基本法；居民委员会组织法和村民委员会组织法；缔结条约程序法、领海及毗连区法、专属经济区和大陆架法、反分裂国家法和国旗法、国徽法、国歌法；集会游行示威法、国家赔偿法。

民法是调整平等主体的自然人、法人和非法人组织之间的人身关系和财产关系的法律规范，遵循民事主体地位平等、自愿、公平、诚信、公序良俗、有利于节约资源和保护生态环境等基本原则。商法是调整平等主体之间商事关系的法律规范，是与民法并列并互为补充的部门法。商法遵循民法的基本原则，同时秉承保障商事交易自由、等价有偿、便捷安全等原则。

我国制定的民法总则是民法典的开篇之作，在民法典中起统领性作用。民法总则规定民事活动必须遵循的基本原则和一般性规则，对民法基本原则、民事主体、民事权利、民事法律行为、民事责任和诉讼时效等作出规定。

我国还制定了合同法、物权法、农村土地承包法等法律，建立健全了债权制度和包括所有权、用益物权、担保物权的物权制度；制定了侵权责任法；制定了婚姻法、收养法、继承法；制定了涉外民事关系法律适用法；制定了公司法、合伙企业法、个人独资企业法、商业银行法、证券投资基金法、农民专业合作社法；制定了证券法、海商法、票据法、保险法。此外，我国高度重视保护知识产权，颁布实施了专利法、商标法、著作权法和计算机软件保护条例等以保护知识产权为主要内容的法律法规。

行政法是关于行政权的授予、行政权的行使以及对行政权监督的法律规范，调整的是行政机关与行政管理相对人之间因行政管理活动发生的关系，遵循职权法定、程序法定、公正公开、有效监督等原则。

行政处罚法，确立了处罚法定、公正公开、过罚相当、处罚与教育相结合等基本原则；制定了行政复议法；制定了行政许可法；制定了行政强制法。

我国还制定了环境保护法、公务员法、居民身份证法、治安管理处罚法、教育法、义务教育法、高等教育法、科学技术进步法、文物保护法、药品管理法、传染病防治法、体育法、食品安全法、国防动员法、兵役法、国家安全法、网络安全法等，这些法律制度大大促进了行政机关依法行政和法治政府建设。

经济法是国家从社会整体利益出发，对经济活动实行干预、管理的法律规范。我国制定了预算法、价格法、中国人民银行法；制定了企业所得税法、个人所得税法、车船税法、税收征收管理法；制定了银行业监督管理法、反洗钱法；制定了农业法、种子法、农产品质量安全法；制定了铁路法、公路法、民用航空法、电力法；制定了土地管理法、森林法、水法、矿产资源法；制定了节约能源法、可再生能源法、循环经济促进法、清洁生产促进法，制定了反不正当竞争法、反垄断法。

社会法是调整劳动关系、社会保障、社会福利和特殊群体权益保障等方面的法律规范，遵循公平和谐与国家适度干预原则，通过国家和社会积极履行责任，对劳动者、失业者、丧失劳动能力的人以及其他需要扶助的特殊人群的权益提供必要的保障，维护社会公平正义。

劳动法，确立了我国的基本劳动制度；制定了矿山安全法、职业病防治法、安全生产法；制定了劳动合同法、就业促进法和劳动争议调解仲裁法；制定了红十字会法、公益事业捐赠法和慈善法；制定了工会。

社会保险法，确立了覆盖城乡全体居民的社会保险体系，建立了基本养老保险、基本医疗保险、工伤保险、失业保险和生育保险五项保险制度。

刑法是规定犯罪与刑罚的法律规范。它通过规范国家刑罚权，惩罚犯罪，保护人民，维护社会秩序和公共安全，保障国家安全。

刑法规定了罪刑法定、法律面前人人平等、罪刑相适应等基本原则。罪刑法定原则是指法律明文规定为犯罪行为的，依照法律定罪处刑，法律没有明文规定为犯罪行为的，不得定罪处刑；法律面前人人平等原则是指对任何人犯罪，在适用法律上一律平等，不允许任何人有超越法律的特权；罪刑相适应原则是指刑罚的轻重，应当与犯罪分子所犯罪行和承担的刑事责任相适应。

刑法规定了犯罪的概念，明确了犯罪构成及其要件，规定了正当防卫、紧急避险等排除社会危害性的行为；规定了刑罚的种类，包括管制、拘役、有期徒刑、无期徒刑、死刑五种主刑以及罚金、剥夺政治权利、没收财产三种附加刑，对于犯罪的外国人可以适用驱逐出境；规定了自首、立功、缓刑、减刑、假释、社区矫正等刑罚制度；规定了危害国家安全罪、危害公共安全罪、破坏社会主义市场经济秩序罪、侵犯公民人身权利和民主权利罪、侵犯财产罪、妨害社会管理秩序罪、危害国防利益罪、贪污贿赂罪、渎职罪和军人违反职责罪10类犯罪行为及其刑事责任，规定了背叛国家罪等460多个具体罪名。

我国的程序法律部门包括诉讼法与非诉讼程序法。诉讼法律制度是规范国家司法活动解决社会纠纷的法律规范，非诉讼程序法律制度是规范仲裁机构或者人民调解组织解决社会纠纷的法律规范。

我国制定了刑事诉讼法，规定一切公民在适用法律上一律平等，尊重和保障人权，人民法院、人民检察院依法独立公正行使审判权、检察权，人民法院、人民检察院、公安机关分工负责、互相配合、互相制约，保证犯罪嫌疑人、被告人获得辩护，未经人民法院依法判决，对任何人不得确定有罪等刑事诉讼的基本原则和制度，并规定了管辖、回避、辩护、证据、强制措施、侦查、起诉、审判、执行等制度和程序。

我国制定了民事诉讼法，确立了当事人有平等的诉讼权利、根据自愿和合法的原则进行调解、公开审判、两审终审等民事诉讼的基本原则和制度，明确了诉讼当事人的诉讼权利和诉讼义务，规范了证据制度，规定了第一审普通程序、第二审程序、简易程序、特别程序、审判监督程序等民事审判程序，还对执行程序、强制执行措施作了明确规定。

我国制定了行政诉讼法，明确规定公民、法人和其他组织认为自己的合法权益被行政机关及其工作人员侵犯时，有权依法向人民法院提起行政诉讼，人民法院依法对行政案件独立行使审判权，保障公民的合法权益，促进了行政机关依法行使行政职权。

我国制定了仲裁法，规范了国内仲裁与涉外仲裁机构的设立，明确规定仲裁委员会独立于行政机关，从机构设置上保证了仲裁委员会的独立性，明确将自愿、仲裁独立、一裁终局等原则作为仲裁的基本原则。

我国制定了人民调解法，完善人民调解制度，规范人民调解的组织和程序，明确规定了在当事人自愿、平等的基础上进行调解；不违背法律、法规和国家政策；尊重当事人的权利，不得因调解而阻止当事人依法通过仲裁、行政、司法等途径维护自己的权利等原则。

此外，我国还制定了引渡法、海事诉讼特别程序法、劳动争议调解仲裁法、农村土地承包经营纠纷调解仲裁法等法律，建立健全了非诉讼程序法律制度。

第三节　法治体系和法治格局

建设中国特色社会主义法治体系是全力推进法治中国建设的重要内容，是实现国家治理体系和治理能力现代化的重大战略部署，对全面依法治国具有纲举目张的意义。

全面依法治国的总目标就是建设中国特色社会主义法治体系、建设社会主义法治国家。这是中国特色社会主义的本质要求和重要保障，是推进国家治理体系和治理能力现代化的重要举措，是全面依法治国的总抓手。

建设中国特色社会主义法治体系，就是在中国共产党领导下，坚持中国特色社会主义制度，贯彻中国特色社会主义法治理论，形成完备的法律规范体系、高效的法治实施体系、严密的法治监督体系、有力的法治保障体系，形成完善的党内法规体系。

完善法律规范体系的基本要求包括：坚持立法先行；科学立法、民主立法、依法立法；实现立法和改革决策相衔接。建设高效的法治实施体系，是建设中国特色社会主义法治体系的重点。

完善法治实施体系的重点内容包括：健全宪法实施制度，把树立宪法权威作为全面推进依法治国的重大事项抓紧抓好；加快建设职能科学、权责法定、执法严明、公开公正、廉洁高效、守法诚信的法治政府；深化司法体制综合配套改革，规范司法行为，提高司法公信力，努力让人民群众在每一个司法案件中感受到公平正义；着力培育公民和社会组织自觉守法的意识和责任感，充分调动全社会自觉守法的积极性主动性，营造全社会共同守法的良好氛围。

严密的法治监督体系，是指以规范和约束公权力为重点建立的有效的法治化权力监督网络。它以有权必有责、用权受监督、违法必追究，坚决纠正有法不依、执法不严、违法不究行为等为主要任务。完善法治监督体系的重点内容包括：健全宪法实施和监督制度；强化对行政权力的制约和监督；

加强对司法活动的监督；发挥党内监督、人大监督、民主监督、行政监督、司法监督、审计监督、社会监督、舆论监督的合力；深化国家监察体制改革，依法建立党统一领导的反腐败工作机构，构建集中统一、权威高效的国家监察体系，实现对所有行使公权力的公职人员监察全覆盖。

有力的法治保障体系，是指在法律制定、实施和监督过程中形成的结构完整、机制健全、资源充分、富有成效的保障系统。

建设完善的党内法规体系，是中国特色社会主义法治体系的本质要求和重要内容。完善党内法规体系的总目标是到建党100周年时形成比较完善的党内法规制度体系、高效的党内法规制度实施体系、有力的党内法规制度建设保障体系，党依据党内法规管党治党的能力和水平显著提高。完善党内法规体系的重点内容包括在党章之下分为党的组织法规制度、党的领导法规制度、党的自身建设法规制度、党的监督保障法规制度。

“科学立法、严格执法、公正司法、全民守法”十六字方针，展现了全面依法治国的基本格局。推进全面依法治国，必须从立法、执法、司法、守法四个方面统筹推进。

科学立法，法律是治国之重器，立法是法治的龙头环节。严格执法，“天下之事，不难于立法，而难于法之必行。”法律的生命力在于实施，法律的权威也在于实施。严格执法，以深入推进依法行政，加快建设法治政府为目标。要加快建设职能科学、权责法定、执法严明、公开公正、廉洁高效、守法诚信的法治政府。公正司法，公正是法治的生命线，是司法活动最高的价值追求。公正司法是维护社会公平正义的最后一道防线。全民守法，法律的权威源自人民的内心拥护和真诚信仰。

第四节　法治道路

走中国特色社会主义法治道路，必须坚持中国共产党的领导，坚持人民主体地位，坚持法律面前人人平等，坚持依法治国和以德治国相结合，坚持从中国实际出发。

坚持中国共产党的领导。党的领导是中国特色社会主义最本质的特征，是社会主义法治最根本的保证。社会主义法治必须坚持党的领导，党的领导必须依靠社会主义法治。法是党的主张和人民意愿的统一体现，党和法、党的领导和依法治国是高度统一的。全面依法治国，方向要正确，政治保证要坚强，不能把党的领导和依法治国二者对立起来。

坚持党的领导，是社会主义法治的根本要求，是全面依法治国的题中应有之义。要把党的领导贯彻到依法治国全过程和各方面，坚持党的领导、人民当家作主、依法治国有机统一。依法治国是我们党提出来的，把依法治国上升为党领导人民治理国家的基本方略也是我们党提出来的，而且党一直带领人民在实践中推进依法治国。只有在党的领导下依法治国、厉行法治，人民当家作主才能充分实现，国家和社会生活法治化才能有序推进。我国人民民主与西方所谓的“宪政”本质上是不同的。习近平指出："我们讲依宪治国、依宪执政，不是要否定和放弃党的领导，而是强调党领导人民制定宪法和法律，党领导人民执行宪法和法律，党自身必须在宪法和法律范围内活动。"

坚持党的领导，不是一句空的口号，必须具体体现在党领导立法、保证执法、支持司法、带头守法上。党领导立法，就是抓住提高立法质量这个关键，完善以宪法为核心的中国特色社会主义法律体系，坚持立法先行，发挥立法的引领和推动作用。党保证执法，就是深入推进依法行政，建设职能科学、权责法定、执法严明、公开公正、廉洁高效、守法诚信的法治政府。党支持司法，就是要保证公正司法，提高司法公信力。党带头守法，就是要带头弘扬社会主义法治精神，建设社会主义法治文化，形成守法光荣、违法可耻的社会氛围，使全体人民都成为社会主义法治的忠实崇尚者、自觉遵守者、坚定捍卫者。

坚持人民主体地位。必须坚持法治建设为了人民、依靠人民、造福人民、保护人民，以保障人民根本权益为出发点和落脚点。人民权益要靠法律保障，法律权威要靠人民维护。依法治国的根本目的是实现人民幸福，尊重和保障人权。

坚持法律面前人人平等。平等是社会主义法律的基本属性，是社会主义法治的基本要求。第一，它可以充分显示中国特色社会主义制度的优越性，使人民在依法治国中的主体地位得到尊重和保障。第二，它鲜明地反对法外特权、法外开恩。第三，它鲜明地反对法律适用上的各种歧视，有利于贯彻执行“以事实为依据、以法律为准绳”的司法原则。第四，它要求人人都严格依法办事，既充分享有法律规定的各项权利，又切实履行法律规定的各项义务。

坚持依法治国和以德治国相结合。法治和德治，是治国理政不可或缺的两种方式。只有让法治和德治共同发挥作用，才能使法律与道德相辅相成，法治与德治相得益彰，做到法安天下，德润人心。

法治是治国理政的基本方式，依法治国是基本方略。德治是治国理政的重要方式，以德治国就是通过在全社会培育、弘扬社会主义核心价值观和社会主义道德。法治发挥作用要以国家强制力为后盾，主要依靠法律的预测作用、惩罚作用、威慑作用和预防作用对公民和社会组织的行为进行约束，并对违反法律的行为追究法律责任；德治发挥作用主要通过人们的内心信念、传统习俗、社会舆论等进行道德教化，并对违反道德的行为进行道德谴责。

法治和德治的实现方式和实施载体不同。法治主要依靠制定和实施法律规范的形式来推进和实施，实行法有禁止不得为，体现的是规则之治。德治主要依靠培育和弘扬道德等途径来推进和实施，道德是内心的法律。

推动法治和德治的相互促进。一是强化道德对法治的支撑作用。重视发挥道德的教化作用，发挥道德对法治的滋养作用。二是把道德要求贯彻到法治建设中。以法治承载道德理念，道德才有可靠制度支撑。三是运用法治手段解决道德领域突出问题。法律是底线的道德，也是道德的保障。

坚持中国从实际出发，就是要突出法治道路的中国特色、实践特色、时代特色。从我国实际出发，不等于关起门来搞法治。法治的精髓和要旨对于国家治理和社会治理具有普遍意义。坚持以马克思主义法学理论为指导，坚持以我为主、为我所用，合理吸收国外法治理论、法学概念、法律话语、法律方法，不能搞“全盘西化”，不能搞“全面移植”。

第五节　法治思维

准确把握法治思维的基本含义和特征，正确理解法治思维的基本内容，逐步培养法治思维，提高运用法治思维分析、解决问题的能力。

一、法治思维及其内涵

法治思维是指以法治价值和法治精神为导向，运用法律原则、法律规则、法律方法思考和处理问题的思维模式。

法治思维包含以下几层含义：第一，法治思维以法治价值和法治精神为指导，是一种正当性思维；第二，法治思维以法律原则和法律规则为依据来指导人们的社会行为，是一种规范性思维；第三，法治思维以法律手段与法律方法为依托分析问题、处理问题、解决纠纷，是一种可靠的逻辑思维；第四，法治思维是一种符合规律、尊重事实的科学思维。

法治思维是一种融法律的价值属性和工具理性于一体的特殊的高级法律意识。培养法治思维，必须抛弃人治思维。法治思维与人治思维的区别集中体现在四个方面：一是在依据上，法治思维认为处理法律问题要以事实为根据、以法律为准绳。二是在方式上，法治思维坚持法律面前人人平等原则，具有稳定性和一贯性。三是在价值上，法治思维强调集中社会大众的意志来进行决策和判断。四是在标准上，法治思维与人治思维的分水岭不在于有没有法律或者法律的多寡与好坏，而在于最高的权威究竟是法律还是个人。

法治思维的内涵丰富、外延宽广，主要表现为价值取向和规则意识两个方面。价值取向是指如何看待和对待法律，规则意识是指如何用法律看待和对待自身。一般来讲，法治思维主要包括法律至上、权力制约、公平正义、权利保障、正当程序等内容。

法律至上是指在国家或社会的所有规范中，法律是地位最高、效力最广、强制力最大的规范。这里的法律，既包括宪法，也包括其他一般法律。法律至上具体表现为法律的普遍适用性、优先适用性和不可违抗性。

法律的普遍适用性，是指法律在本国主权范围内对所有人具有普遍的约束力。法律的优先适用性，是指当同一项社会关系同时受到多种社会规范的调整而多种社会规范又相互矛盾时，要优先考虑法律规范的适用。法律的不可违抗性，是指法律必须遵守，违反法律要受到惩罚。任何人不论权力大小、职位高低，只要有违法犯罪行为，就要依法追究其法律责任。养成法律至上思维，对于自觉遵守法律、维护法律权威意义重大。

权力制约是指国家机关的权力必须受到法律的规制和约束。在我国，国家权力是人民的，即一切权力为民所有；国家权力是为人民服务的，即一切权力为民所用。

因此，只有依法对权力的配置和运行进行有效制约和监督，才能防止权力私用、权力滥用和权力腐败。国家工作人员就职时应当按照法律规定公开进行宪法宣誓。权力制约分为权力由法定、有权必有责、用权受监督、违法受追究四项要求。

权力由法定，即法无授权不可为，是指国家机关的职权必须来自法律明确的授予。国家机关必须严格依照法律规定的权限范围行使职权，而不得行使法律未授予的权力。有权必有责，是指国家机关在获得权力的同时必须承担相应的职责和责任。当发生了属于其职权范围内的事项时，国家机关必须履行相应的管理职责。用权受监督，是指国家权力的运行和行使必须接受各种形式的监督，让人民监督权力，让权力在阳光下运行。违法受追究，是指国家工作人员违法行使权力必须受到法律的追究和制裁。养成权力制约思维，要求自觉运用权力、勇于监督权力，同时自觉监督宪法、法律的实施。

公平正义是指社会的政治利益、经济利益和其他利益在全体社会成员之间合理、公平分配和占有。一般来讲，公平正义主要包括权利公平、机会公平、规则公平和救济公平。

权利公平包括三重含义：一是权利主体平等，国家对每个权利主体“不偏袒”“非歧视”；二是享有的权利特别是基本权利平等；三是权利保护和权利救济平等。

机会公平是指生活在同一社会中的成员拥有相同的发展机会和发展前景，反对任何形式的歧视。机会公平包括国家和社会要积极为社会成员的发展创造条件，并努力创造平等的起点；社会成员的发展进步权要受到同等尊重，不断拓展社会成员的发展领域；不仅要关注当代人的平等机会，还要考虑后代人的机会平等。

规则公平是指对所有人适用同一的规则和标准，不得因人而异。包括法律规则面前人人平等、法律内容面前人人平等和法律保护面前人人平等，任何人不得享有法律之外的特权，任何人也不会被法律排除在保护之外。

救济公平是指为权利受到侵害或处于弱势地位的公民提供平等有效的救济。救济公平包括司法救济公平，即司法要公正对待每一个当事人，致力于实现司法公正；行政救济公平，即政府对需要救济的社会成员提供的救济服务要一律平等，不得区别对待；社会救济公平，即社会对需要救济的社会成员提供的社会救济服务要一律平等，不得厚此薄彼。

权利保障主要是指对公民权利的法律保障，具体包括公民权利的宪法保障、立法保障、行政保护和司法保障。宪法保障是权利保障的前提和基础。立法保障是权利保障的重要条件。行政保护是权利保障的关键环节，行政机关是否能够有效地保护公民权利，直接反映出一个国家的权利保障状况。司法保障是公民权利保障的最后防线。

程序的正当，表现在程序的合法性、中立性、参与性、公开性、时限性等方面。合法性是指程序运行合乎法律的规定，有关机关或个人不得违反或变相违反；中立性是指程序设计和运行应平等地对待双方当事人，不得偏向任何一方；参与性是指案件或纠纷的利害关系人都有机会进入办案程序，充分表达自己的利益诉求和意见主张；公开性是指程序运行的过程和结果应当向当事人和社会公开；时限性是指程序的运行必须有合理的期限，符合时间成本和效率原则的要求，不得无故拖延或没有终结。

二、尊重和维护法律权威

法律权威是指法律在社会生活中的作用力、影响力和公信力，是法律应有的尊严和生命。法律是否具有权威，取决于四个基本要素：一是法律在国家和社会治理体系中的地位和作用，只有法律占主导地位和起决定作用，法律才具有权威；二是法律本身的科学程度，只有法律反映客观规律和人类理性，法律才具有权威；三是法律在实践中的实施程度，只有法律在实践中得到严格实施和遵循，法律才具有权威；四是法律被社会成员尊崇或信仰的程度，只有法律反映人民共同意愿且为人民真诚信仰，法律才具有权威。

尊重和维护法律权威，是社会主义法治观念的核心要求和建设社会主义法治国家的前提条件，对于推进国家治理体系和治理能力现代化、实现国家的长治久安极为重要，是实现人民意志、维护人民利益、保障人民权利的基本途径，也是维护个人合法权益的根本保障。

维护法律权威的基本要求在于：一是信仰法律，法律必须被信仰，否则形同虚设。法律要发生作用，全社会都要信仰法律。二是遵守法律，要用实际行动捍卫法律尊严，保障法律实施。三是服从法律，拥护法律的规定，接受法律的约束，履行法定的义务，服从依法进行的管理，承担相应的法律责任。四是维护法律，争当法律权威的守望者、公平正义的守护者、具有良知的护法者。

维护法律权威，需要培养法治思维。首先，学习和掌握基本的法律知识，是培养法治思维的前提。其次，要掌握法律方法。法律方法主要包括两个方面：一是正确理解法律的方法，二是正确运用法律的方法。再次，参与法律实践。一是参与立法讨论，二是依法行使监督权，三是旁听司法审判，四是参与模拟法庭、法律诊所、法律辩论等校园法治文化活动，增长法律知识，锻炼法治思维。第四，养成守法习惯。最后，守住法律底线。法律红线不可逾越、法律底线不可触碰。

第六节　依法行使权利与履行义务

一、法律权利与法律义务

法律权利是指反映一定的社会物质生活条件所制约的行为自由，是法律所允许的权利人为了满足自己的利益而采取的、由其他人的法律义务所保证的法律手段。

权利的产生、发展和实现，都必须以一定的社会经济条件为基础，即“权利决不能超出社会的经济结构以及由经济结构制约的社会的文化发展”。强调社会的物质生活条件对权力的制约和决定作用，这是马克思主义权利观与其他权利观的根本区别。

法律权利是各种权利中十分重要的权利，具有以下四个方面的特征：一是法律权利的内容、种类和实现程度受社会物质生活条件的制约。二是法律权利的内容、分配和实现方式因社会制度和国家法律的不同而存在差异。三是法律权利不仅由法律规定或认可，而且受法律维护或保障，具有不可侵犯性。由国家强制力保障其实现，这是法律权利区别于其他权利的根本所在。四是法律权利必须依法行使，不能不择手段地行使法律权利。国家机关行使权力不得任性，公民个人行使法律权利也不得任性。

法律义务是指反映一定的社会物质生活条件所制约的社会责任，是保障法律所规定的义务人应该按照权利人要求从事一定行为或不行为以满足权利人利益的法律手段。只有承担法律义务的人履行法律义务，享有法律权利的人才能实现自己的合法权益。法律义务的履行表现为两种形式：一种是作为，是指义务人实施积极的行为，如子女通过经常看望和提供财物等行为履行赡养父母的义务等；另一种是不作为，是指义务人不得实施某种行为，如未经许可不得公开他人的隐私等。法律义务具有法定的强制性，违反法律义务必须承担法律责任。

法律义务具有以下四个特点：一是法律义务是历史的，二是法律义务源于现实需要，三是法律义务必须依法设定，四是法律义务可能发生变化。

法律权利与法律义务的关系，就像一枚硬币的两面，不可分割，相互依存。没有权利，义务的设定就失去了目的和根据；没有义务，权利的实现也就成为空话。

首先，法律权利和法律义务是相互依存的关系，法律权利的实现必须以相应法律义务的履行为条件；同样，法律义务的设定和履行也必须以法律权利的行使为根据，不存在没有权利根据的法律义务。其次，法律权利与法律义务是目的与手段的关系。最后，有些法律权利和法律义务具有复合性的关系，即一个行为可以同时是权利行为和义务行为。

法律权利与法律义务平等，是现代法治的基本原则，是社会公平正义的重要方面。首先，法律权利与法律义务平等表现为法律面前人人平等被确立为基本原则。其次，在法律权利和法律义务的具体设定上要平等。再次，权利与义务的实现要体现平等。

二、依法行使法律权利

我国宪法法律规定了公民享有一系列权利，主要包括政治权利、人身权利、财产权利、社会经济权利、宗教信仰及文化权利等。

政治权利主要包括：一是选举权利，即选举权与被选举权。二是表达权。表达权利对于一个国家的政治、经济、文化、科技、道德的发展具有基础性作用。三是民主管理权。四是监督权。

人身权利，是指公民的人身不受非法侵犯的权利。人身权利主要包括：一是生命健康权。生命权是人最基本、最原始的权利，享有生命权是人享有其他各项权利的前提。二是人身自由权，即公民的人身自由不受非法搜查、拘禁、逮捕等行为侵犯的权利。三是人格尊严权，即与人身有密切联系的名誉、姓名、肖像等不容侵犯的权利。四是住宅安全权也称住宅不受侵犯权，即公民居住、生活、休息的场所不受非法侵入或搜查的权利。五是通信自由权。

财产权利，是指公民、法人或其他组织通过劳动或其他合法方式取得财产和占有、使用、收益、处分财产的权利。财产权主要包括：一是私有财产权。我国宪法规定，公民的合法的私有财产不受侵犯。公民在其财产权受到侵犯时，有权要求侵权行为人停止侵害、返还财产、排除妨害、恢复原状、赔偿损失，或依法向人民法院提起诉讼。二是继承权，是指继承人依法取得被继承人遗产的资格。在我国，继承人有的是法律明确规定的，有的是被继承人通过订立合法有效的遗嘱或遗赠指定的，有的是通过被继承人与他人签订的遗赠抚养协议指定的。

社会经济权利，是指公民要求国家根据社会经济的发展状况，积极采取措施干预社会经济生活，加强社会建设、提供社会服务，以促进公民的自由和幸福，保障公民过上健康而有尊严的生活的权利。主要包括：一是劳动权，是指一切有劳动能力的公民有获得劳动的机会和适当的劳动条件和报酬的权利。二是休息权，是指劳动者在付出一定的劳动以后所享有的休息和休养的权利，是劳动权存在和发展的基础。三是社会保障权，是指公民享有国家提供维持有尊严的生活的权利。四是物质帮助权，是指公民在法定条件下获得国家物质帮助的权利，如国家发展为公民享受这些权利所需要的社会保险、社会救济和医疗卫生事业等。

宗教信仰及文化权利，是指公民依法享有的与宗教信仰活动和文化生活相关联的自由和权利的总称，主要包括宗教信仰自由、文化教育权等。依法保障宗教信仰和文化权利，是公民创造和享受精神文化财富、推动精神文化发展不可或缺的条件。同时，公民行使宗教信仰和文化权利也必须受宪法法律约束。

公民在行使法律权利时,不仅要在形式上符合相关法律的规定,也要符合立法意图和精神,不得违反宪法法律确定的基本原则,保障权利行使的正当性。此外,行使权利不得破坏公序良俗,妨碍法律的社会功能和法律价值的实现。

任何权利的行使都不是绝对的,都有其相应的限度,必须依照法律规定的限度来行使权利。

权利行使的方式分为口头方式、书面方式和行为方式,有时口头方式和书面方式可以兼用。

法律义务需要由法律加以规定。义务法定,一方面是说义务的设定必须有法律依据,另一方面是说法定的义务应当履行,否则会承担不利的法律后果。

我国宪法特别规定了公民的基本义务,具体包括:维护国家统一和全国各民族团结的义务;遵守宪法和法律,保守国家秘密、爱护公共财产、遵守劳动纪律、遵守公共秩序、尊重社会公德的义务;维护祖国安全、荣誉和利益的义务;保卫祖国、抵抗侵略和依法服兵役、参加民兵组织的义务;依法纳税的义务。此外,公民还有劳动的义务和受教育的义务,夫妻双方有实行计划生育的义务,父母有抚养教育未成年子女的义务,成年子女有赡养扶助父母的义务等。

维护国家统一和民族团结。维护国家统一是整个社会共同体存在和发展的基础,也是以宪法为核心的整个法律制度存在的基础。同时,国家统一也是公民实现法律权利与自由的前提。

我国宪法规定了公民遵守宪法和法律的义务,还规定了若干具体义务,包括:一是保守国家秘密;二是爱护公共财产;三是遵守劳动纪律;四是遵守公共秩序;五是尊重社会公德。

我国实行义务兵与志愿兵相结合、民兵与预备役相结合的兵役制度。我国公民都有义务依法服兵役。我国兵役法规定,每年12月31日以前年满18周岁的男性公民,应当被征集服现役。我国兵役法对服兵役的主体作了限制性规定:依法被剥夺政治权利的人没有服兵役的资格;应征公民被羁押,正在受侦查、起诉、审判的,或者被判处徒刑、拘役、管制正在服刑的,不征集；应征公民是维持家庭生活的唯一劳动力或者正在全日制学校就学的学生的，可以缓征。有服兵役义务的公民拒绝、逃避兵役登记的，应征公民拒绝、逃避征集的，预备役人员拒绝、逃避军事训练和执行军事勤务，经责令限期改正后仍逾期不改的，基层人民政府应当强制其履行服兵役的义务。

公民未能依法履行义务，根据情节轻重，应当承担相应的法律责任。具体的法律责任主要包括民事责任、行政责任和刑事责任。

附录：习近平总书记重要讲话(2018年)

习近平在深入推动长江经济带发展座谈会上的讲话(节选)

(2018年4月26日)

这次座谈会是我主持召开的第二次长江经济带发展座谈会。上一次是2016年1月在长江上游的重庆召开，这一次放在长江中游的武汉召开。

推动长江经济带发展是党中央作出的重大决策，是关系国家发展全局的重大战略，对实现“两个一百年”奋斗目标、实现中华民族伟大复兴的中国梦具有重要意义。

第一个问题：全面把握长江经济带发展的形势和任务。

推动长江经济带发展必须从中华民族长远利益考虑，把修复长江生态环境摆在压倒性位置，共抓大保护、不搞大开发，努力把长江经济带建设成为生态更优美、交通更顺畅、经济更协调、市场更统一、机制更科学的黄金经济带，探索出一条生态优先、绿色发展新路子。

在肯定成绩的同时，我们也要清醒看到面临的困难挑战和突出问题。

一是对长江经济带发展战略仍存在一些片面认识。二是生态环境形势依然严峻。三是生态环境协同保护体制机制亟待建立健全。四是流域发展不平衡不协调问题突出。五是有关方面主观能动性有待提高。

第二个问题：推动长江经济带发展需要正确把握的几个关系

现在，我国经济已由高速增长阶段转向高质量发展阶段。新形势下，推动长江经济带发展，关键是要正确把握整体推进和重点突破、生态环境保护和经济发展、总体谋划和久久为功、破除旧动能和培育新动能、自身发展和协同发展等关系，坚持新发展理念，坚持稳中求进工作总基调，加强改革创新、战略统筹、规划引导，使长江经济带成为引领我国经济高质量发展的生力军。

第一,正确把握整体推进和重点突破的关系,全面做好长江生态环境保护修复工作。推动长江经济带发展,前提是坚持生态优先,把修复长江生态环境摆在压倒性位置,逐步解决长江生态环境透支问题。要坚持重点突破,在整体推进的基础上抓主要矛盾和矛盾的主要方面,采取有针对性的具体措施,努力做到全局和局部相配套、治本和治标相结合、渐进和突破相衔接,实现整体推进和重点突破相统一。

目前,长江生态环境保护修复工作"谋一域"居多,"被动地"重点突破多;"谋全局"不足,"主动地"整体推进少。这就需要正确把握整体推进和重点突破的关系,立足全局,谋定而后动,力求取得明显成效。

我讲过"长江病了",而且病得还不轻。治好"长江病",要科学运用中医整体观,追根溯源、诊断病因、找准病根、分类施策、系统治疗。这要作为长江经济带共抓大保护、不搞大开发的先手棋。

第二,正确把握生态环境保护和经济发展的关系,探索协同推进生态优先和绿色发展新路子。推动长江经济带探索生态优先、绿色发展的新路子,关键是要处理好绿水青山和金山银山的关系。这不仅是实现可持续发展的内在要求,而且是推进现代化建设的重大原则。生态环境保护和经济发展不是矛盾对立的关系,而是辩证统一的关系。生态环境保护的成败归根到底取决于经济结构和经济发展方式。

推动长江经济带绿色发展首先要解决思想认识问题,特别是不能把生态环境保护和经济发展割裂开来,更不能对立起来。要坚决摒弃以牺牲环境为代价换取一时经济发展的做法。

长江经济带应该走出一条生态优先、绿色发展的新路子。一是要深刻理解把握共抓大保护、不搞大开发和生态优先、绿色发展的内涵。共抓大保护和生态优先讲的是生态环境保护问题,是前提;不搞大开发和绿色发展讲的是经济发展问题,是结果;共抓大保护、不搞大开发侧重当前和策略方法;生态优先、绿色发展强调未来和方向路径,彼此是辩证统一的。二是要积极探索推广绿水青山转化为金山银山的路径,选择具备条件的地区开展生态产品价值实现机制试点,探索政府主导、企业和社会各界参与、市场化运作、可持续的生态产品价值实现路径。三是要深入实施乡村振兴战略,打好脱贫攻坚战,发挥农村生态资源丰富的优势,吸引资本、技术、人才等要素向乡村流动,把绿水青山变成金山银山,带动贫困人口增收。

第三,正确把握总体谋划和久久为功的关系,坚定不移将一张蓝图干到底。推动长江经济带发展涉及经济社会发展各领域,是一个系统工程,不可能毕其功于一役。要做好顶层设计,要有"功成不必在我"的境界和"功成必定有我"的担当,一张蓝图干到底,以钉钉子精神,脚踏实地抓成效,积小胜为大胜。

当前和今后一个时期,在开展资源环境承载能力和国土空间开发适宜性评价的基础上,抓紧完成长江经济带生态保护红线、永久基本农田、城镇开发边界三条控制线划定工作。

第四,正确把握破除旧动能和培育新动能的关系,推动长江经济带建设现代化经济体系。推动长江经济带高质量发展要以壮士断腕、刮骨疗伤的决心,积极稳妥腾退化解旧动能,破除无效供给,彻底摒弃以投资和要素投入为主导的老路,为新动能发展创造条件、留出空间,进而致力于培育发展先进产能,增加有效供给,加快形成新的产业集群。

推动长江经济带高质量发展,建设现代化经济体系,要坚持质量第一、效益优先的要求,推动质量变革、效率变革、动力变革,加快建设实体经济、科技创新、现代金融、人力资源协同发展的产业体系,构建市场机制有效、微观主体有活力、宏观调控有度的经济体制。这其中,实现动力变革、加快动力转换是重要一环。要着力实施创新驱动发展战略,把长江经济带得天独厚的科研优势、人才优势转化为发展优势。长江经济带是"一带一路"在国内的主要交汇地带,应该统筹沿海、沿江、沿边和内陆开放,实现同"一带一路"建设有机融合,培育国际经济合作竞争新优势。

第五,正确把握自身发展和协同发展的关系,努力将长江经济带打造成为有机融合的高效经济体。在各自发展过程中一定要从整体出发,树立"一盘棋"思想,把自身发展放到协同发展的大局之中,实现错位发展、协调发展、有机融合,形成整体合力。

第三个问题:加大推动长江经济带发展的工作力度

第一,加强组织领导。各级党委和政府领导同志特别是党政一把手要增强“四个意识”，落实领导责任制，决不允许搞上有政策、下有对策，更不能搞选择性执行。这是对是否同党中央保持高度一致的重大考验。推动长江经济带发展领导小组要统一指导长江经济带发展战略实施，统筹协调跨地区跨部门重大事项，督促检查重要工作落实情况，对重点任务和重大政策要铆实责任、传导压力、强化考核。各有关部门要履职尽责、主动对表、积极作为，及时帮助地方解决工作中遇到的问题。沿江11省市党委和政府要加强领导，充实工作专班，压实责任、改进作风，确保工作落实到位。

第二，调动各方力量。“人心齐，泰山移。”推动长江经济带发展不仅仅是沿江各地党委和政府的责任，也是全社会的共同事业，要加快形成全社会共同参与的共抓大保护、不搞大开发格局，更加有效地动员和凝聚各方面力量。要强化上中下游互动协作，下游地区不仅要出钱出技术，更要推动绿色产业合作，推动下游地区人才、资金、技术向中上游地区流动。要鼓励支持各类企业、社会组织参与长江经济带发展，加大人力、物力、财力等方面投入。三峡集团要发挥好应有作用，积极参与长江经济带生态修复和环境保护建设。

第三，强化体制机制。要落实中央统筹、省负总责、市县抓落实的管理体制。中央层面要做好顶层设计，主要是管两头，一头是在政策、资金等方面为地方创造条件，另一头是加强全流域、跨区域的战略性事务统筹协调和督促检查。省的层面主要是做到承上启下，把党中央大政方针和决策部署转化为实施方案，加强指导和督导，推动工作开展。市县层面主要是因地制宜，推动工作落地生根。

第四，激发内生动力。要加强对有关部门、沿江省市、相关企业领导干部的专题培训，提高坚持生态优先、绿色发展的思想认识，形成共抓大保护、不搞大开发的行动自觉。要落实政府主体责任，强化企业责任，按照谁污染、谁治理的原则，把生态环境破坏的外部成本内部化，激励和倒逼企业自发推动转型升级。要做好宣传舆论引导工作，营造崇尚生态文明的良好氛围。要发挥广大人民群众积极性、主动性、创造性，共同守护好母亲河。

同志们！推动长江经济带发展，既是一场攻坚战，更是一场持久战，我们要坚定信心、咬定目标，苦干实干、久久为功，为实施好长江经济带发展战略而共同奋斗！

习近平在纪念马克思诞辰200周年大会上的讲话(节选)

(2018年5月4日)

马克思是全世界无产阶级和劳动人民的革命导师,是马克思主义的主要创始人,是马克思主义政党的缔造者和国际共产主义的开创者,是近代以来最伟大的思想家。

1843年移居巴黎后,马克思积极参与工人运动,在革命实践和理论探索的结合中完成了从唯心主义到唯物主义、从革命民主主义到共产主义的转变。1845年,马克思、恩格斯合作撰写了《德意志意识形态》,第一次比较系统地阐述了历史唯物主义基本原理。1848年,马克思、恩格斯合作撰写了《共产党宣言》,一经问世就震动了世界。恩格斯说,《共产党宣言》是"全部社会主义文献中传播最广和最具有国际性的著作,是从西伯利亚到加利福尼亚的千百万工人公认的共同纲领"。

1848年,席卷欧洲的资产阶级民主革命爆发,马克思积极投入并指导这场革命斗争。革命失败后,马克思深刻总结革命教训,力求通过系统研究政治经济学,揭示资本主义的本质和规律。1867年问世的《资本论》是马克思主义最厚重、最丰富的著作,被誉为"工人阶级的圣经"。晚年,马克思依然密切关注世界发展新趋势和工人运动新情况,努力从更宏大的视野思考人类社会发展问题。

——马克思的一生,是胸怀崇高理想、为人类解放不懈奋斗的一生。

——马克思的一生,是不畏艰难险阻、为追求真理而勇攀思想高峰的一生。马克思曾经写道:"在科学上没有平坦的大道,只有不畏劳苦沿着陡峭山路攀登的人,才有希望达到光辉的顶点。"正如恩格斯所说:"马克思在他所研究的每一个领域,甚至在数学领域,都有独到的发现,这样的领域是很多的,而且其中任何一个领域他都不是浅尝辄止。"

——马克思的一生,是为推翻旧世界、建立新世界而不息战斗的一生。恩格斯说,"斗争是他的生命要素,很少有人像他那样满腔热情、坚韧不拔和卓有成效地进行斗争"。马克思领导创建了世界上第一个无产阶级政党——共产主义者同盟,领导了世界上第一个国际工人组织——国际工人协会,热情支持世界上第一次工人阶级夺取政权的革命——巴黎公社革命。

马克思有一句名言："批判的武器当然不能代替武器的批判，物质力量只能用物质力量来摧毁；但是理论一经掌握群众，也会变成物质力量。"马克思主义主要由哲学、政治经济学、科学社会主义三大组成部分构成。这三大组成部分分别来源于德国古典哲学、英国古典政治经济学、法国空想社会主义，然而，最终升华为马克思主义的根本原因，是马克思对所处的时代和世界的深入考察，是马克思对人类社会发展规律的深刻把握。马克思说："共产党人的理论原理，决不是以这个或那个世界改革家所发明或发现的思想、原则为根据的。""这些原理不过是现存的阶级斗争、我们眼前的历史运动的真实关系的一般表述。"

马克思的科学研究，就像列宁所说的那样，"凡是人类社会所创造的一切，他都有批判地重新加以探讨，任何一点也没有忽略过去。凡是人类思想所建树的一切，他都放在工人运动中检验过，重新加以探讨，加以批判，从而得出了那些被资产阶级狭隘性所限制或被资产阶级偏见束缚住的人所不能得出的结论。"马克思的思想理论源于那个时代又超越了那个时代，既是那个时代精神的精华又是整个人类精神的精华。

——马克思主义是科学的理论，创造性地揭示了人类社会发展规律。在马克思提出科学社会主义之前，空想社会主义者早已存在，他们怀着悲天悯人的情感，对理想社会有很多美好的设想，但由于没有揭示社会发展规律，没有找到实现理想的有效途径，因而也就难以真正对社会发展发生作用。马克思创建了唯物史观和剩余价值学说，揭示了人类社会发展的一般规律，揭示了资本主义运行的特殊规律，为人类指明了从必然王国向自由王国飞跃的途径，为人民指明了实现自由和解放的道路。

——马克思主义是人民的理论，第一次创立了人民实现自身解放的思想体系。马克思主义博大精深，归根到底就是一句话，为人类求解放。在马克思之前，社会上占统治地位的理论都是为统治阶级服务的。马克思主义第一次站在人民的立场探求人类自由解放的道路，以科学的理论为最终建立一个没有压迫、没有剥削、人人平等、人人自由的理想社会指明了方向。马克思主义之所以具有跨越国度、跨越时代的影响力，就是因为它植根人民之中，指明了依靠人民推动历史前进的人间正道。

——马克思主义是实践的理论，指引着人民改造世界的行动。马克思说,“全部社会生活在本质上是实践的”,“哲学家们只是用不同的方式解释世界,问题在于改变世界”。实践的观点、生活的观点是马克思主义认识论的基本观点,实践性是马克思主义理论区别于其他理论的显著特征。

——马克思主义是不断发展的开放的理论,始终站在时代前沿。马克思一再告诫人们,马克思主义理论不是教条,而是行动指南,必须随着实践的变化而发展。

第二次鸦片战争期间,马克思撰写了十几篇关于中国的通讯,向世界揭露西方列强侵略中国的真相,为中国人民伸张正义。马克思、恩格斯高度肯定中华文明对人类文明进步的贡献,科学预见了“中国社会主义”的出现,甚至为他们心中的新中国取了靓丽的名字——“中华共和国”。

近代以后,争取民族独立、人民解放和实现国家富强、人民幸福就成为中国人民的历史任务。在旧式的农民战争走到尽头,不触动封建根基的自强运动和改良主义屡屡碰壁,资产阶级革命派领导的革命和西方资本主义的其他种种方案纷纷破产的情况下,十月革命一声炮响,为中国送来了马克思列宁主义,给苦苦探寻救亡图存出路的中国人民指明了前进方向、提供了全新选择。

中国共产党诞生后,中国共产党人把马克思主义基本原理同中国革命和建设的具体实际结合起来,团结带领人民经过长期奋斗,完成新民主主义革命和社会主义革命,建立起中华人民共和国和社会主义基本制度,进行了社会主义建设的艰辛探索,实现了中华民族从东亚病夫到站起来的伟大飞跃。这一伟大飞跃以铁一般的事实证明,只有社会主义才能救中国!

改革开放以来,中国共产党人把马克思主义基本原理同中国改革开放的具体实际结合起来,团结带领人民进行建设中国特色社会主义新的伟大实践,使中国大踏步赶上了时代,实现了中华民族从站起来到富起来的伟大飞跃。这一伟大飞跃以铁一般的事实证明,只有中国特色社会主义才能发展中国!

在新时代,中国共产党人把马克思主义基本原理同新时代中国具体实际结合起来,团结带领人民进行伟大斗争、建设伟大工程、推进伟大事业、实现伟大梦想,推动党和国家事业取得全方位、开创性历史成就,发生深层次、根本性历史变革,中华民族迎来了从富起来到强起来的伟大飞跃。这一伟大飞跃以铁一般的事实证明，只有坚持和发展中国特色社会主义才能实现中华民族伟大复兴！

恩格斯说过："一个民族要想站在科学的最高峰，就一刻也不能没有理论思维。"

——学习马克思，就要学习和实践马克思主义关于人类社会发展规律的思想。马克思科学揭示了人类社会最终走向共产主义的必然趋势。马克思、恩格斯坚信，未来社会"将是这样一个联合体，在那里，每个人的自由发展是一切人的自由发展的条件"，"无产者在这个革命中失去的只是锁链。他们获得的将是整个世界。"马克思主义奠定了共产党人坚定理想信念的理论基础。

——学习马克思，就要学习和实践马克思主义关于坚守人民立场的思想。人民性是马克思主义最鲜明的品格。马克思说，"历史活动是群众的活动"。让人民获得解放是马克思毕生的追求。我们要始终把人民立场作为根本立场，把为人民谋幸福作为根本使命，坚持全心全意为人民服务的根本宗旨，贯彻群众路线，尊重人民主体地位和首创精神，始终保持同人民群众的血肉联系，凝聚起众志成城的磅礴力量，团结带领人民共同创造历史伟业。这是尊重历史规律的必然选择，是共产党人不忘初心、牢记使命的自觉担当。

——学习马克思，就要学习和实践马克思主义关于生产力和生产关系的思想。马克思主义认为，物质生产力是全部社会生活的物质前提，同生产力发展一定阶段相适应的生产关系的总和构成社会经济基础。生产力是推动社会进步最活跃、最革命的要素。

——学习马克思，就要学习和实践马克思主义关于人民民主的思想。我们要坚定不移走中国特色社会主义政治发展道路，在坚持党的领导、人民当家作主、依法治国有机统一中推进社会主义民主政治建设。

——学习马克思，就要学习和实践马克思主义关于文化建设的思想。马克思认为，在不同的经济和社会环境中，人们生产不同的思想和文化，思想文化建设虽然决定于经济基础，但又对经济基础发生反作用。理论自觉、文化自信，是一个民族进步的力量；价值先进、思想解放，是一个社会活力的来源。我们要立足中国，面向现代化、面向世界、面向未来，巩固马克思主义在意识形态领域的指导地位，发展社会主义先进文化，加强社会主义精神文明建设，把社会主义核心价值观融入社会发展各方面，推动中华优秀传统文化创造性转化、创新性发展。

——学习马克思，就要学习和实践马克思主义关于社会建设的思想。马克思在《共产党宣言》《哥达纲领批判》《资本论》等著作中提出的一系列主张，阐明人民对美好生活的向往就是我们的奋斗目标。我们要坚持以人民为中心的发展思想，抓住人民最关心最直接最现实的利益问题，不断保障和改善民生，促进社会公平正义，在更高水平上实现幼有所育、学有所教、劳有所得、病有所医、老有所养、住有所居、弱有所扶，让发展成果更多更公平惠及全体人民，不断促进人的全面发展，朝着实现全体人民共同富裕不断迈进。

——学习马克思，就要学习和实践马克思主义关于人与自然关系的思想。自然是生命之母，人与自然是生命共同体，人类必须敬畏自然、尊重自然、顺应自然、保护自然。我们要坚持人与自然和谐共生，牢固树立和切实践行绿水青山就是金山银山的理念，走出一条生产发展、生活富裕、生态良好的文明发展道路。

——学习马克思，就要学习和实践马克思主义关于世界历史的思想。万物并育而不相害，道并行而不相悖。我们要站在世界历史的高度审视当今世界发展趋势和面临的重大问题，坚持和平发展道路，坚持独立自主的和平外交政策，坚持互利共赢的开放战略，不断拓展同世界各国的合作，积极参与全球治理，在更多领域、更高层面上实现合作共赢、共同发展，不依附别人、更不掠夺别人，同各国人民一道努力构建人类命运共同体，把世界建设得更加美好。

——学习马克思，就要学习和实践马克思主义关于马克思主义政党建设的思想。始终同人民在一起，为人民利益而奋斗，是马克思主义政党同其他政党的根本区别。我们要统揽伟大斗争、伟大工程、伟大事业、伟大梦想，增强政治意识、大局意识、核心意识、看齐意识，持之以恒推进全面从严治党，坚持把党的政治建设摆在首位，坚持和加强党的全面领导，坚决维护党中央权威和集中统一领导，做到坚持真理、修正错误，永远保持共产党人政治本色，把党建设成为始终走在时代前列、人民衷心拥护、勇于自我革命、经得起各种风浪考验、朝气蓬勃的马克思主义执政党！

回顾党的奋斗历程可以发现，中国共产党之所以能够历经艰难困苦而不断发展壮大，很重要的一个原因就是我们党始终重视思想建党、理论强党，使全党始终保持统一的思想、坚定的意志、协调的行动、强大的战斗力。

当前，改革发展稳定任务之重、矛盾风险挑战之多、治国理政考验之大都是前所未有的。我们要赢得优势、赢得主动、赢得未来，必须不断提高运用马克思主义分析和解决实际问题的能力，不断提高运用科学理论指导我们应对重大挑战、抵御重大风险、克服重大阻力、化解重大矛盾、解决重大问题的能力，以更宽广的视野、更长远的眼光来思考把握未来发展面临的一系列重大问题，不断坚定马克思主义信仰和共产主义理想。

从《共产党宣言》发表到今天，170年过去了，人类社会发生了翻天覆地的变化，但马克思主义所阐述的一般原理整个来说仍然是完全正确的。我们要坚持和运用辩证唯物主义和历史唯物主义的世界观和方法论，坚持和运用马克思主义立场、观点、方法，坚持和运用马克思主义关于世界的物质性及其发展规律，关于人类社会发展的自然性、历史性及其相关规律，关于人的解放和自由全面发展的规律，关于认识的本质及其发展规律等原理，坚持和运用马克思主义的实践观、群众观、阶级观、发展观、矛盾观，真正把马克思主义这个看家本领学精悟透用好。

对待科学的理论必须有科学的态度。恩格斯深刻指出："马克思的整个世界观不是教义，而是方法。它提供的不是现成的教条，而是进一步研究的出发点和供这种研究使用的方法。"恩格斯还指出，我们的理论"是一种历史的产物，它在不同的时代具有完全不同的形式，同时具有完全不同的内容"。科学社会主义基本原则不能丢，丢了就不是社会主义。同时，科学社会主义也绝不是一成不变的教条。我说过，当代中国的伟大社会变革，不是简单延续我国历史文化的母版，不是简单套用马克思主义经典作家设想的模板，不是其他国家社会主义实践的再版，也不是国外现代化发展的翻版。